cunado

Inhalt

Grammatik:

subjuntivo presente der Verben *ser, estar, haber*, der Verben mit Vokalveränderung *o>ue/e>ie/e>i*, der Verben auf *-ecer, -ocer, -ucir*; der Gebrauch des **subjuntivo** nach Ausdrücken der Notwendigkeit und der Meinung, nach Verben des Wünschens, Wollens und Forderns (*quiere que* + subj.); neutraler Artikel *lo*

Y además: Büroeinrichtung und -gegenstände

Redeabsichten:

über Eigenschaften und Zustand von Speisen sprechen, Speisen bewerten, über Essen und Essgewohnheiten und ihre Veränderungen in Spanien und Lateinamerika sprechen, Meinung und Zweifel äußern

Grammatik:

ser/estar + Adjektiv; Superlativ *-ísimo/a*; direkte und indirekte Objektpronomen *me lo, te lo, se lo*, etc.; **creo que + indicativo/no creo que + subjuntivo**; Ortspräpositionen *en, encima, sobre*

Y además: Terminvereinbarung am Telefon und Tischreservierung für ein Geschäftsessen

Redeabsichten:

erzählen, was (gerade) geschehen ist, Interesse ausdrücken, den Gesprächsverlauf anregen

Grammatik:

al + infinitivo; verbale Umschreibungen (*estar a punto de, ponerse a*); der Gebrauch der Vergangenheitszeiten: **mientras + imperfecto, cuando + perfecto/indefinido**

Y además: Um Entschuldigung bitten

Redeabsichten:

Rückfragen stellen, Wünsche, Meinung, Notwendigkeit, Gleichgültigkeit zum Ausdruck bringen, etwas beschreiben, Vergleiche anstellen

Grammatik:

die indirekte Wiederholung einer Frage/Aufforderung; Vergleiche mit Substantiven; **subjuntivo** in Relativsätzen; *alguien, nadie; mismo/-a*; Relativpronomen; Entsprechungen des Verbs «können»

Y además: Bestellungen und Reklamationen

Bien mirado (Bei näherer Betrachtung) ist ein Spanischkurs für Fortgeschrittene, die entweder mit **Mirada** oder mit einem anderen Lehrwerk Grundkenntnisse der spanischen Sprache erworben haben. Anhand von lebendigen Dialogen, authentischen Texten und abwechslungsreichen Übungen werden die Sprachkenntnisse systematisch ausgebaut. Dabei werden viele Aspekte der spanischen und lateinamerikanischen Welt dargestellt, «näher betrachtet» und mit den eigenen Erfahrungen verglichen.

Bien mirado enthält 14 Lektionen, die jeweils einem Thema gewidmet sind. Es werden Alltagssituationen wieder aufgegriffen und um andere Aspekte erweitert. Sie lernen Meinungen zu äußern, Dinge zu bewerten, Wünsche, Hoffnungen und Forderungen auszusprechen, sich differenziert über viele Themen auszudrücken.

Bien Mirado ist wie **Mirada** mit immer wiederkehrenden Lektionsteilen aufgebaut:

Para empezar führt in das Thema ein.

Mit **Para practicar** wird neuer Stoff eingeübt.

¿Y tú? bedeutet, dass Sie den Lernstoff aus Ihrer Perspektive, mit Ihren Erfahrungen und Ihren Äußerungsbedürfnissen anwenden und üben.

Wie Sie wissen, wird in spanischsprachigen Ländern viel häufiger geduzt als bei uns. Wenn man zusammen einen Kurs besucht, ist das «Du» von Anfang an oft selbstverständlich. Deshalb sprechen wir Sie in den spanischen Übungsanweisungen wieder mit «tú» an. Im Deutschen bleiben wir aber weiterhin beim «Sie».

Bei **Para escuchar** werden Ihnen Hörtexte, die auf der CD/Cassette aufgenommen sind, zum systematischen Training des Hörverstehens angeboten. Die im Buch dabei abgedruckten Aufgaben helfen Ihnen, die wesentlichen Informationen zu verstehen.

Para leer bietet Ihnen Lesetexte, sehr häufig authentische Texte aus Zeitungen oder Ausschnitte aus Romanen und Erzählungen. Sie üben damit, den Inhalt bzw. wesentliche Informationen in Texten zu erschließen, ohne ihn wortwörtlich zu übersetzen.

Y además bietet am Ende jeder Lektion Aspekte aus der spanischsprachigen **Arbeitswelt**: Briefe, Anfragen, Reklamationen, Telefonate, Stellenanzeigen usw. Diese Teile sind fakultativ, wenn Sie daran nicht interessiert sind, lassen Sie sie einfach aus.

Zum individuellen Üben und Vertiefen des Lektionsstoffs zu Hause oder im Kurs finden Sie im Anschluss an die Lektionen einen Arbeitsbuchteil mit systematischen Übungen zur Grammatik und zum Wortschatz.

Wir wünschen Ihnen viel Erfolg und Freude bei der Arbeit mit **Bien mirado**.

Autoren und Verlag

¿Cómo te va?

1 Para empezar

Saluda a tus compañeros/-as. Si hay nuevos compañeros, conócelos. Aquí tienes algunas propuestas.

NOMBRE: _____

LUGAR DE RESIDENCIA: _____

PROFESIÓN: _____

¿POR QUÉ ESTUDIAS ESPAÑOL? _____

2 ¿Querés bailar?

▼ Roberto   ● Gabriela   ◆ Laura

▼ ¡Hola! ¿Querés bailar?
● Gracias, pero es que estoy con una amiga ...
▼ ¡Bueno, entonces bailamos todos juntos! Yo me llamo Roberto, ¿y ustedes?
● Yo soy Gabriela y ella es Laura.
▼ ¡Hola!
◆ ¡Hola! ¿Qué tal?
▼ ¿De dónde son?
● Yo soy peruana.
◆ Y yo de Venezuela.
● Y tú eres argentino, ¿verdad?
▼ ¡Acertaste! Soy de Neuquén, ¿saben dónde está?
● No.
◆ Pues no ...
▼ Es una ciudad al sudoeste de Buenos Aires, cerca de los Andes. Y ustedes, ¿de qué ciudad son?
● Yo soy de Lima.
◆ Y yo de San Rafael.
▼ ¿Y dónde queda?
◆ Al norte de Maracaibo. Es una ciudad pequeña cerca de la costa.

▼ Y... ¿hace mucho que viven en Berlín?
● Yo sí, bastante. Ocho años.
◆ Y yo estoy aquí desde hace dos meses. Quiero aprender alemán. Y tú, ¿desde cuándo estás tú por aquí?
▼ Hace dos años que vivo en Alemania, pero en Berlín sólo desde julio. ¡Bueno! ¿Qué pasa? ¿Vamos a bailar o no?
● ¡Bueno, vamos!
◆ O.K.

Completa la información que falta.

	¿De qué países son?	¿De qué ciudades son?	¿Hace mucho que están en Berlín?
Roberto	_____	Neuquén_____	_____
Gabriela	Perú_____	_____	_____
Laura	_____	_____	desde hace dos meses_____

¿Dónde está?/¿Dónde queda?
Al norte de Maracaibo.
En el norte de Venezuela.

¿(Vos)* querés bailar?
¿Ustedes° de qué ciudad son?

* Argentina, Uruguay, Paraguay y Centroamérica
° Toda Latinoamérica e Islas Canarias

3 **¿Y tú?**

Completa las frases con información personal. Después le das la lista a un/a compañero/-a. Él/Ella te va a preguntar desde cuándo haces estas cosas o desde cuándo es así.

ESTUDIO_____

CONOZCO_____

TENGO _____

VIVO _____

ESTOY_____

JUEGO_____

HAGO _____

▼ *¿Desde cuándo...?/¿Hace mucho que...?*
◆ *Desde hace.../Hace... que.../Desde...*

Desde hace tres meses vivo en Berlín. = seit drei Monaten (Zeitspanne)
Hace tres meses **que** vivo en Berlín. = seit drei Monaten (Zeitspanne)
Desde febrero vivo en Berlín. = seit Februar (Zeitpunkt)

1

4 ¿Quién es quién?

Mira el dibujo de la fiesta y lee las frases. ¿Puedes identificar a las personas?

David ha dejado de fumar.
Rosa y Antonio han vuelto a pelearse.   *sich streiten*
Paqui ha empezado a hacer una dieta.
Carlos acaba de llegar con un regalo para Alicia.
Roberto sigue comiendo mucho.

ha empezado a ... = sie hat angefangen zu ...
acaba de ... = sie hat gerade ...
ha dejado de ... = sie hat aufgehört zu ...
ha vuelto a ... = sie hat wieder ...
sigue haciendo ... = sie macht weiter ...

5 ¿Y tú?

Busca entre tus compañeros. ¿Quién de la clase ...

- ☒ ha empezado a hacer una dieta?
- ☒ sigue haciendo deporte?
- ☐ acaba de regresar de Latinoamérica?
- ☒ ha vuelto a pasar sus vacaciones en España este año?
- ☐ ha dejado de fumar?

10

6 **Para escuchar**

Escucha los diálogos y marca en la tabla en qué diálogo ...

	1	2	3	4	5
se ofrece ayuda.					
se ofrece algo para comer.					
se ofrece algo para beber.					
se pide permiso.					
se da un regalo.					

 7 **En la fiesta de Alicia**

Escucha de nuevo, lee los diálogos con un/a compañero/-a y busca las expresiones para ...

❏ ofrecer algo para comer/beber   ❏ pedir permiso
❏ insistir   ❏ ofrecer ayuda/aceptar
❏ rechazar   ❏ regalar/agradecer

1. ▼ ¡Hola, Carlos! ¡Bienvenido! Pasa, pasa.
   ● ¡Felicidades! Mira, te he traído una cosa.
   ▼ Oh, ¡qué bonito! Muchísimas gracias.
   Pero, ¿por qué te has molestado?
   ● Bueno, es sólo un pequeño regalo.

2. ▼ Decidme, ¿qué os sirvo?
   ● Pues a mí ... , una copa de vino.
   ▼ ¿Cuál quieres? Tengo blanco y tinto.
   ● Bueno, un tinto.
   ▼ Y tú Roberto, ¿qué vino prefieres?,
   ¿o quieres otra cosa?
   ■ No, para mí un tinto también ... Oye, ¿está
   Marta por aquí?
   ▼ Sí, y además ha traído una tortilla buenísima. ¿Quieres probarla?
   ■ Sí claro, si es de Marta ...

3. ● Oye, Alicia, ¿te ayudo?
   ▼ Ay, sí, si no te importa. Mira, yo llevo las
   copas y tú las dos ensaladas.

4. ▼ ¿Te apetece un poco de empanada?
   ◆ No, gracias, es que ya estoy llena.
   ▼ ¿De verdad que no quieres? Venga, coge
   un poco. Mira, este trozo es muy pequeño.
   ◆ Bueno ... Pero sólo este trocito.

5. ● ¿Quieres un cigarrillo?
   ■ No gracias, es que ya no fumo. ¿No lo
   sabías?
   ● ¡Vaya, qué bien! Oye, ¿y te molesta si
   fumo?
   ■ No, no, fuma.

Mira, te **he traído** un regalo.
traer = von einem anderen Ort hierher mitbringen
Mira, yo **llevo** las copas y tú las dos ensaladas.
llevar = von hier aus mitnehmen/-bringen

8 Para practicar

Aquí tienes diferentes comidas y bebidas. Pregunta a tu compañero/-a qué o
cuál quiere.

▼ Tengo vino blanco y tinto. ¿Cuál quieres?/
  ¿Qué vino prefieres?
■ Blanco, por favor.

▼ Tengo té y café. ¿Qué quieres?
■ Un té, por favor.

¿**Qué** quieres para beber?
¿**Qué vino** prefieres?
¿**Cuál** quieres? Tengo blanco y tinto.

9 Para practicar

Estás en una fiesta. Tú eres **A** y tu compañero/-a es **B**. Haced los diálogos.

A

Eres el/la anfitrión/-ona y recibes a un amigo.

Das las gracias por el regalo.

Ofreces a tu amigo/-a algo para beber.

Preguntas qué tipo de vino quiere.

No aceptas.

Le das permiso.

B

Ofreces tu ayuda para cortar dos tartas.

No aceptas.

Aceptas.

B

Saludas y le das un regalo.

Le quitas importancia.

Pides un vino.

Respondes a su pregunta y le ofreces
un cigarro.

Pides permiso para fumar.

A

Aceptas y le ofreces un trozo de tarta.

Insistes.

Me gustaría presentarle al Sr. Castillo

 Me gustaría presentarle al Sr. Castillo

Escucha los diálogos y di a qué fotos corresponden.

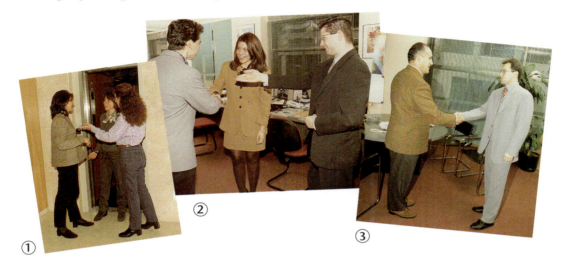

① ② ③

ⓐ ▼ Hola, ¿eres la nueva secretaria de dirección?
◆ Sí.
▼ Yo soy Elena. Trabajo en el departamento de personal y ella es Laura, una de nuestras ingenieras.
● Hola, ¿qué tal?
◆ Hola, me llamo María Jesús.
▼ Bueno, pues ... ¡Bienvenida a Filtros Eurocar!
◆ Gracias.

ⓑ ▼ Buenas tardes. Usted es el señor Rodríguez, ¿verdad?
◆ Sí, soy yo.
▼ Me llamo Manuel Morales y soy el representante de Filtros Eurocar. Encantado.
◆ Mucho gusto.
▼ Quería conocerle para hablarle de un asunto. ¿Tiene un momento?
◆ Sí, claro.

ⓒ ▼ Perdone, Sra. Falla, ¿tiene un momento? Me gustaría presentarle al Sr. Castillo, jefe de compras de Automóviles Reunidos.
● Encantado.
◆ Encantada.
▼ La señora Falla es nuestra jefa de ventas.
● Señora Falla, me gustaría hablar con usted porque ...

 ¿Y tú?

En los diálogos aparecen diferentes profesiones y cargos dentro de una empresa.
¿Qué otras profesiones y otros cargos conoces?

¿Qué tal las vacaciones?

1 **Para empezar**

Relaciona los titulares con las diferentes ofertas de viaje.

> **A vista de pájaro** ①

> **Bucear en el Mediterráneo** ②

> **Curso de cata de vinos** ③

> **Cura de belleza y salud** ④

> **Senderismo en los Pirineos** ⑤

> **Por un valle perdido** ⑥

a Tras unas lecciones en la piscina, esta propuesta ofrece una excursión marítima en barco para la primera inmersión. Incluye el alquiler del equipo.

b El parque nacional de Ordesa (Pirineos) es una de las rutas más espectaculares para recorrer a pie. La oferta incluye guía, alojamiento y desayuno.

c Dos días de alojamiento en un balneario en Lloret del Mar (Gerona), con pensión completa, limpieza de cutis, drenaje facial, «peeling» corporal, bañera individual de hidromasaje con ozono, algas y aceites esenciales. Cuenta con piscina climatizada y gimnasio. Una puesta a punto para volver al trabajo como nuevo.

d Un fin de semana en Santa Pola (Alicante), con vuelo en parapente biplaza y alojamiento. Conviene llevar saco de dormir y botas.

e En la Alcarria conquense. Incluye dos noches en una casa rural, una comida en la bodega y el curso para aprender a sensibilizar el paladar y saber apreciar los buenos caldos.

f Alojamiento en casas rústicas del Valle del Liébana, con paseos a caballo, descenso en canoas o excursiones en vehículos 4x4.

2 ¿Y tú?

Haz una encuesta en la clase.
¿Quién del grupo ...

○ ha hecho un curso de cata de vinos? _____

○ ha estado en un balneario? _____

○ ha hecho senderismo en España? _____

○ ha hecho buceo? _____

○ nunca ha montado a caballo? _____

○ ha volado en parapente? _____

3 ¿Lo habéis pasado bien?

a. Olga habla con una amiga de sus vacaciones. Escucha el diálogo y marca en el mapa la ruta que hizo.

b. Ahora escucha y lee el diálogo. ¿Coincide la ruta de Olga con la que tú has marcado en el mapa?

▼ ¿Quieres un café?

◆ Prefiero un vino, para alegrar el ambiente. Bueno, cuéntame, ¿qué tal las vacaciones?, ¿lo habéis pasado bien?

▼ ¡Genial!

◆ Y dime, ¿dónde habéis estado?

▼ ¡Buf! En un montón de sitios. Primero estuvimos en la zona de Rueda y nos quedamos dos días. Fuimos en coche de Madrid a Medina del Campo y allí visitamos diferentes bodegas y el castillo. Mira, aquí están las fotos ... En ésta estamos bebiendo un vino buenísimo.

◆ Y después del vino de Rueda el de La Rioja, ¿no? ¡Mi preferido!

▼ Sí, pero antes pasamos por Valladolid y Burgos y paramos para ver sus catedrales. ¡Son impresionantes!

◆ Y en la Rioja, ¿dónde estuvisteis?

▼ En Haro dos días y después en San Millán de la Cogolla un día más. En Haro visitamos las bodegas.

◆ Con una degustación, claro. Éstos de la foto sois Juan y tú, ¿verdad?

▼ Sí, delante de la iglesia de Santo Tomás, que es una maravilla, y en San Millán visitamos sus dos monasterios, San Millán de Suso y San Millán de Yuso.

◆ ¡Qué bonitos son!, ¿verdad?

▼ ¡Y cuánta tranquilidad!

◆ ¿Y después?

▼ Fuimos a Bilbao a visitar a un amigo y a ver el Museo Guggenheim.

◆ ¡Vaya!, ¡qué bien! Y después a la playa, ¿no?

▼ Sí, nos fuimos a San Sebastián y allí nos quedamos una semana. ¡En fin, un viaje fantástico!

◆ ¿Y este vino que estamos tomando ahora?

▼ ¿Te gusta? Es de Rueda, lo compramos en el viaje.

◆ ¡Mmm, buenísimo!

▼ ¿Quieres un poco más?

4 ¿Y tú?

¿Has estado alguna vez en España? ¿Cuándo?
¿Conoces algún vino de España?
¿Dónde lo has probado?

¿Dónde has estado **este verano**?
(Bezug zur Gegenwart)

¿Has estado **alguna vez** en España?
Sí, he estado **muchas veces**.
No, no he estado **nunca/todavía**.
(Unbestimmter Zeitpunkt in der Vergangenheit)

Sí, estuve **el año pasado** en Madrid.
(Kein Bezug zur Gegenwart)

5 Para practicar

Completa las frases con información personal.
Utiliza el perfecto o el indefinido según las expresiones temporales. Compara tus respuestas con las de un/a compañero/-a. ¿Tenéis algo en común?

El año pasado _____

Este año _____

En 1997 _____

Una vez _____

Hoy _____

Anoche _____

No _____ nunca _____

Todavía no _____

6 Para leer

El Camino de Santiago

En el año 813 un pastor descubrió el sepulcro del apóstol Santiago en Compostela. A partir de ese momento cientos de peregrinos de toda Europa comenzaron a llegar a la ciudad.

Durante la Edad Media el Camino se hacía a pie, en burro o a caballo; en la actualidad se hace en bicicleta, o como en la Edad Media, a pie. Se calcula que el número de viajeros que lo realizan está entre los 3.000 y 5.000 al año. El Camino lo recorre gente de todo tipo, unos por motivos religiosos, otros por deporte, y en otros casos para disfrutar de la variedad de paisajes y monumentos históricos.

En España, el Camino de Santiago tiene dos puntos de partida, el puerto de Somport y el paso de Roncesvalles, los dos en los Pirineos. Puntos importantes del recorrido son sobre todo ciudades como Pamplona, Burgos, León, Astorga, y Ponferrada, aunque su culminación es la ciudad de Santiago de Compostela, que no sólo reúne un gran número de edificios históricos y uno de los cascos antiguos mejor conservados de España, sino que también es punto de encuentro de cientos de jóvenes que estudian en su universidad.

2

7 Para practicar

Éste es el diario de Daniel que, con un grupo de amigos, ha hecho el Camino de Santiago. Leyendo sus anotaciones, cuenta la ruta que siguieron los excursionistas.

Primero ...
Luego .../Después ...
Después de ..., (y) entonces ...
Por último ..., al final ...

ir hasta ...
ir hacia ...
ir por/pasar por ...
ir de ... a ...
parar en ...

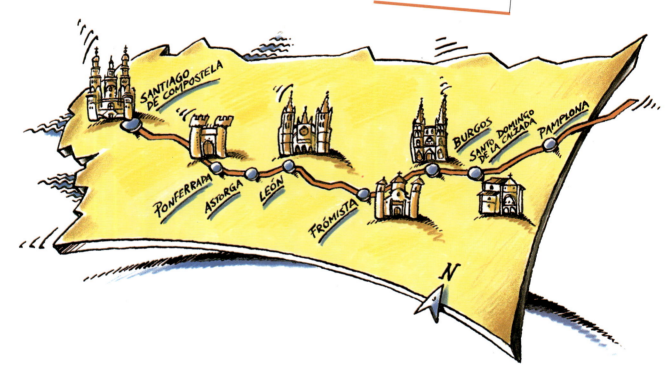

Pamplona
Catedral gótica. Paseo por la parte vieja de la ciudad.
Santo Domingo de la Calzada
Catedral.
Antiguo hospital de peregrinos, convertido en parador de turismo.
Burgos
Catedral gótica.
Frómista
Iglesia de San Martín, siglo XI, construcción románica.

León
Catedral gótica del siglo XIII.
Muralla de la ciudad.
Astorga
Catedral del siglo XIII.
Ponferrada
Castillo templario.
Santiago de Compostela
Catedral, sepulcro del apóstol, iglesias ...

El viaje comenzó en ...

¿Y tú?

¿Has hecho alguna ruta por España? Cuenta una ruta de un viaje a través de España o Latinoamérica que has hecho y que recomiendas. Si todavía no has estado en ningún país de habla hispana, cuenta un itinerario que te ha gustado.

Salimos de …

9 **Para leer**

Roberto tuvo malas experiencias con un viaje organizado. Ésta es la carta que escribió a la agencia de viajes para quejarse. ¿De qué se queja Roberto?

ROBERTO MONJE
C/ de la Cuesta, 78, 3° 1ª
28035 MADRID

Jorge Manchado
Agencia de viajes "Curiosus"
Paseo de la Castellana, 95
28029 MADRID

Madrid, 30 de octubre de …

Estimado Sr. Manchado:

Le escribo esta carta para hacerle llegar mi queja por la mala organización por parte de su agencia de mi viaje a Madeira del 12 al 26 de octubre.

Cuando llegué al aeropuerto de la isla no me esperaba nadie y tuve que coger un taxi, que por supuesto pagué yo, para ir al hotel, donde no había ninguna habitación reservada a mi nombre. Por suerte, como era temporada baja no hubo problemas para obtener una.

Como usted sabe, éste era un viaje de salud, y quería dar largos paseos por la playa que usted me mostró en el catálogo, pero que en realidad era sólo una pequeña cala, con piedras en lugar de arena.

Por lo que se refiere a la comida, tampoco puedo decir nada positivo. El menú era muy poco variado y no correspondía a la descripción que usted me hizo. Debido a este problema decidí comer en otro restaurante.

Como ve, creo que los motivos de mis quejas son justificados y pienso que su agencia debería hacer algo para mejorar la organización de sus viajes.

Atentamente,

Roberto Monje

Lee la carta otra vez y busca las frases donde Roberto cuenta lo que pasó y las frases con las que describe la situación.

2

10 Para practicar

En parejas. Hace un mes hicisteis un viaje con la agencia «Disfrute».
En el hotel donde os alojasteis había unas cosas que no estaban bien.
Escribid una carta de queja a la agencia.

habitación demasiado pequeña
no funcionar la calefacción / el aire acondicionado
habitación sin balcón
no ofrecer visitas guiadas
no tener vista al mar
haber mucho ruido en el hotel

11 Para escuchar

Escucha la conversación donde Roberto le cuenta a un amigo sus
malas experiencias.
A continuación tienes algunas expresiones de la lengua hablada.
¿Cuáles utiliza el amigo para expresar sorpresa y cuáles para compartir
la decepción de Roberto?

Para expresar sorpresa		*Para compartir la decepción*	
¿Sí?	☐	¡Vaya!	☐
¡No me digas!	☐	¡Qué desastre!	☐
¡Vaya!	☐	¡Qué pena!	☐
¿De verdad?	☐	¡Qué mala suerte!	☐
¡Anda!	☐	¡Qué lástima!	☐
¿Pero cómo...?	☐		

12 Para practicar

Imagina que has estado de vacaciones y te ha salido todo mal. Cuenta a un/a
compañero/-a los problemas que has tenido. Utiliza la lista de la actividad 10.
Tu compañero/-a reaccionará con las expresiones que aparecen en la actividad
11 Para escuchar.

13 ¿Y tú?

¿Has tenido alguna vez experiencias parecidas? ¿Qué cosas te molestaron más?

Reserva de una habitación

1 **Reserva de una habitación**

Aquí tienes un fax que el hotel «Ejecutivo» ha mandado al Sr. Juan González.

HOTEL EJECUTIVO
C/ Los Olmos, 52
28040 Madrid

A: Juan González   **N° Fax:** 93 234 42 22
De: María Gómez   **N° Fax:** 91 567 45 43

N° de hojas incluyendo ésta:1

Madrid, 15 de marzo de ...

Estimado Sr. González:

Con referencia al fax que nos ha enviado esta mañana, confirmamos
la reserva de dos habitaciones individuales con baño en nuestro
hotel del 21 al 24 de marzo –3 noches–.
Lamentablemente ya no tenemos habitaciones disponibles en la
planta baja como Ud. ha solicitado. Sus habitaciones se encuentran
en el décimo piso.
La tarifa especial para ejecutivos que visitan la Feria del Automóvil
es de 79 euros más IVA, por noche. Para garantizar la reserva necesitamos su número de tarjeta de crédito.

Atentamente,

María Gómez
María Gómez
Reservas

2 **Para practicar**

Escribe el fax que el Sr. González ha mandado esta mañana al hotel.

Fiestas y costumbres

 Para empezar

Mira estas fotos. ¿De qué fiestas se trata? Relaciona las frases con las imágenes.

México

Puerto Rico

Perú

España

3

1. En los carnavales de Ponce la gente desfila con trajes de colores llamativos y lleva originales caretas de cartón–piedra elaboradas por los artesanos ponceños. Es típico que los hombres se disfracen de mujeres y viceversa.

2. En el Día de Muertos se regalan esqueletos y calaveritas de dulce decoradas con colores brillantes y con el nombre de la persona pintado en la frente.

3. En la Semana Santa de Cusco, se celebra una de las procesiones más misteriosas y espectaculares del país, la procesión del Cristo Negro, también llamado Cristo de los Temblores. Una alfombra de flores adorna el camino que seguirá la procesión.

4. Del 22 al 25 de abril tienen lugar las fiestas de Moros y Cristianos. En ellas se escenifican las batallas entre las tropas moras y cristianas que tuvieron lugar durante los siglos de la Reconquista. La más conocida es la de Alcoy.

22

¿Qué otras fiestas o tradiciones de un país de habla hispana conoces?

Gabriel recuerda cómo celebraba el Día de Reyes en México cuando era niño. Lee el texto y contesta las preguntas.

Día de Reyes

El día que esperaba con más ilusión cuando era niño, era el 6 de enero, Día de Reyes, ya que era cuando recibíamos regalos. Mis hermanos y yo escribíamos cartas a los Reyes Magos, Melchor, Gaspar y Baltasar, y las poníamos en nuestros zapatos la noche anterior antes de irnos a dormir. Además dejábamos también agua, maíz y alfalfa para los animales de los Reyes Magos, que seguramente venían cansados. Al día siguiente nos levantábamos muy temprano para ver los regalos que nos habían traído. Por la tarde comíamos rosca de reyes con toda la familia. Lo más divertido de la rosca era ver a quién le tocaba el mono escondido en la rosca. Recuerdo que yo siempre comía tres o cuatro pedazos de rosca para encontrar el mono y me ponía muy contento cuando tenía suerte y me tocaba. Según la tradición, la persona que encontraba el mono tenía que dar una fiesta el 2 de febrero, día de la Candelaria, pero para entonces, ya todos habíamos olvidado la rosca y el mono...

¿Por qué los niños esperaban con ilusión el 6 de enero?
¿Qué hacían la noche anterior?
¿Cuándo se levantaban ese día?
¿Qué comida especial había?
¿Qué hacía Gabriel para encontrar el mono?
¿Qué tenía que hacer el que encontraba el mono?

 4 **¿Y tú?**

Describe a tu compañero/-a cómo se celebraban en tu familia o en tu ciudad/ pueblo la Navidad, el Carnaval y la Pascua cuando eras niño/-a.
¿Había otras fiestas o tradiciones que te gustaban?
¿Qué día se celebraban? ¿Y cómo?

 5 **Las posadas de hoy ya no son como las de antes**

◆ ¿Se acuerdan cuando íbamos de niños a las posadas?
▼ Claro, a mí me encantaba. Eso de tener todos los días una fiesta los nueve días antes de Navidad, y con los cantos, las representaciones, las piñatas, el ponche, la comida, ¡mmm!
■ Sí, y además todo el mundo, los primos, los vecinos, los amigos ...
▼ Las posadas de hoy ya no son como las de antes.
◆ Es verdad. La mayoría son como una fiesta cualquiera y terminan en borrachera.
▼ A mí me parece mal que no se conserven las tradiciones tal y como eran, ¿no creen?
◆ Sí, a mí también. Además pienso que está mal que adoptemos costumbres de otros países, como eso de esperar a Santa Claus, por ejemplo.
■ Pues la verdad a mí me parece muy normal que las tradiciones cambien con el tiempo, y pienso que está bien que tengamos costumbres de otros países. ¿Por qué no?
◆ Hm, no sé, a mí siempre me ha gustado que se continúen nuestras tradiciones ...
▼ Sí, a mí me parece también muy bonito que las conservemos ...
■ ¡Pues a mí me parece que ustedes ya están hablando como viejas! Y yo ya me voy porque tengo una fiesta hoy en la noche.
▼ Adiós, moderno, ¡que te diviertas!
◆ ¡Que te vaya bien!
■ ¡Gracias, adiós!

¿Qué opinan las tres personas? Completa las frases.

La primera persona dice:

A mí me parece mal que _____

A mí me parece muy bonito que _____

La segunda persona dice:

Pienso que está mal que _____

A mí siempre me ha gustado que _____

La tercera persona dice:

A mí me parece muy normal que _____

Presente de subjuntivo		
hablar	*comer*	*vivir*
hable	coma	viva
hables	comas	vivas
hable	coma	viva
hablemos	comamos	vivamos
habléis	comáis	viváis
hablen	coman	vivan

6 Para practicar

¿Qué te parecen estas costumbres de España y de Latinoamérica?
Comenta con un/a compañero/-a.

En España y en algunos países de Latinoamérica,
… los ancianos viven con frecuencia en casa de sus hijos.
… los amigos se saludan con dos besos en las mejillas.
… los compañeros de trabajo se tutean.
… en muchas familias los hijos se llaman igual que los padres.
… los hijos reciben los apellidos del padre y de la madre.
… los hijos solteros viven con frecuencia en casa de los padres.

◆ *A mí me parece raro que en España y en Latinoamérica los ancianos*
   vivan en casa de los hijos. Creo que es mucho trabajo para los hijos.
   ¿Y tú qué piensas?
▼ *Pues a mí me gusta, así no se sienten tan solos.*

> (A mí) me parece bien/normal/raro que…
> Me parece ridículo/complicado que…
> Pienso/Creo que está bien/mal que…   + subjuntivo
> A mí (no) me gusta que…

irregulares			
tener	*hacer*	→	haga
tenga	*poner*	→	ponga
tengas	*salir*	→	salga
tenga	*venir*	→	venga
tengamos	*oír*	→	oiga
tengáis	*decir*	→	diga
tengan			

7 ¿Y tú?

¿Qué costumbres que tú conoces han cambiado? ¿Cómo han cambiado?
¿Te parece bien que cambien? Habla con un/a compañero/-a.

8 Para practicar

¿Qué les deseas a estas personas? Relaciona las expresiones con las situaciones.

¡Que descanses!

¡Que te mejores!

¡Suerte, que te vaya bien!

¡Que tengáis buen viaje!

¡Que te diviertas!

¡Que duermas bien!

¡Que aproveche!

¡Que lo pases bien!

1. Ana va a una fiesta.
2. Luis tiene una entrevista de trabajo.
3. Lidia se va a dormir.
4. Enrique y Javi se van de viaje.
5. Gabi y Marcos empiezan a comer.
6. Silvia tiene la gripe.

¡Que te vaya bien! =
Lass es dir gut gehen!
que + subjuntivo =
(gute) Wünsche

9 ¿Y tú?

¿Qué les deseas a tus compañeros hoy al despedirte de ellos
al final de la clase?
¿Quién de vosotros encuentra más deseos?

◆ *¡Adiós, que no estudies demasiado! ¡Que llegues pronto a casa!*

3

10 Para escuchar

Juan, un chico mexicano, recibe una llamada de su amigo Peter, un amigo
alemán que está en México haciendo un curso de español. Escucha el diálogo y
marca la opción correcta.

1. Peter conoció a Sandra

en clase. ☐   en una librería. ☐   en una biblioteca. ☐

2. Sandra vive con

sus padres. ☐   sus padres y abuelos. ☐   unos primos. ☐

3. Peter puede llevar de regalo

flores. ☐   vino. ☐   el postre. ☐

4. Peter tiene que llegar a la comida

a las 2.00. ☐   entre las 2.00 y las 2.30. ☐   después de las 2.30. ☐

5. La comida probablemente terminará

antes de las 5.00. ☐   después de las 5.00. ☐   por la noche. ☐

ir	dormir
vaya	duerma
vayas	duermas
vaya	duerma
vayamos	durmamos
vayáis	durmáis
vayan	duerman

¿En tu país la gente llega puntual a una fiesta o a una comida?

Este es un fragmento del cuento «Ogla» del libro *Abecedario para niñas solitarias* (1994) de la escritora y periodista mexicana Rosaura Barahona. Ogla es una mujer polaca que vive en México con su marido mexicano. En esta parte del cuento ella cuenta su experiencia con las invitaciones en México.
Lee el texto y contesta las preguntas.

La primera vez que la invitaron a una merienda la citaron a las cinco. Acudió puntual sólo para encontrar a la anfitriona en bata, con rizadores en la cabeza y metiendo el pastel al horno. Se disculpó por haber confundido la hora o el día pero su anfitriona le dijo en tono comprensivo y maternal que en México si alguien citaba a las cinco, se esperaba que los invitados llegaran más o menos a las seis. Ogla preguntó por qué no mejor citaban a las seis y, su anfitriona con toda naturalidad, respondió: «Porque la gente empezaría a llegar a las siete».

3

EDICIONES CASTILLO
Rosaura Barahona
Abecedario
para niñas solitarias

¿A qué hora era la invitación?
¿A qué hora llegó Ogla?
¿A qué hora tenía que llegar? ¿Por qué?
Una semana después la invitaron al cine a las cuatro.
¿Qué crees que hizo Ogla? Y, ¿qué crees que pasó?

Lee qué pasó en realidad.

Una semana después, la invitaron al cine y preguntó la hora. Le dijeron que a las cuatro. Obediente y adaptada, llegó a las cinco sólo para encontrarse al grupo furioso porque les había echado a perder la función. «Pero la cita era a las cuatro», dijo orgullosa para demostrar que había aprendido la lección, «y en México se cita a las cuatro para que la gente llegue a las cinco». «No en el cine», le respondieron, «el cine empieza puntual». «¿Y el teatro?», arriesgó Ogla. «Ah, nunca sabes; depende». Ya no quiso preguntar de qué dependía porque era demasiada información para una sola tarde.

12 ¿Y tú?

¿Cómo te comportas cuando te invitan? Contesta las preguntas y después compara con tu compañero/-a.

	tú	tu compañero/-a
¿Eres puntual?		
¿Llevas regalo?		
¿Qué?		
¿Cómo saludas?		
¿Cuándo te vas?		
¿Llamas al anfitrión al día siguiente?		

Negocios con buenas maneras

1 Negocios con buenas maneras

a. ¿Crees que para los negocios son importantes las siguientes cosas?
¿Qué crees que es más importante? Coméntalo con tus compañeros/-as.

- la seriedad
- la puntualidad
- el aspecto
- las relaciones personales
- la planificación rigurosa
- el sentido del humor

b. Los siguientes textos corresponden a reglas de protocolo de diferentes países.
Relaciona cada país con su texto y compara los resultados con tu compañero/-a.
Debajo tenéis las soluciones.
España ☐   Alemania ☐   EEUU ☐   Paraguay ☐

①
- Es normal no llevar chaqueta, incluso a actos formales, empresariales e institucionales.
- Compartir el tereré (mate frío) en situaciones informales.
- Se puede ser algo impuntual, pero no olvidar que los funcionarios y los empresarios quieren olvidar esos tópicos.
- Las relaciones humanas son de gran importancia para hacer negocios. Se valoran mucho las muestras de afectividad.

③
- Es posible llegar con un poco de retraso a una cita, 15 minutos es lo máximo.
- Son normales las comidas de trabajo y normalmente se hablará de trabajo en la sobremesa, pero no durante la comida.
- En las reuniones es posible cambiar la agenda de orden e incluso hablar de nuevos temas que antes no estaban previstos.
- Durante las discusiones es normal bromear, hablar de cosas personales y ... de fútbol.

②
- Llegar a las reuniones a las horas en punto, esperando unos momentos antes, si es preciso, por los alrededores.
- Llevar copias de los documentos a exponer para todos los asistentes a la reunión.
- Tienen poco sentido del humor en el trabajo y en las negociaciones.
- Les gusta delimitar muy bien su vida personal y familiar de la profesional.
- Los puntos de la reunión se planificarán conforme a una rigurosa agenda.

④
- Son directos y claros, pero sin excederse en la confianza. En las presentaciones formales, los hombres no besan a las mujeres.
- Pueden ser muy duros en las negociaciones.
- Aparente informalidad en la forma de vestir y en la etiqueta en general.
- Exigentes en cuanto a puntualidad.
- Está bien visto decir unas palabras en *americano*, en vez de en inglés británico.

(Adaptado de *Emprendedores*, enero 1998)

Solución: España ③ , Alemania ② , EEUU ④ , Paraguay ①

¿Qué tal la nueva casa?

1 **Para empezar**

Relaciona las fotos y las frases.

a. Es una suerte estar tan bien comunicados.

b. Me mudé a este piso porque es céntrico.

c. Hace tiempo que buscaba un apartamento con mucho sol y poco ruido.

d. ¡Por fin se acabaron los problemas con los vecinos!

e. Un piso compartido es la solución ideal para mí: comparto gastos ... y trabajo.

f. Eso es lo que buscábamos, vivir en las afueras y tener la tranquilidad del campo.

2 **¿Y tú?**

¿Dónde vives tú?

● *Yo vivo solo/-a, en un apartamento en el centro de la ciudad.*

3 **Estoy buscando otro piso**

◆ Bueno, María, ¿qué tal tu nuevo trabajo?

▼ Muy bien, me gusta mucho. Con dos niños pequeños trabajar en casa está muy bien. El único problema es el espacio.

◆ Claro, ya me lo imagino ...

▼ Hace tiempo que estoy buscando otro piso. El problema es que no tengo mucho tiempo. Ya he mirado por el barrio pero hasta ahora no he tenido suerte. Es que los precios de los alquileres son altísimos. Ya sabes lo que cuesta un piso.

◆ Realmente es una pena que no encuentres nada por tu barrio, es tan bonito, tranquilo, está tan bien ubicado ...

▼ Es verdad, aunque el piso nunca me ha gustado. Ya sabes que no hay ascensor y vivo en un quinto.

◆ Oye, pues a lo mejor puedo ayudarte. Un compañero de la oficina se muda de piso y el suyo se queda libre, si quieres le puedo preguntar.

▼ ¡Sí, muy bien! ¿Sabes dónde vive?

◆ Cerca del centro.

▼ ¡Estupendo! Para mí es muy importante que esté bien comunicado y que haya tiendas cerca, ya sabes que no tengo coche ... ¿Hay algún parque en los alrededores? Es por los niños ...

◆ Supongo que sí porque Juan tiene un perro.

▼ No sabes cuántas habitaciones tiene, ¿verdad?

◆ Creo que cuatro. Tiene en total algo más de cien metros cuadrados.

▼ Bueno, suena muy bien. Es fundamental que el piso tenga una habitación más y, claro, que no sea demasiado caro. Y dime, ¿le preguntas tú o crees que podría llamarle yo para saber algo más?

◆ Sí claro. Mira, te doy el teléfono.

María dice:

Es importante que el piso _____ una habitación más y que no _____ demasiado caro. Es fundamental que _____ un parque en los alrede- dores. No tengo coche, por eso es necesario que el piso _____ bien comunicado y que _____ tiendas cerca de casa.

4

Es importante que
Es fundamental que
Es necesario que   + subjuntivo
Es una pena que

ser	haber	estar
sea	haya	esté
seas	hayas	estés
sea	haya	esté
seamos	hayamos	estemos
seáis	hayáis	estéis
sean	hayan	estén

4 Para practicar

Habla con un/a compañero/-a sobre cómo debe ser la casa que se imagina cada una de estas personas e inventa también una posible razón.

◆ *Es necesario que el piso de Juan ..., porque ...*

barato, pequeño, en el centro

cocina grande, primer piso

en las afueras, mucha luz, jardín

Sra. Domínguez

un garaje grande, un trastero

Juan

Sr. López

muy grande, muchas habitaciones

Sra. Carballo

Mario

5 ¿Y tú?

Si te mudas de casa, ¿qué es necesario o importante para ti?
Completa el texto y compara con tu compañero/-a. ¿Tenéis las mismas prioridades?

Es fundamental que mi casa _____

También es muy importante que _____

Además es necesario que _____

Por otro lado, no es muy importante que _____

y tampoco es necesario que _____

Este es un fragmento de la novela *Toda la casa era una ventana* (1983) de la escritora española Emma Cohen. La novela cuenta la historia de Carmen, una chica de un pueblo de Extremadura, que va a Madrid para trabajar en casa de una familia rica. Lee como vio el salón por primera vez.

... Miró alrededor: libros y más libros descansaban en la madera, apoyados contra las paredes hasta confundirse con el techo blanco. El suelo estaba cubierto por alfombras rojizas y grisáceas; dos sillones largos, enfrentados y forrados de piel, ocupaban la mitad del espacio, y al otro lado, un espejo enorme, un tocadiscos muy moderno y un asiento en forma de hamaca con un montón de libros desparramados sobre la alfombra. Junto a ellos se alzaba una puerta cegada por una persiana de madera blanca. Carmen subió la persiana. Miró hacia abajo: un jardín pequeño, verde y solitario, con el suelo cubierto de césped descuidado y tres árboles que se elevaban hasta el cielo, la saludó; uno de los árboles tenía flores blancas, grandes y hermosas, y algunas yacían sobre una mesa de mármol con pies de hierro en la que descansaba un osito metálico, cubierto de polvo y con la mirada perdida hacia la tapia que separaba el jardín del de la casona vecina. Bajó las escaleras para verlo de cerca.

4

¿Qué partes, muebles y objetos de la casa se mencionan?

¿Cómo era la casa donde vivías de niño y cómo es tu actual vivienda?

8 Para escuchar

Una encuesta en la calle. El programa de televisión «Usted es el que opina» ha realizado una encuesta en la ciudad y ha hecho a diferentes personas la siguiente pregunta: ¿Qué es para Vd. calidad de vida en un barrio?
Escucha y marca los aspectos que se mencionan.

Los entrevistados quieren

que haya muchos aparcamientos. ☐
que el barrio tenga sitios para practicar deporte. ☐
que las calles estén limpias. ☐
que el barrio ofrezca actividades culturales. ☐
que la gente sea simpática. ☐
que haya zonas verdes. ☐
que en el barrio se pueda comprar de todo. ☐
que esté bien comunicado. ☐
que el barrio sea tranquilo. ☐
que haya vida nocturna. ☐
que en el barrio puedan circular sólo los transportes públicos. ☐
que el barrio sea seguro. ☐
que los bares cierren pronto. ☐

4

La gente quiere que
La gente pide que
La gente exige que + subjuntivo
La gente desea que

A mí me da igual que
No me importa que + subjuntivo

9 ¿Y tú?

Ahora habla con un/a compañero/-a sobre lo que es calidad de vida en un barrio y poneos de acuerdo sobre qué es lo más y lo menos importante para vosotros.

ofrecer	poder	cerrar	pedir
ofrezca	pueda	cierre	pida
ofrezcas	puedas	cierres	pidas
ofrezca	pueda	cierre	pida
ofrezcamos	podamos	cerremos	pidamos
ofrezcáis	podáis	cerréis	pidáis
ofrezcan	puedan	cierren	pidan
wie *ofrecer*	u.a. auch		
conocer →	conozca		
conducir →	conduzca		

A mí me da igual que ...
No me importa que ...
Para mí, lo principal es que ...
Yo pienso / yo creo que lo más importante es que ...
No me parece tan importante que ...
Pues, para mí, no es necesario que ...
Yo (no) quiero que ...

10 Para leer

En todos los periódicos hay una sección de *Cartas al director*, donde los lectores comentan, critican, expresan opiniones sobre temas que les afectan personalmente. A continuación tienes una de estas cartas.

Ruido en la ciudad

El invierno pasado decidí mudarme y después de mucho buscar encontré mi paraíso: una casa restaurada situada en una zona antigua y tranquila de la ciudad.

Ahora ha llegado el verano, y como todos sabemos, la ciudad se vuelve más agradable y nosotros más amables. Mucha gente se va de vacaciones y los que nos quedamos disfrutamos de locales menos llenos, de cines y teatros sin hacer cola, de las terrazas de verano ... y aquí termina mi paraíso.

En la plaza donde vivo han abierto una de estas terrazas y les aseguro que el ruido es insoportable: toda la noche música, voces, motos, risas, cristales, ... y así, noche tras noche hasta las dos o las tres de la madrugada, aunque oficialmente el local cierra a la 1.30 de la noche. Y lo peor es que mucha gente se queda en las mesas cuando la terraza ya ha cerrado, y las voces, motos y risas continúan. Es increíble que todos los vecinos tengamos que soportar tanto ruido. Está bien que haya terrazas, a mí también me gustan, pero es necesario que la gente respete los horarios, y sobre todo, que se marche a la hora de cerrar.

Me parece importante que los dueños de los locales se preocupen por la tranquilidad del barrio y por el bienestar de los vecinos. ¿O hace falta que éstos llamen cada noche a la policía para tener un poco de tranquilidad? ¿No sería posible cerrar a las 12 las terrazas del centro los días laborables?

¿Podría el Ayuntamiento controlar más las terrazas? ¿Puede alguien darme una solución? Les aseguro que los tapones no sirven, ya los he probado.

Iñigo Herrero Martínez, Bilbao.

4

lo peor = das Schlimmste

¿Cuáles de estas afirmaciones aparecen en el texto?	sí	no
❏ La casa del señor Herrero está situada en una zona tranquila, fuera de la ciudad.	☐	☐
❏ En la época de vacaciones los cines y teatros están llenos. Es casi imposible encontrar entradas.	☐	☐
❏ En la plaza donde vive el señor Herrero, hay una terraza de verano que no respeta el horario oficial.	☐	☐
❏ La gente suele quedarse en las mesas de la terraza cuando ésta ya ha cerrado.	☐	☐
❏ Los dueños de los locales no se preocupan de la tranquilidad del barrio.	☐	☐
❏ El señor Herrero propone cerrar las terrazas a la 1 de la noche.	☐	☐

11 Para practicar

¿Cómo ves tu ciudad/tu pueblo? Completa las frases.

▼ *Para mí lo mejor es que está muy cerca de la costa.*

Para mí ...

1. lo mejor _____

2. lo peor _____

3. lo bueno _____

4. lo malo _____

5. lo más bonito _____

6. lo más interesante _____

A mí ...

7. lo que más me gusta _____

8. lo que menos me gusta _____

Compara tus respuestas con las de un/a compañero/-a y poneos de acuerdo.
Haced una lista común.

Para nosotros ...

1. lo mejor _____

2. lo peor _____

3. lo bueno _____

4. lo malo _____

5. lo más bonito _____

6. lo más interesante _____

A nosotros ...

7. lo que más nos gusta _____

8. lo que menos nos gusta _____

Ahora comparad vuestros resultados con los de otros compañeros. ¿Hay otras
parejas que comparten vuestra opinión?

12 ¿Y tú?

¿Qué problemas hay en tu ciudad/tu pueblo?
Escribe una carta a un periódico para quejarte.

1 **Para practicar**

fax · impresora · pantalla · tablón de anuncios · fotocopiadora · escritorio · papelera · armario · silla giratoria · teclado · ratón · calculadora · ordenador

4

Robo en el despacho
Este fin de semana alguien ha entrado en este despacho. ¿Qué han robado y qué han dejado?

2 **¿Y tú?**

¿Cuáles de estos objetos utilizas en el trabajo o en casa?

¡Está riquísimo!

1 **Para empezar**

Mira los dibujos y fíjate en las expresiones.

hart	rohl/blutig	nichts schmeckt Salz/Pfeffer
¡Vaya! ¡Qué duro está!	¡Pero esto está crudo!	¡Qué soso está!

5

¡Mmm! ¡Está exquisita!
¡Riquísima! au Besst köstlich

¡Está quemado!
verbrannt

¡Uf! ¡Qué picante!
¡Está muy fuerte!

¿Qué dices si ...
3 □ la sopa no tiene sal?
5 □ has dejado la tarta demasiado tiempo en el horno?
6 □ has echado demasiado chile en la salsa?
1 □ no puedes partir el filete? schneiden
4 □ la tortilla te ha salido muy bien?
2 □ la carne no está hecha?

38

2 Para practicar

Piensa en tres alimentos o platos que comparten para ti un sabor o una cualidad
de la lista. Léeselos a tus compañeros. Ellos tienen que adivinar el sabor o la
cualidad común.

sauer
bitter
scharf
süß
bitter
sauer
× Selzig
gesund
fettig
deftig
sauer

ácido   picante   dulce   amargo
salado   sano   graso   fuerte   bueno

▼ *Patatas fritas, churros, salchicha.*
◆ *Son grasos.*

× ~~ser salado = salzig sein~~ es allgemein
estar salado = versalzen sein eigene Meinung

> *ser + Adjektiv =*
> Eigenschaft
> Los chiles son picantes.
>
> *estar + Adjektiv =*
> Zustand
> A esta salsa le han echado
> demasiado chile. está
> muy picante.

3 Fernando no come carne

■ Pásame la sal, por favor ... Gracias.
▼ Una comida vegetariana, ¡aburridísimo!
■ Bueno, ya te lo he dicho: Fernando no come carne, ¿qué quieres que haga-
mos? ... Por cierto, ¿le has dicho también a Susana lo de la cena?
▼ Sí, se lo he dicho, bueno, le he dejado el mensaje en el contestador, porque
nunca está en casa. ¡Uf! ... Lechuga, tomate, maíz, zanahorias, arroz, espina-
cas ... ¡Qué aburrido!
■ Los tomates, ¿dónde los has puesto?
▼ Te los he dejado encima de la mesa.
■ Dámelos, y deja de quejarte.
▼ ¿Quieres que abra la lata de maíz?
■ Sí, y me la pasas, gracias. ¡Esta ensalada va a quedar buenísima!
▼ Ya, y las espinacas son sanísimas, las zanahorias más, y el arroz es un ali-
mento básico. Pareces un libro.
■ Sobran dos zanahorias, ¿quieres que nos las comamos? Venga, toma una.
▼ Ana, por favor, después de esta noche no quiero ver ni una planta por aquí
hasta dentro de tres semanas.
■ ¡Muy bien, de acuerdo! ... ¡Mmm ... esto va a estar riquísimo!
▼ Pues nada, ¡que aproveche!

4 ¿Y tú?

¿Qué alimentos o comidas te gustan mucho? ¿Cuáles no te gustan nada?
¿Te gusta la cocina vegetariana? Busca a una persona con tus mismos gustos.

5 Para practicar

Haz con un/a compañero/-a diálogos de acuerdo con el ejemplo. Utiliza los alimentos de la lista.

me	
te	
~~le~~ → se	+ lo, la, los, las
nos	
os	
~~les~~ → se	

▼ *Los tomates, ¿dónde los has puesto?*
◆ *Te los he dejado encima de la mesa.*
▼ *Pásamelos, por favor.*

la lechuga   las espinacas
el maíz   los pepinos
las zanahorias   la pimienta
el arroz   el ajo

¡Pásame la sal!   ¡Pásamela!
¡Dame los tomates!   ¡Dámelos!

6 Para escuchar

Ramón, Nacho y Andrés organizan una fiesta de fin de curso en su piso de estudiantes. Escucha y marca quién lleva las cosas.

	Loli	Sara	David	Paqui	Pepe
ensalada de atún					
ensalada de arroz					
gazpacho					
tortilla de patatas					
aceitunas, galletas y patatas					

Ahora contesta las siguientes preguntas usando los pronombres.

■ *¿Quién lleva la tortilla?*
▼ *Se la han encargado a Loli.*

¿Y la ensalada de atún?
¿Y la ensalada de arroz?
¿Y el gazpacho?
¿Y las cosas para picar?

7 ¿Y tú?

Habéis decidido hacer una fiesta el último día del curso. Cada uno de vosotros va a traer una cosa. En parejas haced una lista de las cosas que queréis y decidid a quién se las encargáis.

▼ *Un pastel de manzana.*
◆ *Se lo pedimos a Peter.*

8 Para practicar

De entre las siguientes costumbres alimenticias, piensa cuáles son propias de tu país y cuáles de España o Latinoamérica. Compara tus respuestas con las de tus compañeros/-as.

	tu país	España/Latinoamérica
tomar vino con la comida	☐	☐
tomar agua con gas	☐	☐
comer pan blanco	☐	☐
no desayunar nada	☐	☐
poner nata en el café	☐	☐
cenar mucho por la noche	☐	☐
tomar fruta después de la comida	☐	☐
utilizar mucho el aceite de oliva	☐	☐
hacer una siesta después de las comidas	☐	☐
tomar las bebidas muy frías	☐	☐
untar el pan con mantequilla	☐	☐
beber agua del grifo	☐	☐
tomar un trozo de tarta como postre	☐	☐

Ahora comenta con un/a compañero/-a si estas costumbres son saludables o no.

▼ *No creo que utilizar mucho aceite de oliva sea bueno para la salud. ¿Y tú? ¿Qué piensas?*

■ *Yo creo que sí, porque ...*

ser bueno = gesund sein
ser malo = ungesund sein

5

Creo / Pienso que (no) **es** bueno.
No creo / No pienso que sea bueno.

9 Para leer

En España, como en otros países, los hábitos alimenticios han cambiado en los últimos 20 años. Aquí tienes una lista de productos y platos que consumen los españoles hoy. Pero, ¿sabes cuáles de éstos no se consumían o se consumían poco hace 20 años?
margarina, mantequilla, aceite de oliva, aceite de girasol, pavo, pollo, cerveza, vino, galletas, cereales, pescado fresco, pescado congelado, ...

(Solución: margarina, aceite de girasol, pavo, cerveza, cereales, pescado congelado)

Lee ahora los siguientes fragmentos que corresponden a un artículo del periódico español *El País*. En éste, varios especialistas en nutrición nos hablan de los cambios en la alimentación y sus posibles causas. Relaciona los textos con los titulares.

(A) ***La falta de tiempo y la soledad han cambiado los hábitos alimenticios***

(B) ***La obsesión por el cuerpo perfecto***

(C) *Más variedad en la cocina*

(1) (...) «Cuando yo era pequeño, en Extremadura se comía cocido prácticamente todo el año; (...) Y según las posibilidades de cada familia, luego se le añadía chorizo, gallina, morcilla ... De pescado se comía bacalao en salazón, que era lo que llegaba y poco más. Y antes, ¿quién comía marisco? Se usaban chirlas, mejillones, alguna almeja. ¿Y frutas y hortalizas? Ahora hay tomates bien buenos todo el año gracias al cultivo en invernadero. Además nos han llegado a la mesa productos como el kiwi, el aguacate y la chirimoya, ahora muy populares, y de los que antes ni se había oído hablar». Y destaca un producto que ha pasado de la anécdota a consumos masivos y se ha asociado con estilos dinámicos de vida: el yogur. «Hace treinta años era un producto para niños y enfermos» (...)

(2) (...) «Ahora se vive en un marco de vida tan acelerado que o no tenemos tiempo o llegamos tan cansados a casa que se recurre cada vez más al alimento–servicio, ya preparado, listo para servir, o enlatado o ultra-congelado. O directamente se llama por teléfono para que te traigan una pizza. Además, cada vez vive más gente sola, sobre todo en las grandes ciudades. Y la soledad no es buena para comer, no anima a entrar en todo ese ritual de cocina, mantel y mesa» (...)

(3) Díaz Yubero opina que en los años sesenta, cuando España se abrió al mundo con la llegada masiva de turistas, se implantó con acierto la mejor dieta de todas, la mediterrá-nea (...) ahora se está perdiendo ese equilibrio sesentayochista. Se ha pasado así de la cartilla de racio-namiento y del plato de carne sólo los días de fiesta a los mil inventos de dietas de temporada para adelga-zar, la del pomelo, la del arroz, la manzana, los astronautas, las diso-ciativas, acompañadas de obsesiones que desembocan cada vez con más frecuencia en enfermedades como la anorexia y la bulimia. (...)

(de *El País semanal*, 20/04/97)

¿En qué texto se dice lo siguiente?

☐ En los mercados podemos encontrar productos que antes no existían.
☐ La comida a domicilio y el uso de alimentos precocinados se extiende en las grandes ciudades.
☐ El yogur se ha convertido en un producto estrella.
☐ En los años sesenta, en España, predominaba la dieta mediterránea.
☐ Antes se comían sólo productos de temporada y de la región.
☐ En la actualidad podemos encontrar multitud de dietas diferentes. Algunas de éstas, junto con otros factores, han provocado la aparición de enfermedades graves.

10 ¿Y tú?

¿Comes lo mismo que comías hace unos años? ¿Hay cosas que ahora comes y antes no comías? ¿Y al revés? ¿Crees que hoy se come mejor que antes? Respecto al cambio de alimentación, ¿se te ocurren otras causas que no aparecen en el texto? Comenta tus respuestas con un/a compañero/-a. Después haced una puesta en común con el resto de la clase.

5

Yo me encargo de reservar una mesa

1 Yo me encargo de reservar una mesa

- ■ Novavisión, dígame.
- ● Buenos días, soy Javier Aguado de Hispacable y quisiera hablar con el señor Pomares.
- ■ Un momento, por favor.
- ◆ ¿Dígame?
- ● ¿Señor Pomares? Soy Javier Aguado, buenos días.
- ◆ Buenos días. ¿Cómo está?
- ● Bien, gracias. Le llamo para decirle que el 23, martes, estaré en Madrid y quizá, por fin, podríamos vernos y hablar de nuestra futura colaboración.
- ◆ Me parece perfecto. ¿Cuándo podríamos vernos?
- ● Mi avión llega a las 9.30 a Madrid y después tengo una reunión toda la mañana. Creo que a las dos podría estar en sus oficinas.
- ◆ Le propongo algo, ¿qué le parece si comemos juntos?
- ● Muy bien, me parece estupendo.
- ◆ Entonces, nos vemos aquí en nuestras oficinas y después vamos a comer. Yo me encargo de reservar una mesa.
- ● Bien, allí estaré. Hasta pronto.
- ◆ Adiós.

5

2 Para practicar

Aquí tienes publicidad de diferentes restaurantes de Madrid.
¿Cuál de ellos crees que es el más adecuado para la cita? ¿Por qué?
Coméntalo con tus compañeros.

3 Para escuchar

Escucha la conversación y rellena los espacios en blanco.

◆ _____ _____ _____. _____.

▼ Buenos días. Me gustaría reservar ____ ____ ____ ___ _____.

◆ ¿____ ___ _____?

▼ Para el día 23, a las 3.

◆ Bien. ¿___ __ _____ __ _____ la pongo?

▼ De Andrés Pomares.

◆ ___ _____. Entonces tiene reservada una mesa ____ __ ___ ___ __

____ ___ ___ __ _____.

▼ _____, _____ ... y adiós.

◆ Adiós.

¡Qué día!

andén – Bahnsteig

1 **Para empezar**

¿Quién dice estas cosas? Relaciona las imágenes con las frases.

1. ¡No puede ser! He olvidado el pasaporte. *f*
2. ¡Qué día! Me he quedado dormido y he perdido el avión. *d*
3. ¡Qué despiste, me he equivocado de tren! *b*
   wo hab ich nur meinlugt verwechseln
4. ¡Vaya, me he perdido! *c*
5. ¡Pero serán ...! Me han robado la cartera. *g*
   ser dammt
6. ¡Pero qué tonto soy! Me he dejado la llave dentro del coche. *e*
   wie dumm ich bin
7. ¡Qué faena, me han puesto una multa! *a*

verflixt!   *strafzettel*

2 **¿Y tú?**

¿Qué dirías en estas situaciones?
- Sales del cine y no encuentras el coche.
- Quieres pagar y no encuentras la cartera.
- Estás de visita en otra ciudad y no encuentras tu hotel.
- Llegas tarde porque el despertador no ha funcionado.

3 ¿A qué tren te has subido?

◆ ¡Imma!, ya estaba a punto de llamar a tu casa.

▼ Perdona Jordi. Siento llegar tan tarde, pero no te puedes imaginar lo que me ha pasado.

◆ Pero, ¿qué te ha pasado?

▼ Pues nada, un lío. He llegado con el tiempo justo a la estación y, mientras compraba el billete, he oído que anunciaban el tren con destino a Lleida. Total que he subido al tren corriendo y me he puesto a leer el periódico tranquilamente. Entonces al llegar a Sitges me he dado cuenta de que ...

◆ Has olvidado el biquini.

▼ No, hombre, ¡qué va!, ¡que el tren no ha parado!

◆ Pero, ¿a qué tren te has subido?

▼ Pues a uno que era directo a Tarragona.

◆ ¡No me digas! ¿Y entonces?

▼ Pues he seguido hasta Tarragona, ¿qué podía hacer?

◆ ¡Qué mala suerte! Pero bueno, por fin has llegado ...

▼ Sí, sí, pero lo mío me ha costado. Acabábamos de pasar Sitges cuando ha llegado el revisor y ...

◆ Y claro, has tenido que pagar el resto del billete.

▼ Ya te lo imaginas, ¿no? Pues sí. He tenido que pagar otro billete hasta Tarragona.

◆ Vaya, ¡qué faena!

▼ Pero es que además, he tenido que pagar también de Tarragona hasta aquí.

◆ Hoy no es tu día, ¿eh? Pero ahora deja de pensar en este asunto y prepárate para un super pic-nic en la playa porque yo, mientras tú recorrías toda Cataluña, he preparado una ensalada, una tortilla ...

¿Qué le ha pasado hoy a Imma? Completa.

Esta mañana Imma ha llegado con el tiempo justo a la estación y, _____

_____ el billete, ha oído que anunciaban el tren con destino

a Lleida. Ha subido al tren corriendo, el tren ha salido y ella se ha puesto a leer

el periódico. __ _____ a Sitges, el tren no ha parado porque era directo

a Tarragona. Acababan de pasar Sitges, _____ ___ _____ el revisor y le

ha cobrado el billete hasta Tarragona.

6

Al llegar a Sitges, Imma se ha dado cuenta/se dio cuenta de que ...
al llegar = cuando el tren ha llegado/llegó

Begleitumstände	Handlung
Mientras compraba el billete,	ha oído/oyó que anunciaban el tren.
El tren acababa de pasar Sitges,	cuando ha llegado/llegó el revisor.
Jordi estaba a punto de llamarla por teléfono,	cuando Imma ha llegado/llegó.

 Para practicar

Hoy Miriam ...

estaba a punto de ...   mientras ...   al salir de ...   acababa de ...
cuando ...   cuando ...

 Para practicar

Lee otra vez el diálogo 3 y fíjate en las frases de Jordi. Con un/a compañero/-a
piensa el motivo por el que Jordi interrumpe tan frecuentemente la conversación. Después busca entre sus frases las que utiliza para adelantar la conversación y para expresar comprensión.

para colaborar y adelantar la conversación   *para expresar comprensión*

6 Para leer

Eduardo acaba de regresar a Madrid después de estar una semana de visita en casa de sus amigos mallorquines Manuel y Mónica y les escribe por correo electrónico para contarles las incidencias de su viaje de regreso.

asunto: Tu amigo Eduardo
fecha: 18 de septiembre
de: Eduardo Solís <eduardo@compuserve.com>
para: Manuel Bosch<Bosch@iese.es>

¡Hola!
Después de la odisea que fue mi viaje de regreso, finalmente estoy de vuelta en Madrid. No os podéis imaginar todo lo que me pasó. Lo primero, al llegar al aeropuerto resulta que el vuelo ya estaba cerrado, y claro, estuve discutiendo con todo el mundo porque yo había llegado con una hora de anticipación, como ellos piden. No logré irme en ese avión y tuve que esperar cuatro horas hasta el siguiente vuelo. Por lo menos me pagaron la comida en el aeropuerto y me dieron una compensación. ¡Y no creáis que eso fue todo! En el avión, me tocó en el asiento de al lado una señora que no dejaba de hablar, y para colmo, en el asiento de atrás un niño que pateaba todo el tiempo. En fin, que llegué a Madrid tardísimo y deshecho, y encima, Susana no pudo ir a recogerme y tuve que tomar un taxi. Pero bueno, ya estoy en casa y os quiero agradecer una vez más la invitación, Mallorca estuvo genial. Y ahora os dejo que tengo que trabajar.

Eduardo

resulta que, y además,
y encima, para colmo,
en fin, total que

7 Para practicar

Completa estas cinco frases en cinco tarjetas diferentes formando una pequeña historia. Después intercambia tu tarjeta número uno con la tarjeta número uno de un/a compañero/-a, tu tarjeta número dos con la tarjeta número dos de otro compañero y así con las otras tarjetas. Después lee a la clase la nueva historia.

4 y para colmo…

3 y además…

1 Esta mañana…

5 total que…

2 y resulta que…

8 ¿Y tú?

Cuenta a un/a compañero/-a lo que te pasó ayer. Él/Ella está muy interesado/-a en tu historia y va a utilizar las expresiones que ya conocéis para demostrar interés. Recuerda que en los países hispanos si el interlocutor no interrumpe o reacciona, se percibe como falta de interés.

▼ *Ayer tuve un día espantoso, llegué tarde a todas partes...*
◆ *¿Sí?, ¿qué te pasó?...*

- ❏ vas al banco en coche
- ❏ no encuentras aparcamiento y aparcas en segunda fila
- ❏ entras en el banco y hay una cola enorme
- ❏ estás en la cola, se estropea el ordenador
- ❏ tienes que esperar media hora
- ❏ sales del banco y un guardia te está poniendo una multa
- ❏ discutes con el guardia, pagas la multa y tienes que regresar al banco para sacar dinero

9 Para escuchar

Hay días en los que es mejor no salir de casa. Muchas veces cuando nos ocurre algo pensamos que no es casualidad, sino que algo nos ha traído buena suerte o mala suerte. En este caso hablamos de supersticiones. ¿Conoces las supersticiones relacionadas con los siguientes objetos o acciones? Junto con tu compañero/-a, clasifícalas en aquéllas que traen buena suerte y aquéllas que traen mala suerte.

tocar madera • el número 13 • la luna llena • romper un espejo • pasar por debajo de una escalera • el color amarillo • cruzar los dedos • un gato negro • tirar sal en la mesa • unas tijeras abiertas

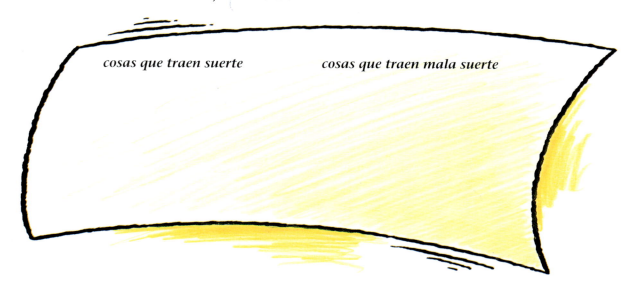

cosas que traen suerte   *cosas que traen mala suerte*

Ahora escucha esta canción de Manolo Tena y comprueba si has acertado.

auf holz klopfen

TOCAR MADERA

Si es noche de luna llena
schere offen
tijeras abiertas en la mesa
si se cruza un gato negro
kaputt   spiegel
o se te rompió el espejo

Si no es por superstición
puede ser por precaución *vorsicht*
pero de todas maneras, *auf jeden fall*
tocar madera, tocar madera
tocar madera, tocar madera.

leiter   13
Con la escalera y el trece
nicht das glück herausfordern
mejor no tientes a la suerte
si alguien viste de amarillo *gelb*
cruza los dedos, sabes cómo te digo.

Si no es por superstición
puede ser por precaución
pero de todas maneras,
tocar madera, tocar madera
tocar madera, tocar madera.

"sich auf reise..."   antreten
Si te marchabas de viaje
unaussprechliche
y alguien nombra lo innombrable
mejor deshaces tu equipaje.

Tocar madera, tocar madera
tocar madera, tocar madera.

Cuando es viernes, cuando es martes
heiraten
no te cases, no te embarques
si alguien te mira mal *böses blick (gibt)*
si alguien tira la sal. *salz verschüttet*

Si no es por superstición
ni miedo a la maldición, *verschwörung / fluch*
pero de todas maneras
tocar madera, tocar madera
tocar madera, tocar madera.

Si pasas bajo la escalera
tocar madera.
Si alguien tira la sal
tocar madera.
Si pasas bajo la escalera
tocar madera.
Si alguien te mira mal
tocar madera.
Si pasas bajo la escalera
tocar madera.
Si se cruza un gato negro
tocar madera.
Si pasas bajo la escalera
zerbrechen
o se te rompió el espejo *spiegel*
no pases bajo la escalera
cruza los dedos, sabes como te digo...

Tocar madera, tocar madera
tocar madera, tocar madera.

6

10 ¿Y tú?

¿Eres supersticioso/-a? ¿Conoces más cosas que traen buena o mala suerte?
¿Coinciden las supersticiones de arriba con las de tu país?

11 Para leer

El siguiente texto pertenece al libro *El olor de la guayaba* (1982), del escritor colombiano Gabriel García Márquez y del escritor y periodista colombiano Plinio Apuleyo Mendoza. Los dos amigos mantienen una conversación sobre diferentes temas. En el siguiente fragmento Mendoza le hace unas preguntas a García Márquez sobre el tema de las supersticiones.

Lee el texto y contesta las preguntas.

— Lo dijiste alguna vez: «El que no tenga Dios, que tenga supersticiones». Es un tema muy serio para ti.

— Muy serio.

— ¿Por qué?

— Creo que las supersticiones, o lo que llaman supersticiones, pueden corresponder a facultades naturales que un pensamiento racionalista, como el que domina en Occidente, ha resuelto repudiar.

— Empecemos por las más corrientes: el número 13. ¿Crees realmente que trae mala suerte?

— Pues yo pienso todo lo contrario. Quienes lo saben hacen creer que tiene efectos maléficos (y los norteamericanos se lo han creído: sus hoteles pasan del piso 12 al 14), sólo para que los demás no lo usen y ser los únicos beneficiarios del secreto: es un número de buen agüero. Lo mismo sucede con los gatos negros y con el hecho de pasar por debajo de una escalera.

— Siempre hay flores amarillas en tu casa. ¿Qué significado tienen?

— Mientras haya flores amarillas nada malo puede ocurrirme. Para estar seguro necesito tener flores amarillas (de preferencia rosas amarillas) o estar rodeado de mujeres.

— Mercedes pone siempre en tu escritorio una rosa.

— Siempre. Me ha ocurrido muchas veces estar trabajando sin resultado; nada sale, rompo una hoja de papel tras otra. Entonces vuelvo a mirar hacia el florero y descubro la causa: la rosa no está. Pego un grito, me traen la flor y todo empieza a salir bien.

	v	f
Según García Márquez, Occidente acepta las supersticiones.	☐	☐
Para García Márquez, el número 13, los gatos negros y pasar debajo de una escalera traen buena suerte.	☐	☐
A García Márquez las flores amarillas le hacen sentirse inseguro.	☐	☐
Las rosas le ayudan a inspirarse.	☐	☐

12 ¿Y tú?

¿Tienes alguna superstición personal o conoces a alguien con una?

▼ *Para un amigo mío, era de buena suerte cuando miraba el reloj, y el reloj marcaba en ese momento la hora con números iguales, por ejemplo, 1.11, 2.22, 3.33, etc.*

Lo siento, es que ...

1 **Lo siento, es que ...**

¿Qué dirías en las siguientes situaciones? Elige entre las propuestas que tienes a continuación.

1. Llegas demasiado tarde a una reunión muy importante.
2. Has olvidado hacer copias para las personas de una reunión.
3. Olvidas el nombre de la persona con quien estás hablando.
4. Estás en medio de una reunión y tienes que irte antes.
5. Estás hablando ante un grupo y te das cuenta de que has olvidado las transparencias que necesitas.
6. Estás en una reunión y tu teléfono móvil comienza a sonar.

○ Lo siento, pensaba que llevaba las transparencias.

○ Lo siento, pero tendré que irme antes.

○ Lo siento, pero he olvidado su nombre.

○ Disculpen, me he dejado las transparencias en el despacho.

6

○ Perdone, su nombre es ...

○ Disculpen, me ha sido imposible llegar antes.

○ Lo siento, creía que tenía las copias conmigo.

○ Disculpen, he olvidado hacer las copias.

○ Perdonen, estoy esperando una llamada urgente.

○ Perdone, tendré que irme a las ... porque tengo otra cita.

○ Siento llegar tarde, pero había mucho tráfico.

○ Disculpen, he olvidado desconectar el móvil.

Para pedir disculpas
Perdona. Es que ...
Perdone. Pero ...
Siento lo ocurrido.

Para aceptar disculpas
No tiene importancia.
No te preocupes.
No se preocupe.

Busca, compara y si encuentras algo mejor ... cómpralo

1 **Para empezar**

Compara junto con tu compañero/-a los coches de las siguientes fotos.
¿Cuál es el más bonito, el menos práctico, etc.?

rápido	seguro	caro	◆ *Pienso / Creo que el coche negro es el más elegante.*
práctico	amplio	bonito	
vanguardista	deportivo	confortable	
lujoso	ecológico	elegante	

2 **Estoy buscando un coche de segunda mano**

▼ ¡ Juan! ¿Te apetece un café?

◆ ¡Perdona María! ¿Qué has dicho?

▼ Que si te apetece un café.

◆ Sí, gracias. Mira, estoy buscando un coche de segunda mano y hoy hay un montón de ofertas.

▼ ¿Quieres que te ayude? ¿Buscas una marca en particular?

◆ No, en principio no, me da igual la marca.

▼ Mira aquí hay una oferta muy interesante. Se vende un coche que sólo tiene dos años.

◆ ¿Y cuántos kilómetros tiene?

▼ Aquí pone 43.000.

◆ ¡Tantos! Pero si tiene más kilómetros que el mío. Busco un coche que tenga menos.

▼ Bueno, vamos a ver. Aquí hay otro, un Renault que tiene 22.000 kilómetros y que cuesta 9.500 euros. ¿Qué te parece?

◆ Un poco caro pero interesante. ¿Dicen cuánto gasta?

▼ Sí, 8,5 litros a los 100 kilómetros.

◆ ¡Pero estás loca! Gasta tanta gasolina como un avión.

▼ Bueno, si tú lo dices ... Aquí hay otro, un Opel verde que tiene ...

◆ ¡Verde! Yo no puedo conducir por ahí un coche que es verde.

▼ Oye, pues entonces, dime: ¿cómo quieres el coche?

◆ Quiero un coche que sea práctico, que esté casi nuevo, que no gaste mucha gasolina, que tenga mucha potencia, que sea bonito ...

▼ ... y que sea barato y que no sea verde.

◆ Eso es. Un coche normal.

¿Por qué no le gusta a Juan el primer coche?
¿Y el segundo?
¿Y el tercero?

3 **¿Y tú?**

Si compras un coche, ¿qué es para ti lo más importante?

◆ *Para mí lo más importante es que sea ...*

> me da lo mismo = es ist mir egal

4 **Para practicar**

Pide, pregunta o cuenta algo a un/a compañero/-a. Él/Ella no te entenderá y te pedirá que repitas.

Pásame el diccionario.

¿Cuándo es el descanso?

◆ *Pásame el diccionario.*
■ *Perdona, ¿qué has dicho?*
◆ *Que me pases el diccionario.*

Este libro es muy bueno.

¿Tienes un bolígrafo?

¿Qué hora es?

Perdona, ¿qué has dicho?
Que cuándo has llegado.
Que si te apetece algo.
Que tengas cuidado.

Tengo un coche **que gasta** mucha gasolina.
(se habla de un coche concreto)
Quiero/necesito/busco un coche **que gaste** poca gasolina.
(se busca, se desea y no se sabe si existe)

5 **Para practicar**

Estas personas quieren comprar una maleta. ¿Qué tipo de maleta les recomiendas?

Sra. Martín *Sr. González* *Alberto*

David *Sra. Machín*

◆ *Como la señora Martín es mayor, necesita una maleta que...*

pesar poco	tener ruedas	tener bolsillos laterales
ser resistente	ser estable	ocupar poco espacio
ser de marca	ser elegante	tener cierre de seguridad

6 **¿Y tú?**

Piensa en algo que necesites en el trabajo, en casa ... y sin decir qué es, describe a tus compañeros qué características debe tener. Ellos tienen que adivinar de qué se trata.

▼ *Necesito una que tenga capacidad para diez tazas, que no haga ruido, que sea rápida y que sea de aluminio.*
● *Una cafetera.*

56

7 Para leer

Usar, tirar y volver a comprar

El aumento de la capacidad adquisitiva ha provocado un cambio radical en los hábitos de consumo. Hace sólo un par de décadas era frecuente coser, planchar e incluso hacerse la propia ropa. Ahora no cocinamos, ni construimos, ni arreglamos cosas nosotros mismos. Una muestra de los nuevos hábitos es la proliferación de productos de usar y tirar. Hasta no hace tanto, por ejemplo, eran suficientes unos pocos pañales de tela para los primeros años de vida de un niño.

Ahora, sólo durante su primer año, se emplean más de mil pañales, lo que supone un gasto de unas 50.000 pesetas. Y no son sólo artículos como pañuelos, servilletas o la mayoría de los envases. Otros más sofisticados, como termómetros, lentillas o cámaras fotográficas, están diseñados para que sean desechados después de una única utilización.

(de *Muy Interesante*, junio 1998)

a. Según el texto ha habido un cambio radical en los hábitos de consumo debido a que la gente ahora tiene más dinero. ¿Qué otras causas podrías añadir?
b. ¿Qué diferencias hay entre tus hábitos de consumo y los de tus padres?
c. ¿Qué productos utilizas sólo una vez y cuáles vuelves a utilizar?

7

8 ¿Y tú?

¿Conoces a **alguien** que **sepa** coser?
No conozco a **nadie** que **sepa** coser.
Conozco a **alguien** que **sabe** coser.

¿Quién hace bingo primero? Pregunta a tus compañeros/-as si conocen a alguien que haga las siguientes cosas. El primero que tache una fila horizontal tiene que decir «¡Línea!», y quien complete toda la tabla tiene que decir «¡Bingo!» y habrá ganado.

● *¿Conoces a alguien que utilice lentillas desechables?*
▼ *Sí, mi hermana*
◆ *No, no conozco a nadie.*

utilizar lentillas desechables	utilizar pañuelos de tela	N W E S	usar cámaras fotográficas desechables
consumir muchos productos congelados	N W E S	saber hacerse ropa	saber coser
utilizar servilletas de tela	saber arreglar cosas	N W E S	usar papel reciclado

9 Para escuchar

A Paco y Gloria les gusta comprar objetos de marca. Escucha lo que dos amigos dicen sobre ellos y decide si las siguientes afirmaciones son verdaderas o falsas.

	v	f
El barrio donde viven Paco y Gloria está lejos.	☐	☐
El coche en el que van es un Mercedes.	☐	☐
Se han comprado unas maletas con las que van a viajar a Torremolinos.	☐	☐
El vuelo en el que van a viajar es un charter.	☐	☐
Paco tiene un amigo con el que juega al golf.	☐	☐

10 Para practicar

¿Conoces a tu compañero/a? Completa las siguientes frases según sus gustos y necesidades. Después pregúntale si has acertado.

Le gusta la gente con la que _____

Quiere ir a un lugar de vacaciones en el que _____

Necesita un trabajo en el que _____

Prefiere las tiendas donde _____

Prefiere las ciudades en las que _____

Le gustan los días en los que _____

Le gustan los compañeros/amigos con los que _____

El barrio **donde/en el que** viven Paco y Gloria está muy cerca.
La casa **donde/en la que** viven Paco y Gloria está cerca.
El amigo **con el que/con quien** juega al golf es muy misterioso.

11 Para leer

Aquí tienes un fragmento de la novela *Compro, luego existo* de la escritora y periodista mexicana Guadalupe Loaeza publicada en 1992. El libro es una irónica crítica al consumismo. En este texto se habla de uno de sus personajes, Daniel, que es un aficionado a los gadgets, objetos sofisticados aparentemente innecesarios pero que demuestran estatus.

Entre sus amigos Daniel era conocido como el rey del *gadget*. Siempre que viajaba a Nueva York, San Diego o Houston, se traía los últimos aditamentos para su computadora, para su aparato de música, para su celular, para su minicomputadora de bolsillo Hewlett Packard, para su grabadora, para su rasuradora, para el teléfono de la casa, para el *compact disc* del coche, para su fotocopiadora, para su fax, para su agenda electrónica Casio, para su impresora, para las lámparas de mesa, para el interfón, para su cámara fotográfica y de cine, para su reloj despertador, para medir la temperatura de su cava de vinos, para el humificador del aire, para su máquina calculadora, para ... para todo Daniel estaba dispuesto a invertir cualquier suma de dinero con tal de adquirir el último *gadget*.

«Todos estos objetos corresponden perfectamente al consumidor sofisticado. ¿Saben por qué? Porque son de calidad. No compro porquerías. Sé que no son in-dis-pen-sa-bles, pero... una vez descubiertos, uno se pregunta cómo pudo haber vivido tanto tiempo sin ellos», decía Daniel a sus amigos, entre orgulloso y medio avergonzado.

7

a. En tu opinión, ¿cuáles de las cosas que se nombran en el texto te parecen indispensables y cuáles no? Haz dos listas.
b. Piensa en algunas cosas que antes no tenías y que ahora sí tienes y te parecen indispensables.

12 ¿Y tú?

Cuando vas a comprar algo, ¿qué es lo más importante para ti: el diseño, el precio, lo que piensan los otros ...?
Busca a alguien que coincida con tu manera de comprar.

▼ *A mí me parece importante que ...*
♦ *Pues a mí me da igual que ...*
■ *A mí no me importa que ...*
● *A mí me gusta que ...*

Reclamaciones

 1 Para leer

Una clienta de la distribuidora «La Luna» recibió hace unos días un pedido defectuoso. Ésta es la carta que escribió para hacer la oportuna reclamación. Léela y busca en el texto cómo se dice en español ...

Bestellung _____   Betrag _____

Ware _____   Zahlung _____

Rechnung _____   Liefertermin _____

Lieferung _____

7

Para: Luis Aguirre
Nº de fax: 91 528 54 67
Empresa: Distribuidora La Luna

De: ....
Empresa: ....

Asunto: Reclamación
Nº de hojas incluida ésta: 1

Toledo, 15 de febrero de ...

Estimado Sr. Aguirre:

Acabamos de recibir el envío de los 500 libros, correspondiente a nuestro pedido número 235, de fecha 10 de enero. Sin embargo, para nuestra sorpresa y disgusto hemos comprobado que la mercancía ha llegado hasta nosotros en pésimas condiciones; de los 500 ejemplares, 85 han llegado muy deteriorados y 32 no corresponden al pedido que les hicimos.

Por esta razón, nos vemos obligados a devolverles parte del envío y de momento no haremos efectivo el importe correspondiente. Les rogamos que nos hagan llegar lo más pronto posible nuestro pedido de forma correcta, junto con una nueva factura, de forma que podamos hacerle efectivo el pago. En cuanto a la fecha de entrega, esperamos que sea antes de que termine el mes.

Esperamos sus noticias y les saluda atentamente,

Jefa de compras

2 Para escuchar

Ahora escucha estas tres conversaciones telefónicas, en las que tres clientes de la distribuidora «La Luna» llaman para reclamar. ¿De qué se quejan los clientes?

1ª librería: _____

2ª librería: _____

3ª librería: _____

¿Cuál de las tres conversaciones telefónicas corresponde al fax?

3 Para practicar

Escribe el fax correspondiente a una de las otras dos llamadas telefónicas.

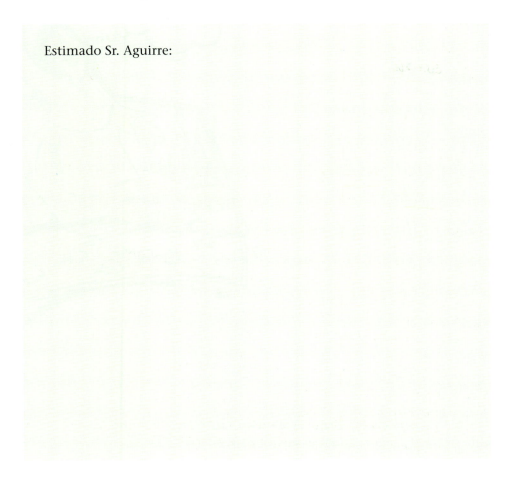

Estimado Sr. Aguirre:

4 ¿Y tú?

¿La gente suele reclamar en tu país? ¿Cómo se hace? ¿Se reclama por teléfono o por carta?

la danza del vientre — Bauchtanz

Sueños

1 **Para empezar**

Lee este cuento popular que cuenta los sueños de una pobre mujer, una lechera.

8

El cuento de la lechera

Milch(bäuerin)frau

Es war einmal

Érase una vez una lechera que iba al
mercado para vender la leche de su
cántaro. Por el camino iba pensando:
Venderé la leche y con el dinero compraré una docena de huevos y así tendré pollitos. Los pollitos se convertirán en hermosas gallinas que pondrán muchos huevos. Entonces venderé los huevos y las
gallinas y compraré ovejas. Las ovejas me
darán lana y mucha leche con la que haré
queso. Con el dinero de la lana y los quesos podré comprar vacas y entonces venderé las ovejas y me construiré una buena
casa. Las vacas darán mucha leche y seré
rica, muy rica, y mis hijas se casarán con
hombres ricos y entonces ...
En esto, la lechera tropezó con una piedra
del camino, el cántaro se le cayó y se
rompió. La pobre lechera se quedó sin
nada.

2 **¿Y tú?**

En cadena. Una persona del grupo expresa un sueño para el futuro. La
siguiente repite el sueño y añade el suyo. La tercera repite los dos
sueños más el suyo, ...

▼ _Compraré un coche._
◆ _Él comprará un coche y yo iré a las Maldivas._

3 Ése ha sido siempre el sueño de Paulina

▼ ¿Qué tal tus planes? ¿Ya tienes una fecha para marcharte?

● Una fecha fija, no, pero esperamos tener todo listo para finales de año. Las cosas no han sido tan fáciles como pensábamos, pero ya hemos comprado una casa cerca de la playa.

▼ En Cancún, ¿verdad?

● No, al final nos hemos decidido por Cozumel. Es un lugar menos turístico, más pequeño y mucho más bonito.

▼ Y exactamente, ¿qué tenéis pensado hacer?

● Pues mira, queremos empezar primero con el hotel, y después, dentro de algún tiempo, poner una escuela de buceo. Ése ha sido siempre el sueño de Paulina.

▼ Me parece una idea genial: dejar Madrid, el trabajo en el banco, y empezar una nueva vida. ¿No tenéis un poquito de miedo? Es un gran desafío, ¿ya habéis pensado en eso?

● Bueno, un poquito sí, pero sólo un poquito. Pero esperamos que todo salga bien. Ahora estamos deseando llegar y empezar a trabajar en el hotel para abrir lo antes posible.

▼ ¿Y va a ser un hotel grande?

● No, la casa que hemos comprado sólo tiene siete habitaciones y tenemos la intención más adelante de construir dos o tres más si nos dan el permiso. De todos modos queremos que sea un hotel pequeño y acogedor.

▼ ¿Pensáis poner un restaurante también?

● Sí, claro, pero sólo para los huéspedes del hotel. No queremos tener tanto estrés como aquí. Por eso nos marchamos.

▼ Sí, Madrid está cada vez más insoportable. Oye, ¿no te olvidarás de nosotros?, ¿verdad?

● Por supuesto que no. Además ya sabes que allí puedes ir cuando quieras. ¡A ver si te animas!

▼ Hombre, muchas gracias. Te prometo que os haré una visita. ¿Sabéis ya cómo se va a llamar el hotel?

● Claro, «Esquina Paulina».

▼ Oye, suena muy bien. Pues nada, ¡ojalá que tengáis mucho éxito! Seguro que nos veremos otra vez antes de vuestra marcha.

Busca en el diálogo las frases con las que se expresan planes, deseos y promesas.

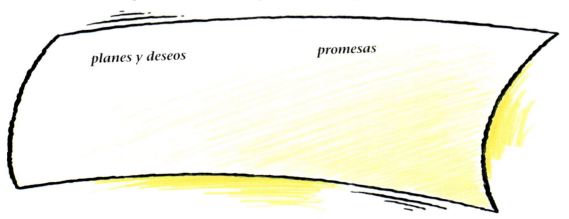

planes y deseos   *promesas*

8

4 Para practicar

Normalmente los padres no tienen los mismos deseos para los hijos que éstos. ¿Qué piensan los padres y qué espera el hijo?

▼ *Esperamos que se quede en casa hasta que se case.*
● *Espero poderme ir pronto de casa.*

encontrar novia de familia rica / guapa
ir a la universidad / viajar por Europa
trabajar en un banco / crear una empresa
comprarse un coche / comprarse una moto
dejar de jugar al fútbol / entrar en un equipo profesional

5 Para practicar

¿En qué situación dirías cada una de estas frases?
Habla con un/a compañero/-a y relaciona.

Esperas a un amigo.
Juegas a la lotería.
Esperas un avión.
Un amigo tuyo se marcha a otra ciudad.
Has conocido a un/a chico/-a y le has dado tu número de teléfono.
Esperas una respuesta para un trabajo.

¡OJALÁ QUE MAÑANA NO LLUEVA!

¡Ojalá llegue pronto!

¡Ojalá me lo den!

¡Ojalá no lleve demasiado retraso!

¡Ojalá me toque!

¡Ojalá que todo le salga bien!

¡Ojalá me llame!

6 ¿Y tú?

Una encuesta.
¿Quién de la clase ...

1. piensa hacer un curso de cocina?
2. espera que cambie algo en su vida?
3. tiene la intención de dejar de fumar?
4. tiene pensado irse a vivir a otro país el próximo año?
5. va a casarse pronto?
6. quiere tener un hijo el año que viene?
7. va a jubilarse en los próximos meses?
8. quiere cambiar de trabajo?
9. piensa comprarse un coche nuevo?
10. espera encontrar una casa mejor?

7 ¡Donde quieras!

Tú y tu pareja os habéis mudado de piso y tenéis que decidir algunos detalles. Tu compañero/-a no tiene ganas de tomar decisiones y siempre te da respuestas poco concretas. A continuación tienes algunas de las decisiones que deberéis tomar y las posibles respuestas. Relaciona y haz los diálogos con un/a compañero/-a.

8

el que quieras

donde quieras

lo que quieras

cuando quieras

como quieras

a quien quieras

la que quieras

poner cortinas o no
comprar el armario negro o el blanco
poner el equipo de música en el salón o en el dormitorio
comprar la lámpara cara o la barata
comprar la alfombra mañana o la semana que viene
poner el teléfono en el pasillo o en el salón
llamar a un pintor profesional o a Pedro

Allí puedes ir **cuando quieras.** =
...wann du willst

8 Para leer

¿Qué pasará cuando Mafalda trabaje en la ONU?

9 Para practicar

¿Cuáles son los planes o deseos de estas personas? Complétalos con las frases de la derecha.

○ Cuando termine la carrera,	quiero ser piloto y viajar por todo el mundo.
○ Cuando me haga rico,	espero encontrar trabajo en una empresa internacional.
○ Cuando me jubile,	tengo planeado dejar de trabajar y disfrutar de la vida.
○ Cuando me vaya de vacaciones,	quiero seguir viviendo como ahora de soltero.
○ Cuando sea grande/mayor,	podré por fin dedicar más tiempo a mis aficiones.
○ Cuando nazca el bebé,	voy a empezar a ahorrar para comprarme una casa.
○ Cuando empiece a trabajar,	me pondré a leer todo el día en la playa.
○ Cuando me case,	dejaré de trabajar por unos meses.
○ Cuando encuentre otro trabajo,	dejaré este trabajo que tanto odio.

Cuando sea grande, **voy a trabajar** en la ONU.
cuando + subjuntivo, futuro/ir a + infinitivo/presente/imperativo

10 ¿Y tú?

Piensa en 5 ó 6 proyectos que tienes para el futuro. Tu compañero te va a preguntar cuándo los quieres realizar.

▼ *Pienso irme a estudiar a Estados Unidos.*
◆ *¿Ah, sí? ¿Y cuándo?*
▼ *Cuando consiga una beca.*

11 Para escuchar

Escucha las entrevistas a Areli Navarro, a Carlos Aparicio y a Emilia Sánchez, una mexicana, un madrileño y una extremeña, que viven en Alemania y hablan sobre sus planes del futuro. Rellena las tarjetas con los datos correspondientes.

Nombre y apellido: *Areli Navarro*

está aquí desde hace _____

su profesión es _____

planes para el futuro:

a corto plazo _____

a largo plazo _____

Nombre y apellido: *Carlos Aparicio*

está aquí desde hace _____

su profesión es _____

planes para el futuro:

a corto plazo _____

a largo plazo _____

Nombre y apellido: *Emilia Sánchez*

está aquí desde hace _____

su profesión es _____

planes para el futuro:

a corto plazo _____

a largo plazo _____

12 ¿Y tú?

¿Has pensado alguna vez irte fuera de tu país o conoces a alguien que quiera hacerlo? Habla sobre los planes.

▼ *Cuando me jubile, voy a ...*
◆ *Yo, cuando termine la carrera, quiero ...*

Y además

Ofertas de trabajo

1 Para practicar

Relaciona estas expresiones con sus definiciones.

1. *Vollzeit job* — trabajo a tiempo completo
2. *Lohn* — remuneración
3. *Job mit Pause mittags (job)* — jornada partida
4. *ausbildung* — formación
5. *teilzeit job* — trabajo a tiempo parcial
6. *Gleitzeit* — jornada flexible
7. *intensiver Tag (stressig) (ohne pause)* — jornada intensiva

a. Dinero que cobramos *(erhält)* por nuestro trabajo. **2**
b. Horario de trabajo con una pausa de 1 ó 2 horas para comer. **3**
c. Horario de trabajo sin pausa para comer. **7**
d. Cursos que se hacen para ampliar conocimientos sobre el trabajo. **4**
e. Tipo de jornada en la que un empleado no trabaja el tiempo máximo en una empresa. **5**
f. Tipo de jornada en la que un empleado trabaja el tiempo máximo en una empresa, entre 35 ó 40 horas semanales generalmente. **1**
g. *(she)* Posibilidad para decidir a qué hora se entra y a qué hora se sale del trabajo. **6**

2 Para escuchar

Carlos ha terminado sus estudios de económicas y está buscando trabajo. En el diálogo Carlos habla con José sobre cómo le gustaría el trabajo. Escucha el diálogo y rellena el cuadro que sigue con los deseos de Carlos.

Para Carlos es	muy importante	importante	posible	indiferente
jornada flexible	☐	☐	☐	☐
jornada intensiva	☐	☐	☐	☐
trabajo a tiempo parcial	☐	☐	☐	☐
formación	☐	☐	☐	☐
posibilidad de viajar	☐	☐	☐	☐
trabajo en equipo	☐	☐	☐	☐
remuneración	☐	☐	☐	☐

Ahora que conoces los deseos de Carlos, ¿cuál de estos anuncios se acerca más a su trabajo ideal? Coméntalo con tu compañero/-a.

8

Somos una mediana empresa que se dedica a la exportación de alimentos ecológicos. Buscamos

UN/A ECONOMISTA A TIEMPO PARCIAL

(18 horas semanales) en jornada flexible con o sin experiencia y un buen nivel de inglés hablado y escrito.

Ofrecemos un buen ambiente de trabajo y sueldo en relación con el puesto.

Envíanos tu currículum a **ECO-EXPORT S.L.**
C/ Jaime I, 32. 46001 Valencia.

Multinacional del sector de la electrónica.
Precisa para sus oficinas

LICENCIADO/A EN ECONÓMICAS

Se requiere:
- Buen expediente académico.
- Disponibilidad para viajar (10% del tiempo).
- Alto nivel de inglés y francés.

Se ofrece:
- Formación continua.
- Remuneración _Gehalt_ atractiva.
- Jornada flexible.

Enviar C.V. acompañado de carta manuscrita a **TIMENS ESPAÑA S.A.**
Apartado de Correos 15.467, 08080 Barcelona. Referencia ECO/3.

Si los retos no te asustan.
Si ser el mejor no es para ti suficiente.
Si tienes ganas de ser parte de un equipo líder en uno de los sectores más atractivos y competitivos.
Si tienes entre 25 y 35 años, has estudiado ciencias económicas o empresariales, el inglés y la informática no te crean problemas y quieres dedicar tu tiempo para triunfar. Vamos a entendernos.

PP&PP INVESTMENT S.L. te ofrece la posibilidad de desarrollar una brillante carrera en el mundo de las finanzas y una alta remuneración más comisiones.
Llámanos por teléfono para concertar una entrevista.

PP&PP INVESTMENT S.L. telf. 91 430 87 31 (Madrid)

 ¿Y tú?

Comenta con tu compañero las características que para ti debería tener el trabajo ideal. ¿Tenéis las mismas prioridades?

¿Qué habrá pasado?

1 Para empezar

Relaciona las preguntas con los dibujos.

3. ¿Qué será?

1. ¿Dónde estará?

4. ¿Qué le habrá pasado?

2. ¿Dónde la habré dejado?

5. ¿Se habrá olvidado de la cita?

¿Qué será?= Was wird es wohl sein?
¿Qué habrá pasado?= Was wird wohl passiert sein?

Futuro perfecto

habré
habrás
habrá   olvidado
habremos   tenido
habréis   venido
habrán

2 ¡Se habrá quedado dormido!

▼ Bueno, a ver, ¿ya estamos todos?

◆ No, todavía no, falta Víctor.

▼ ¿Víctor? ¿Pero qué le habrá pasado? Siempre es muy puntual.

◆ ¡Se habrá quedado dormido!

● No, no puede ser que se haya quedado dormido. Yo hablé con él ayer y quedamos hoy aquí en el aeropuerto a las 6. A mí me extraña mucho que no haya llegado ya.

◆ Quizás piense que es a las 6 de la tarde ...

● No, no creo ... tan despistado no es.

◆ Estará en un atasco...

● ¿A estas horas de la madrugada?

▼ A lo mejor ha pasado algo en su casa en el último momento.

◆ ¿Y qué hacemos? Porque tenemos que facturar.

■ Lo mejor es que llamemos a su casa.

● Pero, ¿a estas horas? Su hermano se va a asustar ... Pero si queréis, llamo.

◆ Pues, chicos, me temo que volaremos a Guatemala sin cámara de vídeo.

■ Es cierto, él tenía que traer todo el equipo de vídeo.

▼ Venga, no os preocupéis, ni hagáis tanto drama. Lo más probable es que se le haya hecho un poco tarde. Todavía tenemos unos minutos.

■ ¿Qué? ¿Has llamado?

● Sí, pero su hermano dice que ha salido hace una hora.

◆ ¡Vaya! ¡Qué raro que no haya llegado ya! Quizás haya tenido un accidente de camino al aeropuerto, o ...

▼ Tranquilos, tranquilos, seguro que llega ...

◆ ¡Eh! ¡Mirad! Por allí viene.

● ¡Pero Víctor! ¿Qué te ha pasado? Venga, vamos ...

Perfecto de subjuntivo	
haya	
hayas	
haya	llegado
hayamos	tenido
hayáis	oído
hayan	

9

Busca en el diálogo las frases que se utilizan para hacer hipótesis y para expresar preocupación o extrañeza. Completa la tabla.

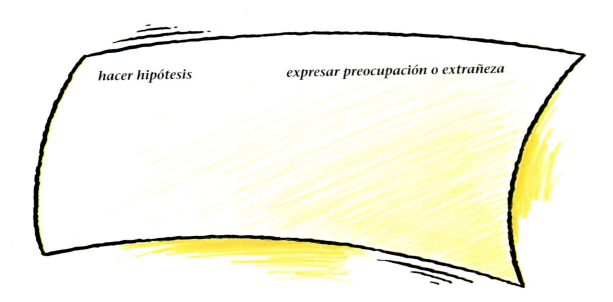

hacer hipótesis   *expresar preocupación o extrañeza*

3 Para practicar

¿Qué dirías en estas situaciones?

No puedes encontrar tu coche en el aparcamiento.
▲ *¿Dónde estará mi coche? ¿Dónde lo habré dejado?*

○ Llaman a las doce de la noche por teléfono.
○ Recibes flores el día de tu cumpleaños, pero sin tarjeta.
○ Tu pareja está muy nerviosa.
○ Pasas a visitar a tus padres muy temprano por la mañana y nadie te abre la puerta.
○ Ves un coche de la policía delante de tu casa.

4 Para practicar

Tú y tu compañero/-a os encontráis en estas situaciones. Uno expresa extrañeza o preocupación y el otro busca entre las explicaciones la más adecuada.

1. Habéis quedado con unos amigos en un restaurante, llegáis quince minutos tarde y no hay nadie.
2. Es el primer día de clase y el profesor no llega.
3. Recibís una invitación para el viernes por la noche. En la invitación aparece la fecha y la dirección, pero no el nombre de la persona que la envió ni el motivo.
4. Estáis en una fiesta y una amiga vuestra aparece con un chico guapísimo que no es su novio.

■ *¡Qué raro que no haya nadie!*
◆ *A lo mejor ...*

tener un nuevo novio
tratarse de un/a admirador/a
ser una fiesta sorpresa
equivocarse de aula
equivocarse de restaurante
ser su primo
tratarse de la promoción de un
nuevo producto

ser un amigo que está de visita
perder el autobús
estar enfermo
ser una broma
cambiar de planes
olvidarse de la clase

qué raro que
me extraña que   + subjuntivo
no puede ser que
no es posible que

Estará en un atasco.
Seguro que está en un atasco.
Habrá tenido un accidente.
A lo mejor ha tenido un accidente.
Quizá(s) ha/haya tenido un accidente.
Tal vez ha/haya tenido un accidente.

5 Para practicar

Mira los dibujos y haz hipótesis con tu compañero/-a.
¿Qué habrá pasado?

● *Habrá .../a lo mejor .../quizás .../tal vez ...*
◆ *Me extraña que ...porque .../no puede ser que ...porque .../*
   no es posible que ... porque .../no creo que ... porque ...

9

6 ¿Y tú?

¿Falta algún compañero del curso? ¿Por qué no habrá venido? Haz una hipótesis o expresa extrañeza.

7 Para escuchar

El fenómeno de las líneas de Nazca en Perú sigue siendo uno de los
misterios de las culturas prehispánicas. En el siguiente texto un experto
habla en la radio sobre el tema. Lee las siguientes afirmaciones y después
escucha. ¿Cuáles de estas afirmaciones se mencionan en el programa de radio?

- ○ Las líneas de Nazca se encuentran en una pampa árida. ☐
- ○ Las líneas forman figuras geométricas. ☐
- ○ Las líneas sólo pueden ser observadas desde el aire. ☐
- ○ Las líneas están formadas por la arena del desierto en
  tonos rojizos y amarillentos. ☐
- ○ Una teoría sostiene que las líneas forman un calendario
  astronómico gigante preínca. ☐
- ○ Otra teoría propone que las líneas eran rutas precisas que
  conducían a familiares y amigos hacia el lugar de oración. ☐
- ○ Una última teoría es que las líneas son una obra de extraterrestres. ☐
- ○ Las líneas las construyeron probablemente tres grupos diferentes:
  paraca, nazca y gente de Ayacucho. ☐

8 Para leer

En la América antigua vivían pueblos indígenas que tenían civilizaciones muy
desarrolladas, y hasta ahora sus obras de arquitectura, sus capacidades intelectua-
les y sus religiones siguen siendo objeto de interés y no solamente para los científicos.
Uno de estos pueblos son los mayas, cuyos descendientes, siete millones y medio
de personas, viven en la actualidad en el sur de México, en Guatemala y en Belice.
La civilización maya nació en Petén (un departamento de Guatemala). Durante el
periodo clásico de su historia (entre los siglos IV y IX), a partir de sus grandes
metrópolis Tikal y Copán, se extendió a otras partes de Guatemala y Honduras y a
la península de Yucatán (México).

¿Sabes algo de los mayas?
¿Qué sabes de su civilización?

La desaparición de la civilización maya

La historia de los mayas está llena de enigmas, contradicciones y vacíos. Por ejemplo, poseían un calendario altamente evolucionado que presuponía profundos conocimientos astronómicos, pero no conocían la rueda. Escribieron elaborados jeroglíficos, pero no conocían el arado.

Sin embargo el misterio más grande sigue siendo su desaparición. ¿Por qué abandonaron sus palacios, sus pueblos, sus tierras? Algunos apuntan que la interpretación de las estrellas los obligó a eso y los condujo a tierras áridas muy diferentes de aquellas a que estaban acostumbrados. Una conjetura como otra cualquiera. No parece muy posible, sin embargo, que las estrellas o los planetas hayan dado semejante orden a una masa tan grande de población. Entonces, ¿una amenaza real? Probablemente, pero ¿qué amenaza?...

No existe el menor signo de lucha; tampoco hay la menor huella de ocupación, incendio o cataclismo entre las ruinas de los grandes centros ceremoniales de Tikal, Palenque y Copán, ni en ninguna parte.

Hasta ahora no se ha encontrado una explicación definitiva de esta emigración, aparentemente ordenada. ¿Por qué los centros maya fueron abandonados hacia el año 900 de nuestra era? Un pueblo pujante, culto, erudito, de pronto se pone en camino hacia Yucatán, dejando atrás sus templos soberbios, sus lujosos palacios, sus pirámides sacras, sus casas y sus campos, abandonándolo todo a la voracidad de la selva tropical. Es algo absurdo. La de los mayas fue evidentemente una huida. ¿Pero una huida de qué?

Una de las hipótesis es la falta de maíz –prácticamente el alimento básico de las culturas precolombinas– que los campesinos tenían obligación de suministrar a los nobles. Investigaciones recientes han señalado como otras posibles causas una crisis económica motivada por las frecuentes guerras, la superpoblación y problemas ecológicos, como la falta de agua. Estas hipótesis son realistas y no apelan a lo fantástico, pero siguen siendo eso: unas hipótesis y nada más. Por lo tanto, la repentina emigración maya es –y probablemente será por mucho tiempo, o tal vez para siempre– una página en blanco de la historia.

9

En este texto se habla de la civilización maya y del misterio de su desaparición.
¿Qué otros enigmas se mencionan?
¿Qué hipótesis tienen los científicos?

9 ¿Y tú?

¿Qué otros fenómenos de este tipo conoces, para los que no se encuentra una explicación clara? ¿Sabes algo de otras civilizaciones que ya no existen?

RTA Informática. Dígame.

1 Para escuchar

Escucha estas tres conversaciones telefónicas y contesta las preguntas.

1ª conversación

¿Quién llama? _____

¿Con quién quiere hablar? _____

2ª conversación

¿Con quién quiere hablar? _____

¿Por qué? _____

3ª conversación

¿Quién no está? _____

¿Cuándo puede volver a llamarlo? _____

9

2 Dígame

① ▼ RTA Informática. Dígame.
   ◆ Buenos días. ¿Podría hablar con Jorge Sala?
   ▼ ¿De parte de quién?
   ◆ De Angel Gómez.
   ▼ Un momento, señor Gómez. Ahora le pongo.

② ▼ RTA Informática. Dígame.
   ◆ Buenos días. Me gustaría hablar con el servicio de atención al cliente. Es por un pequeño problema que tengo con mi ordenador.
   ▼ Sí, un momento. Ahora le paso.
   ● Servicio de atención al cliente. ¿Diga?
   ◆ Buenos días. Les llamaba porque mi ordenador ...

③ ▼ RTA Informática. Dígame.
   ◆ Buenos días. Soy Daniel Blasco de Seguros Asociados S. A. Me gustaría hablar con el señor Luis Olmedo.
   ▼ Lo siento, pero el Sr. Olmedo está en una reunión. ¿Quiere dejarle un mensaje?
   ◆ No, gracias. Sólo dígale que lo he llamado. ¿Cuándo podría volver a llamarlo?
   ▼ El señor Olmedo estará aquí esta tarde a partir de las seis.
   ◆ Entonces lo llamaré esta tarde. Gracias. ¡Adiós!
   ▼ ¡Adiós!

Busca en los diálogos qué expresiones se usan para ...

responder al teléfono.   _____

pedir hablar con una persona.   _____

pedir a una persona que se presente.   _____

decir que se pasa la llamada.   _____

dar la posibilidad de dejar un mensaje.   _____

3 Para practicar

Suena el teléfono en la compañía de seguros Siniestro Total S.A. y llama Jaime
Márquez de Mecano–Auto S.L. Haz la conversación con un/a compañero/-a.
A empieza.

A
Contesta al teléfono.

El señor García no está pero es
posible dejar un mensaje.

El señor García vuelve a las 4h.

Se despide.

B

Se presenta y pide hablar con el señor
García.

No quiere dejar mensaje. Dice que
llama más tarde y pregunta cuándo
es posible llamar.

Da las gracias y se despide.

Dime con quién andas …

1 Para empezar

Cómo crear nuevos vínculos
Hay mil situaciones diarias que propician el acercamiento a los demás:

Perder el miedo a la soledad
Nada mejor, por ejemplo, que obligarse a ir solo a comer a un restaurante, al cine, a la presentación de un libro … A todo tipo de actos que pueden parecer impensables en solitario. Demostrarse que se está a gusto con uno mismo es el primer paso para relacionarse con soltura.

Apuntarse a talleres y cursillos
Acudir a grupos, ya sean de autoestima, de crecimiento personal, de relajación, de videoforum o cualquier otra actividad (gimnasia, pintura, tenis, reciclaje profesional …) acerca a personas con intereses similares.

Viajar
No es preciso dar la vuelta al mundo. Un fin de semana, o incluso una modesta excursión colectiva de un día, contribuye a variar el entorno social habitual y da pie a poder entablar una potencial amistad.

No cortarse
Por ejemplo, a la hora de llamar a viejos amigos o de pedir el número de teléfono de los que se acaban de conocer. Si se hace con tacto, el efecto sorpresa y la sinceridad jugarán siempre a favor.

Aprovechar todas las ocasiones
Acciones tan cotidianas como pasear al perro, ir al gimnasio o llevar al niño a la guardería son un vivero de gente a la espera de conversación. Son formas habituales de acercamiento.

(de *CNR*, n° 11, enero 1998)

Di si las siguientes frases, según el texto, son verdaderas o falsas.

             v   f

a. Es conveniente no ir nunca solo al restaurante o al cine. ☐ ☐
b. Es bueno hacer cursos para conocer gente con intereses similares. ☐ ☐
c. No es fácil conocer a gente en la calle, en una tienda o en otras situaciones de la vida diaria. ☐ ☐
d. Hay que conseguir el teléfono de las otras personas que acabamos de conocer y no importa cómo. ☐ ☐

2 ¿Y tú?

¿Te parecen adecuados estos consejos para conocer a gente?
Piensa con un/a compañero/-a qué consejos añadiríais a la lista.

3 ¡Qué casualidad!

◆ Oye Rosa, cuéntame, ¿cómo conociste a Peter?

▼ Pues mira, nos conocimos delante de la puerta de un cine, aquí en Madrid. Un día que yo había quedado con una amiga para ver una película en inglés, se pusieron en la cola justo detrás de nosotras dos chicos ingleses. Y resulta que yo había conocido a uno de ellos el día anterior en una fiesta.

◆ ¡Qué casualidad!, ¿no? Con lo grande que es Madrid ...

▼ Pues sí, la verdad. Total que nos pusimos a hablar y me presentó a Peter, que había venido a Madrid por motivos de trabajo. Nos caímos muy bien y quedamos para tomar algo después del cine.

◆ Y claro después os volvisteis a ver ...

▼ Sí, dos días más tarde. Bueno, al principio nos veíamos de vez en cuando y así yo practicaba inglés y le enseñaba Madrid ...

◆ O sea que todo empezó como un intercambio ...

▼ Pues sí, así fue al principio, y bueno, así nos enamoramos. Pero después de salir juntos tres meses, él regresó a Londres porque su contrato en Madrid había terminado.

◆ ¿Y entonces qué hicisteis?

▼ Pues al principio nos escribíamos, nos llamábamos por teléfono ... Pero claro, al cabo de un par de meses, nos dimos cuenta de que debíamos hacer algo. Así que después de reflexionar bien, decidí dejar mi trabajo y me fui a Inglaterra.

◆ Supongo que al principio fue difícil, ¿no?

▼ Sí claro, no fue una decisión fácil, pues aunque yo ya había estado antes allí, nunca hasta entonces me había planteado la posibilidad de vivir fuera de España.

◆ ¿Y os casasteis enseguida?

▼ No, no, antes de casarnos, vivimos juntos algún tiempo. Además quería primero encontrar un trabajo y ver si me gustaba vivir allí.

◆ ¡Y te gustó, claro!

▼ Así es.

¿Qué falta? Completa.

Un día que Rosa y una amiga suya _____ _____ para ir al cine, se pusieron en la cola detrás de ellas dos chicos ingleses. Resulta que Rosa _____ _____ a uno de ellos el día anterior en una fiesta. Éste le presentó a Peter que _____ _____ a Madrid por motivos de trabajo. Después de salir juntos tres meses, él regresó a Londres porque su contrato _____ _____. Rosa decidió irse también a Londres al cabo de unos meses, aunque nunca hasta entonces se _____ _____ vivir fuera de España.

4 Para practicar

Pluscuamperfecto

había	
habías	
había	buscado
habíamos	conocido
habíais	oído
habían	

Los padres de Rosa visitaron a su hija y a Peter un par de meses después de la boda. Estos querían causar una buena impresión. Sin embargo, cuando los padres de Rosa llegaron, todavía no habían hecho algunas cosas. ¿Qué habían hecho ya? ¿Y qué todavía no?

▼ *Cuando los padres llegaron, Rosa y Peter ya ... , todavía no ...*

10

limpiar el piso • fregar los platos • hacer la compra • ordenar la casa • pasar la aspiradora • limpiar las ventanas • planchar la ropa • comprar flores

5 Para practicar

En parejas. Elegid una foto e inventad una posible historia explicando cómo, cuándo y dónde se conocieron las dos personas.

una vez/un día (que) ...   antes de ...
al día siguiente ...   un mes/año/ más tarde...
al cabo de ...   durante ...
después de ...   ... después
el día anterior ...

(a)

(c)

(b)

(d)

¿Y tú?

¿Has conocido alguna vez a una persona de una forma extraña
o divertida? Cuenta cómo fue.

7 Para leer

10

SOLTEROS PORQUE SÍ

Un 45% de españoles está soltero. Constituyen un poder emergente en consumo, influencia y publicidad.

Para muchos que han rebasado la frontera de los 40, lo del más vale solo que mal acompañado ya no sirve. La tendencia es dejarlo simplemente en: mejor solo. Así lo confirma el sociólogo Enrique Gil Calvo: «Prolifera la figura del nuevo soltero, que ha venido propiciada por la aparición de viviendas pequeñas y una nueva tecnología que permite que el típico solterón no tenga la necesidad de emparejarse para solucionar el problema de tener alguien que le lave los calcetines o le prepare la comida». Así, el matrimonio se ha convertido en una opción y no en una maniobra de supervivencia. Los datos lo corroboran. En los últimos estudios del Instituto Nacional de Estadística (NE) se observa una tendencia alcista en contra del matrimonio. Desde 1989 hasta 1994 ha habido 21.700 bodas menos que en el periodo anterior. El 45% de la población está soltera. De ella, un 7% tiene entre 40 y 70 años, y un 13 % de los hogares del país está habitado por una sola persona.

(de *El País semanal*, 8/11/98)

---

8 Para escuchar

En estas entrevistas tres personas hablan de los diferentes aspectos de estar soltero/-a. Escucha y marca quién dice:

	Paloma	Conchita	Ángel
1. Las relaciones sin contrato son más auténticas.	☐	☐	☐
2. No puedes compartir las tareas domésticas.	☐	☐	☐
3. Tienes un mayor poder económico.	☐	☐	☐
4. Puedes hacer lo que te dé la gana.	☐	☐	☐
5. No me gusta que me toquen mis cosas.	☐	☐	☐
6. Te vuelves egoísta.	☐	☐	☐
7. Estoy soltero/-a porque soy muy selectivo/-a.	☐	☐	☐
8. No puedes compartir decisiones. Tienes que solucionarlo todo solo/-a.	☐	☐	☐
9. Estás solo/-a cuando te pones enfermo/-a.	☐	☐	☐
10. Tienes más independencia. Nadie toma decisiones sobre tu trabajo.	☐	☐	☐
11. Identificar soltería con soledad es un error.	☐	☐	☐

9 ¿Y tú?

¿Estás a favor de vivir en pareja o solo/-a? Habla con un/a compañero/-a y argumenta a favor de tu opinión.

tienes razón
eso es verdad
estoy (completamente) de acuerdo

en parte sí, pero ...
puede ser, pero ...
no estoy de acuerdo (en absoluto)
no es verdad

● *Yo prefiero/preferiría vivir en pareja porque ...*
▼ *No estoy de acuerdo porque ...*

 **Para leer**

Convivir con otras personas no siempre es fácil. A veces pequeños detalles de la vida cotidiana pueden ser la causa de quejas como las siguientes.

Cómo detesto ...

que mi madre me pregunte «qué has comido» en cada llamada telefónica que me hace a Milán.
Itziar, 25 años, economista

que mi novio se duche en mi apartamento y deje la bañera llena de pelillos y los botes del champú y del gel sin cerrar. ¡Claro que algún defecto tenía que tener!
Virginia, 30 años, secretaria

que mi idea de un romántico fin de semana sea un hotelito con encanto, con cenas a la luz de las velas, y la de mi novio consista en pasarse el día en mitad de un río lleno de mosquitos a esperar que piquen ...
Sandra, 24 años, comercial

que mi padre me deje su coche con la condición de que llene el depósito de la gasolina ... y que de paso lo lave.
Juana, 29 años, inspectora de policía

coger el tretra-brick de leche y comprobar que una vez más lo han dejado vacío y de adorno en la nevera. ¡Aunque prefiero esto a que me ocurra con la tableta de chocolate!
Sonia, 27 años, economista

buscar desesperadamente mi blusa favorita y encontrarla con la ropa sucia porque mi hermana se la puso ¡furtivamente! el sábado por la noche.
Ana, 25 años, actriz

hacer la compra del mes yo sola, cargar con ella yo sola, colocarla yo sola y que nadie me lo agradezca.
Berta, 34 años, profesora

(de Cosmopolitan, junio 1998)

10

 ¿Y tú?

¿Qué cosas te molestan a ti y cuáles te gustan? Habla con un/a compañero/-a.

Me encanta que
Me hace ilusión que
Me pone nervioso/-a que
Me pone triste que   + subjuntivo
Me pone de mal humor que
Me molesta que
No soporto que
Detesto que

Buscando trabajo

1 Carta de presentación

Ésta es la carta que María Ferrer Páramo ha escrito para presentarse a Astilleros S.A. Completa la carta con *el perfil, les saluda atentamente, me dirijo a, mi solicitud.*

María Ferrer Páramo
C/ Mayor, 56
29030 Málaga

Astilleros S.A.
C/ Cristobal Colón, 6
12034 La Coruña

Málaga, 8 de noviembre de ...

Estimados Sres. y Sras.:

Por la presente _____ ustedes para presentar _____ al puesto de ingeniero naval convocado por su empresa y publicado en el diario El País del 7 de noviembre de ... (Ref.: CP-11/98).

Con este fin les envío mi Curriculum Vitae y fotocopia de la documentación a la que en él hago referencia. En todo ello podrán comprobar que poseo una amplia formación y experiencia en diversos aspectos de la Ingeniería Naval.

Considero que mi candidatura cumple con _____ que busca su empresa, de cuyo equipo me gustaría entrar a formar parte. Asimismo espero tener la oportunidad de hacerme cargo de las responsabilidades que el puesto conlleva.

A la espera de sus noticias y quedando a su disposición, _____

_____ ,

María Ferrer
María Ferrer Páramo

2 **Para escuchar**

Escucha una parte de la entrevista de trabajo que María Ferrer Páramo tiene en Astilleros S. A. Completa su currículum con los datos correspondientes.

Curriculum Vitae

Apellidos: Ferrer Páramo
Nombre: María
Nacionalidad: española
Lugar de nacimiento: Valencia
Fecha de nacimiento: 4 de mayo de 1966
Estado civil: soltera
Dirección: C/ Mayor, 56 29030 Málaga
Carné de conducir: B-1

Estudios Académicos

1972–1980   Graduado escolar en el Colegio Isaac Peral en Valencia
1981–1985   Bachiller superior en el Instituto Juan Ramón Jiménez en Cádiz
1986–1992   Licenciada en _____ _____ por la Universidad de

_____

Otros cursos de formación

1993   Curso de especialización en Materiales de Construcción en Inglaterra

1994   Máster de Construcción Naval en _____

_____

Idiomas

_____: Nivel _____

Japonés: Nivel _____

Experiencia profesional

1993–94   Empresa: Royal Ship
              Puesto: _____
              Ciudad: _____

Enero del 96–actualmente   Empresa: Navisur
              Puesto: _____
              Ciudad: _____

10

¡Que te mejores!

vende
↳ Bandaje

↳ aguja de coser
nähnadel
↳ hilo - faden

1 **Para empezar**

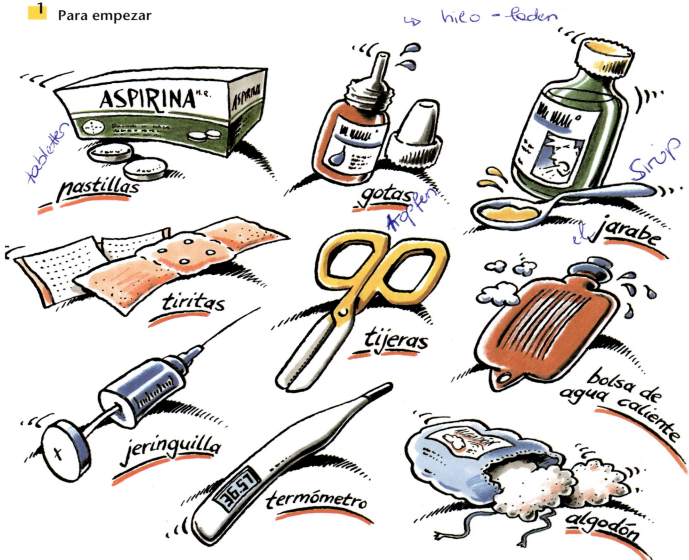

pastillas — gotas — jarabe — tiritas — tijeras — bolsa de agua caliente — jeringuilla — termómetro — algodón

(handwritten: tabletten, Sirup, Tropfen)

11

¿Cuáles de estas cosas llevarías en tu «botiquín de viaje»?

2 **¿Y tú?**

¿Qué otras cosas para cuidar la salud sueles llevar contigo cuando viajas?
¿Hay algo que haces o que no haces en un viaje para cuidar tu salud?

¿Ir en avión puede ser malo para la salud? Coméntalo con el grupo. Después lee el texto. ¿Qué riesgos para la salud menciona?

¡Cuidado! Volar es malo para la salud.

Volar es la forma más segura de viajar... ¿pero es realmente así? Algunos médicos piensan que el avión es un lugar peligroso, especialmente para los ancianos y los enfermos.

Cuando iniciamos un vuelo, simpáticas azafatas nos avisan de qué hay que hacer en caso de emergencia. Pero hay una serie de factores durante un viaje en avión que también perjudican nuestra salud y que normalmente no se mencionan.

Para empezar, la mayoría del aire que se respira en un avión es reciclado, por eso es muy posible que coja frío o que otro pasajero le contagie la gripe. Si ya está resfriado, casi seguro que tendrá dolor de oídos al despegar y al aterrizar.

Incluso si se siente bien al subir al avión, seguramente no se sentirá tan bien cuando salga. Sentarse en un avión durante varias horas, especialmente en clase turista, donde el espacio es mucho más reducido, produce dolores y molestias; de ahí que sea conveniente hacer algo de ejercicio, especialmente en los vuelos de larga duración.

Otro problema se debe a la altura. En un avión hay menos oxígeno que cuando estamos pisando tierra firme. Alguien con una afección cardíaca o con un problema pulmonar tendrá problemas durante el vuelo aunque sea corto. Incluso la gente sana encuentra que es difícil concentrarse después de respirar durante horas menos oxígeno del habitual. Así alguien que ha tenido un ataque cardíaco no debería volar durante las dos semanas posteriores al ataque. También después de una operación hay que quedarse en tierra por lo menos durante diez días.

Otro problema que afecta a todos es la deshidratación. En el aire necesitamos beber más, aunque si come o bebe demasiado se excitará y se sentirá mal.

Fuera del avión, el problema más común es el cambio de horario. En este caso debería adaptarse al nuevo horario lo más pronto posible y no dormir durante el día. Los aeropuertos abarrotados de gente, las colas inacabables y los retrasos causan estrés e hipertensión. Por eso, ¡sea precavido! Volar es la forma más segura de viajar, y si coge un avión, llegará más rápido a su destino, pero, ¿es la forma más sana?

11

aunque + indicativo = obwohl
aunque + subjuntivo = selbst wenn

Si bebe demasiado, se sentirá mal.
Si coge un avión, llegará más rápido a su destino.
si + presente indicativo, futuro

4 Para practicar

Enrique piensa hacer un viaje, pero todavía no está muy seguro de cómo y adónde quiere ir. ¿Qué ventajas encuentras en las diferentes posibilidades? Háblalo con un/a compañero/-a y completa. ¿Qué podrá pasar, si ...?

◆ *Si va de vacaciones en bicicleta, disfrutará más del paisaje.*

5 ¿Y tú?

¿Qué precauciones tomas cuando viajas? ¿Cuál es para ti la manera más sana de viajar?

6 Es que tengo alergia al polen

◆ ¡Buf! ¡Qué calor! ¿Te molesta si bajo la ventanilla?

▼ ¡Ay! No, por favor, no la abras. Pongo el aire acondicionado.

◆ Pero, ¿por qué? Es mejor un poco de aire del campo.

▼ Sí, pero no en primavera, es que tengo alergia al polen.

◆ Anda, no lo sabía.

▼ Sí, desde hace un par de años.

◆ ¿Y qué haces?

▼ Pues poca cosa. Evito salir al campo y cuando me encuentro mal, tomo unas pastillas.

◆ Oye, precisamente el otro día estuve leyendo un artículo sobre homeopatía y alergias. Si quieres te lo paso ...

▼ Ya he oído algo de eso, pero no me convence demasiado la idea, no creo que en realidad funcione.

◆ ¿Por qué no lo pruebas? Yo que tú lo intentaría.

▼ Mira, todas las personas con las que hablo del tema tienen siempre una solución, pero yo sigo con la alergia.

◆ Pues no serías la primera sorprendida. Yo antes tampoco creía demasiado en este tipo de medicina, pero a mi madre le ha funcionado muy bien contra la sinusitis. De verdad, creo que deberías probarlo.

▼ Mira, no sé, dudo que esas bolitas con dosis tan pequeñas puedan curarme. Yo, me quedo con las pastillas de siempre.

◆ Tú verás ...

▼ Bueno, de todos modos, si cambio de opinión, te llamo y me das el número de tu médico homeópata.

Si cambio de opinión, te llamo.
Si cambias de opinión, llámame.
si + presente, presente/imperativo

¿Qué consejos da la amiga? ¿Cómo reacciona la persona alérgica? Completa la tabla y compara con un/a compañero/-a.

consejos	dudas/desacuerdo

 7 Para practicar

11

Trabajas demasiado, no puedes relajarte y frecuentemente tienes problemas de salud a causa del estrés. Habla con un/a compañero/-a de tus problemas. Él o ella va a darte algunos consejos. Reacciona.

◆ *Desde hace dos meses no puedo dormir.*
● *Yo que tú, haría un curso de yoga.*
◆ *Es una buena idea. / No creo que me ayude demasiado.*

no poder dormir
tener dolor de espalda
estar nervioso/-a
no tener apetito
tener problemas de concentración
sentirse cansado/-a
olvidar todo

ir a la sauna
hacer yoga
pasear diariamente
hacer tai chi
hacer deporte
cambiar de trabajo
tomarse unas vacaciones

Te recomiendo que
Te aconsejo que
+ subjuntivo

8 ¿Y tú?

Piensa en un problema cualquiera pero no lo digas. Tus compañeros, sin saber qué te pasa, te dan diferentes consejos. Reacciona de manera adecuada, aceptando el consejo o expresando duda.

9 **Para escuchar**

Cada vez más personas pierden la confianza en la medicina tradicional y buscan
nuevas terapias. La homeopatía, la acupuntura, la quiropraxia, la fitoterapia,
entre otras, forman parte de la llamada medicina alternativa, aunque todavía se
discute mucho sobre su eficacia.
Lee las siguientes afirmaciones. Después escucha estas seis opiniones a favor o
en contra de la medicina alternativa y decide si las frases son verdaderas o falsas.

	v	f
a. La primera persona dice que la efectividad de medicamentos basados en plantas está comprobada desde hace siglos.	☐	☐
b. La segunda persona dice que la medicina alternativa puede curar enfermedades graves.	☐	☐
c. La tercera persona dice que los medicamentos tradicionales tienen efectos negativos y crean nuevos problemas.	☐	☐
d. La cuarta persona dice que está comprobado que la homeopatía funciona. Las sustancias están muy diluidas y no tienen efectos negativos.	☐	☐
e. La quinta persona dice que la medicina alternativa mira al paciente como ser humano con cuerpo y alma.	☐	☐
f. La sexta persona dice que la gente quiere creer en milagros y que las curaciones milagrosas son diagnósticos falsos.	☐	☐

11

está comprobado que
es cierto que   + indicativo
es verdad que

no está comprobado que
no es cierto que   + subjuntivo
no es verdad que

10 **¿Y tú?**

¿Qué opinión tienes acerca de estas terapias alternativas?
¿Te has curado alguna vez con la homeopatía o conoces a alguien que se
haya curado con estos métodos?

11 **Para leer**

Mario Benedetti (1920) es un escritor uruguayo que escribe novelas, poesía,
ensayos y cuentos. Sus obras son una crítica a la sociedad y en ellas se mezclan
la ternura, la denuncia, la realidad más dura y el humor. El siguiente cuento,
titulado «Estornudo», pertenece al libro *Despistes y franquezas* (1990) y trata de
un hipocondríaco, Agustín, y de cómo combate y se cura de las terribles enfermedades que él mismo se diagnostica e imagina tener.

Estornudo

Cuando Agustín sintió un fuerte dolor en el pecho, anunció de inmediato a sus familiares: «Esto es un infarto.» Sin embargo, el médico diagnosticó aerofagia. El dolor se aplacó con una cocacola y el regüeldo correspondiente.

Fue en esa ocasión que Agustín advirtió por vez primera que la forma más eficaz de exorcizar las dolencias graves era, lisa y llanamente, nombrarlas. Sólo así, agitando su nombre como la cruz ante el demonio, se conseguía que las enfermedades huyeran despavoridas.

Un año después, Agustín tuvo una intensa punzada en el riñón izquierdo, y, ni corto ni perezoso, se autodiagnosticó: «Cáncer.» Pero era apenas un cálculo, sonoramente expulsado días más tarde, tras varias infusiones de *quebra pedra*.

Pasados ocho meses el ramalazo fue en el vientre, y, como era previsible, Agustín no vaciló en augurarse: «Oclusión intestinal.» Era tan sólo una indigestión, provocada por una consistente y gravosa paella.

Y así fue ocurriendo, en sucesivas ocasiones, con presuntos síntomas de hemiplejia, triquinosis, peritonitis, difteria, síndrome de inmunodeficiencia adquirida, meningitis, etc. En todos los casos, el mero hecho de nombrar la anunciada dolencia tuvo el buscado efecto de exorcismo.

No obstante, una noche invernal en que Agustín celebraba con sus amigos en un restaurante céntrico sus bodas de plata con la Enseñanza (olvidé consignar que era un destacado profesor de historia), alguien abrió inadvertidamente una ventana, se produjo una fuerte corriente de aire y Agustín estornudó compulsiva y estentóreamente. Su rostro pareció congestionarse, quiso echar mano a su pañuelo e intentó decir algo, pero de pronto su cabeza se inclinó hacia adelante.

Para el estupor de todos los presentes, allí quedó Agustín, muerto de toda mortandad. Y ello porque no tuvo tiempo de nombrar, exorcizándolo, su estornudo terminal.

11

¿Cómo curaba Augustín sus enfermedades?

12 **¿Y tú?**

¿Conoces a algún hipocondríaco?
¿Y tú qué haces cuando te sientes mal?

Invitaciones

1 **Para leer**

El doctor Juan Páramo ha recibido estas cartas de invitación.
¿Cuál de estas cartas te parece la más formal y cuál la menos formal?

①

Querido colega:

Estamos organizando en la Universidad de Salamanca un congreso sobre medicinas alternativas donde habrá un apartado especial sobre la homeopatía.

Como sabemos de tu competencia en este campo, nos gustaría contar con tu participación en el congreso.

El congreso será en Salamanca entre los días 6 y 15 de abril, con los temas que aparecen en el programa que te adjunto.

Por favor confírmanos tu participación lo antes posible.

Recibe un cordial saludo.

Benito Suárez

11

②

Estimado colega:

El Colegio Oficial de Médicos de Sevilla le invita al congreso «Medicinas alternativas: una nueva medicina para el siglo XXI», en el que nos gustaría contar con su asistencia. El congreso se celebrará en Sevilla entre los días 16 y 30 del próximo mes de mayo y en él se discutirá sobre las cuestiones del programa que le adjuntamos.

Le agradeceríamos que nos confirme su asistencia en el menor plazo posible.

Le saluda atentamente,

A. López Sardá

Fdo.: Dra. Ángeles López Sardá
Presidenta del Colegio Oficial
de Médicos de Sevilla

Anexo: Programa e inscripción

El congreso **será** en Salamanca.
El congreso **tendrá lugar** en Málaga.

(3)

Estimado/-a Sr./Sra.:

Nos ponemos en contacto con Vd. para invitarle al congreso «La Revolución de los Medicamentos Naturales» organizado por el Ministerio de Sanidad. En él participarán profesionales de diferentes campos y se tratarán los diferentes temas que figuran en el programa que se adjunta.
El congreso tendrá lugar en Málaga del día 12 al día 15 del próximo mes de junio.
Le rogamos que nos haga saber de su participación en el plazo que se indica.
Atentamente,

Fdo.: Pedro Rulfo
Director del Departamento de
Investigación del Ministerio de Sanidad

Anexo: Programa e inscripción

11

¿Qué fórmulas se utilizan en las cartas?

primera carta
❏ para saludar y para despedirse _____
❏ para anunciar el lugar y la fecha del acto _____
❏ para pedir la confirmación de asistencia _____
segunda carta
❏ para saludar y para despedirse _____
❏ para anunciar el lugar y la fecha del acto _____
❏ para pedir la confirmación de asistencia _____
tercera carta
❏ para saludar y para despedirse _____
❏ para anunciar el lugar y la fecha del acto _____
❏ para pedir la confirmación de asistencia _____

¡Una pose, por favor!

En todas las lenguas hay expresiones con animales y plantas que sirven para caracterizar personas y estados físicos. Busca el animal o planta correspondiente para cada frase.

Ser lento como una _____

Tener vista de _____

Tener una memoria de _____

Estar fuerte como un _____

Ser astuto como un _____

Estar loco como una _____

Ser inteligente como un _____

Tener un hambre de _____

Ser más tonto que un _____

Estar fresco como una _____

Tener una sed de _____

 2 ¿Y tú?

¿Se dice lo mismo en tu lengua? ¿Existen en tu lengua otras expresiones con animales o plantas?

Para muchos, España sigue siendo sinónimo de playa y sol. Sin embargo, un aspecto poco conocido es su riqueza y variedad paisajística, que abarca desde la alta montaña hasta el desierto. En la actualidad existen más de 400 zonas consideradas como espacios naturales protegidos bajo la denominación de parque nacional, parque natural, paraje natural y reserva natural. Los primeros son los que cuentan con mayor protección y en total son 11. A continuación tienes tres de ellos.

Picos de Europa

Parque formado por altas montañas y profundos valles en el que encontramos arroyos, lagos y glaciares. El clima en invierno es extremo y la nieve permanece durante muchos meses del año. Su fauna se compone de zorros, águilas imperiales, cabras montesas, lobos y osos. Estas cuatro últimas especies están protegidas.

Doñana

Zona formada por marismas y dunas. Las marismas reciben su agua de diferentes ríos. La abundancia de agua hace que se encuentren una gran variedad de flora y fauna. De la flora son características las pequeñas plantas y los bosques de pinos. Y de la fauna los zorros, ciervos y linces. Lo más interesante es que muchas aves migratorias, como el flamenco y las cigüeñas, pasan aquí el invierno o hacen una parada en su camino a África.

12

Cabañeros

Parque formado por sierras y amplias llanuras. Lo característico de este parque es la gran cantidad de flora, en especial árboles. Las especies más importantes son las encinas y alcornoques. La variedad de animales que allí viven también es grande y en algunas ocasiones cohabitan animales salvajes como el jabalí o el ciervo con animales domésticos como las ovejas.

En los textos de arriba se han nombrado algunos animales, plantas y paisajes. ¿Cuáles existen en tu país y cuáles no?

4 **Para escuchar**

Escucha este programa de radio donde un periodista entrevista a la Sra. Ruiz, miembro de la asociación «Amigos del Parque». Marca cuáles de las afirmaciones has oído.

a. Los parques naturales se crean
- ☐ para ayudar al desarrollo socioeconómico de la zona.
- ☐ para que no se construyan carreteras ni edificios.
- ☐ para que el ciudadano disfrute de la naturaleza.

b. El parque está en peligro
- ☐ por la desaparición de algunas plantas.
- ☐ a causa de la implantación de un turismo de masas.
- ☐ debido a la construcción de hoteles cerca del parque.

c. La Sra. Ruiz propone
- ☐ cerrar el parque durante algunos meses al año.
- ☐ organizar visitas al parque en pequeños grupos.
- ☐ concienciar a la gente de los beneficios del parque.

d. Gracias a la creación del parque
- ☐ se ha recuperado la población de zorros y jabalíes que estaban en peligro de extinción.
- ☐ las aguas del río ya no están contaminadas.
- ☐ se ha frenado la desaparición de los bosques.

12

5 **¿Y tú?**

¿Has visitado algún parque nacional en España o Latinoamérica? ¿Y en tu país? ¿Sabes si existen normas para visitar estos parques?

6 **Para practicar**

Juan va a pasar sus vacaciones en Los Picos de Europa. Sus amigos le hacen algunos regalos. Piensa para qué le han regalado las siguientes cosas.

 A Juan le han regalado una brújula para que no se pierda en el bosque.

Los parques se crean...
para proteger la naturaleza. = um ... zu ...
para que el ciudadano **disfrute** de la naturaleza. = damit ...

brújula
gafas de sol
botas de senderismo
anorak
mochila
saco de dormir
cámara fotográfica
mapa
cantimplora
linterna
prismáticos

7 **¿Y tú?**

Piensa con tu compañero/-a en regalos para los otros compañeros del grupo.
¿Para qué se lo regaláis?

8 **Para practicar**

En parejas. **A** mira esta página. **B** mira la página siguiente. Lee estas noticias y
explica a tu compañero/-a por qué crees que han sucedido las siguientes cosas.

- ● *¿Sabes que/sabías que ha habido un incendio en
la costa mediterránea?*
- ▼ *Ah ¿sí? ¡Qué desastre! ¿Y eso?/¿Y por qué?*
- ● *Por el calor.*

Gigantesco incendio destruye 2.000 hectáreas de bosque mediterráneo
A causa de las altas temperaturas registradas durante la última semana, se ha producido un incendio en la Sierra Luna.

Fin de la sequía en Andalucía
Las lluvias caídas en los últimos meses mejoran la situación en Andalucía.

Una mancha de aceite en la costa cantábrica
Una fuerte explosión en un petrolero causa una vez más un desastre ecológico en las costas gallegas.

Bajan los niveles de contaminación en la Ciudad de México
En este último año ha aumentado considerablemente el uso de la bicicleta en la Ciudad de México.

El parque está en peligro ...
porque hay mucho ruido. = weil ...
por la desaparición de algunas plantas. = wegen ...
a causa del turismo. = verursacht durch ...
debido a la construcción de hoteles. = nfolge ...

8 Para practicar

En parejas. **B** mira esta página. **A** mira la página anterior. Lee estas noticias y explica a tu compañero/-a por qué crees que han sucedido las siguientes cosas.

- 🟢 *¿Sabes que/sabías que ha habido un incendio en la costa mediterránea?*
- 🔻 *Ah ¿sí? ¡Qué desastre! ¿Y eso?/¿Y por qué?*
- 🟢 *Por el calor.*

Gigantesco incendio destruye 2.000 hectáreas de bosque mediterráneo

A causa de las altas temperaturas registradas durante la última semana, se ha producido un incendio en la Sierra Luna.

Crecimiento del bosque autóctono en el Mediterráneo

Las campañas de repoblación de los años pasados empiezan a dar sus frutos. La masa de bosque en el Mediterráneo ha aumentado en un 10%.

Crecimiento descontrolado de las algas en el Mediterráneo

Nuevas especies de algas procedentes de otros mares invaden el Mediterráneo a causa del tráfico marítimo.

Mejora de la fauna y flora en el Parque Nacional de Doñana tras el desastre ecológico

Las medidas tomadas tras el desastre de Doñana mejoran las perspectivas de recuperación del parque.

El parque está en peligro ...
porque hay mucho ruido. = weil ...
por la desaparición de algunas plantas. = wegen ...
a causa del turismo. = verursacht durch ...
debido a la construcción de hoteles. = infolge ...

9 Para leer

Cuando se habla de problemas medioambientales se piensa siempre en causas como la contaminación industrial, la deforestación, la extinción de algunos animales a causa de la caza o pesca masiva, o de la influencia del turismo en el medio ambiente. Pero pocas veces se habla de la influencia del turismo en el hombre. Lee el texto y responde a las preguntas. Después compara con un/a compañero/-a.

ECOTURISMO

Qué pasaría si un grupo de turistas llegara a nuestro jardín y pusiera allí sus tiendas de campaña. Qué pensaríamos si, más tarde, el grupo, decidiera dar un paseo por nuestra casa y entrara en nuestra cocina y abriera nuestra nevera. O si se interesara por nuestras costumbres higiénicas y quisiera saber y ver cómo nos lavamos los dientes. Qué haríamos si el grupo entrara en nuestra habitación y quisiera examinar nuestro armario para ver nuestra forma exótica de vestir. Situaciones como ésta han ocurrido en los últimos 50 años, desde que los grandes touroperadores empezaron a ofrecer viajes a diferentes partes del mundo para ver cómo vivían otros pueblos.

1. Un pueblo africano celebra una ceremonia que nadie antes ha fotografiado. Podrías hacerte rico y famoso con las fotos.

Si estuvieras allí, ...
- ❏ entrarías en el poblado y harías fotos.
- ❏ pedirías permiso para entrar y hacer fotos.
- ❏ intentarías conseguir el permiso con dinero o regalos.

2. Si quisieras hacer un viaje por el Amazonas, ¿cuál de estas agencias elegirías?

- ❏ Te llevamos a la Edad de Piedra. Nuestros guías abrirán nuevos caminos para ti. Cazarás y pescarás para comer y vivirás en cabañas construidas por ti.
- ❏ Visita una reserva natural autogestionada por el pueblo indígena. Ellos te permitirán conocer su cultura.
- ❏ El hotel «El Paraíso» le ofrecerá todas las comodidades en mitad de la selva, además de una reserva natural de 5.000 hectáreas.

3. Llega el momento de los regalos y recuerdos del viaje.

Si tuvieras que comprar algo, ...
- ❏ comprarías sin preocuparte en cualquier tienda para turistas.
- ❏ mirarías si la tienda tiene objetos hechos con materiales prohibidos como marfil o piel de cocodrilo y entonces decidirías comprar o no.
- ❏ buscarías una tienda con cosas compradas directamente a los artesanos locales, o mejor, en tiendas asociadas con los artesanos locales.

> Si estuviera allí, pediría permiso para entrar y hacer fotos.
> si + imperfecto de subjuntivo, condicional

12

Imperfecto de subjuntivo		
estar	*indefinido* →	*subjuntivo*
estuvi**era**	cantaron →	cantara
estuvi**eras**	comieron →	comiera
estuvi**era**	vivieron →	viviera
estuvi**éramos**	fueron →	fuera
estuvi**erais**	quisieron →	quisiera
estuvi**eran**	tuvieron →	tuviera

10 Para practicar

Con un/a compañero/-a piensa qué beneficios tendrías si hicieras estas cosas como turista.

comer en restaurantes locales	ayudar a la economía local
usar el transporte público	conocer más de cerca las costumbres de la gente
alojarse en hoteles pequeños	conocer mejor la gastronomía local
buscar un guía local	hablar con la gente
estudiar la lengua del país	tener una impresión verdadera del país
viajar fuera de temporada	no sentirse como un turista

● *Si comiéramos en restaurantes locales, conoceríamos mejor la gastronomía local.*

11 ¿Y tú?

Haz una cadena con tus compañeros/-as. Cada uno/-a añade un ejemplo.
¿En qué caso protestarías o te enfadarías si vivieras en una zona turística?

● *Yo me enfadaría, si alguien me hiciera fotos sin preguntarme.*

12 Para leer

Una pose, por favor

Se bajaron del barco ávidos por disparar sus cámaras. Y allí mismo, junto al río, encontraron la primera presa del día: un pescador que descargaba su barca. Sin apenas mediar palabra, una docena de fotógrafos europeos rodearon a aquel indígena venezolano y comenzaron a tomar fotografías. Buscaban todos los encuadres posibles; uno de ellos llegó a permitirse el detalle de colocar los pies del indígena en una determinada postura, por-que el efecto le parecía más natural y apropiado a lo que el fotógrafo perseguía. Al cabo de unos minutos se acabó la sesión y los fotógrafos se fueron a la carrera en busca de nuevas curiosidades que retratar. El pescador siguió trabajando sentado en la orilla. Nadie le preguntó si le importaba posar ante ellos. Quien cuenta esta historia es Juan Manuel Miranda, fotógrafo de una revista española de viajes, que, como el resto de sus colegas, estaba visitando los lugares más recónditos de Venezuela y conociendo las formas de vida de los pueblos indígenas. Habían sido invitados por empresas turísticas de aquel país deseosas de promocionarse en Europa. Cabría preguntarse qué idea de hacer turismo venderán en sus países esos periodistas y fotógrafos. Ni siquiera hay lugar a dudas si ese turismo supone un impacto en los pueblos indígenas. Sólo surge otra pregunta, la misma que Juan Manuel Miranda hizo al resto de la expedición: «He sentido vergüenza ajena, ¿habrías hecho lo mismo en las calles de Ginebra o de Florencia?»

(de El País semanal, diciembre 1995)

¿Has viajado a países «exóticos»? ¿Has tenido alguna vez una experiencia similar? ¿Cómo fue?

13 ¿Y tú?

¿Qué fotos crees que le gustaría hacer a alguien que viajara a tu país? Escribe un artículo como el anterior en el que tú como observador describes la escena.

Me pongo en contacto con ustedes ...

1 **Para leer**

Pon en orden la carta que la Dra. Julia Bergmann escribió al Parque Nacional de Doñana para pedir unas informaciones.

Parque Nacional de Doñana
Centro Administrativo. EL ACEBUCHE.
21760 Matalascañas. Huelva.
ESPAÑA

Estimado/-a Sr./Sra.:   Friburgo, 21 de enero de ...

○   Me imagino que en esa época del año reciben a un número muy elevado de turistas. Por esta razón me gustaría realizar una reserva para mi grupo para un día de la primera semana de junio. En total seremos 34 personas.

○   Agradeciéndoles de antemano su ayuda, les saluda atentamente,

○   En cuanto a la visita, tengo algunas preguntas. La primera es si ustedes realizan visitas guiadas en inglés o alemán, pues la mayoría de mis estudiantes no saben español. En el caso de que no sea posible, ¿está permitida la entrada al parque sin guía? También me gustaría saber si hacen algún tipo de descuento para estudiantes.

○   Finalmente, quisiera pedirle que además me enviaran, si es posible, una relación de alojamientos en los alrededores del parque.

○   Me pongo en contacto con ustedes porque el próximo mes de junio me gustaría hacer, con mis estudiantes de Biología, un viaje de estudios al Parque Nacional de Doñana.

Fdo.: Dra. Julia Bergmann

Tiempo libre

1 Para empezar

¿Qué curso te gustaría hacer? ¿Por qué?

- **Cursos de cocina vegetariana,** trimestrales: repostería, panes, menús variados y equilibrados, etc. Con expertos profesionales. Precios muy económicos. **Buffet vegetariano.** Servimos para fiestas, reuniones y particulares. Tel. 91 529 48 60. Tardes

- **Barna House.** Inglés, francés, alemán, japonés, catalán, español. Cursos intensivos verano. Abierta matrícula nuevo curso. Grupos reducidos. Horarios flexibles, todos los niveles. Prof. nativos. Aulas climatizadas. Multimedia opcional, internet. Precios asequibles. Roger de Lluria, 123. M. Diagonal. Tel. 93 487 23 45

- **Max Latino.** Bailes de Salón. Ritmos Latinos. Afrocubano–Árabe –Flamenco–Sevillanas. Percusión Latina (instrumental incluido). Todos los horarios. Todos los niveles. Clases particulares. Y los domingos cursos intensivos: Salón y Salsa. Profesor de baile. C/ Povedilla, 13 (metro O'Donnell). Tel. 91 402 72 86

- **Arte Hoy.** Taller de cerámica para adultos y niños. Realización de piezas. Técnicas de decoración. Talleres especiales para tercera edad. Diversidad de horarios, de lunes a sábados. Precios especiales para estudiantes y tercera edad. (Metro Latina) Tel. Infor. 91 367 28 67

- **Academia del Actor–Replika.** Nuevo curso. Interpretación. Prácticas escénicas. Entrenamiento Cuerpo–Voz. Acrobacia. Curso especial de Interpretación todos los sábados. C/. Vallehermoso, 3. Tel. 91 594 38 82

- **Taller de escritura creativa Marcelo Soto:** Para crear historias, para construir personajes, para dialogar adecuadamente, para describir con los cinco sentidos. Tel. 91 531 18 15. También cursos a distancia.

- **Cursos de Voz – Canto – Teatro,** abierta la inscripción para la temporada hasta – Junio. Dirección: Olga Manzano. Tel. Infor. 91 523 12 45

2 ¿Y tú?

¿Qué cursos has hecho? ¿Cuándo y cuánto tiempo? ¿Estás haciendo ahora algún otro curso? Descríbelo: de qué, desde cuándo, dónde, con quién ...

3 Venga, ¿nos apuntamos?

◆ ¡Hola, por fin llego! Estoy congelada. Llevo veinte minutos andando.

● Pero, ¿no has venido en metro?

◆ No, precisamente hoy se me ha ocurrido venir andando.

● Bueno, ahora se te pasará el frío en la clase de gimnasia.
Oye, antes de que se me olvide, ¿tienes planes para el fin de semana?

◆ ¿Para el próximo fin de semana? Pues llevo todo el invierno intentando arreglar mi armario y ya tenía medio decidido hacerlo el domingo.

● ¡Qué rollo! ¿Y no preferirías que hiciéramos un curso de esquí de fondo en Sierra Nevada?

◆ Pero, si tú ya sabes esquiar.

● Sí, pero llevo más de diez años sin practicar. Venga, ¿nos apuntamos?

◆ ¿Qué sería de mi aburrida vida sin tus geniales ideas? ¿Me dejas que lo piense?

● ¿Pensar qué?, ¿no dices siempre que te habría gustado aprender a esquiar? Venga, nunca es tarde para empezar.

◆ La verdad es que no es una mala idea…

● Y es una manera fácil para saber si te gusta la nieve.

◆ De acuerdo, pero yo no tengo ropa adecuada, ni…

● Mira, no hagas nada hasta que yo confirme las plazas. Puedo dejarte algunas cosas, y el viernes podemos comprar lo que falte antes de salir.

◆ Sara, ¿por qué tengo la impresión de que me has vuelto a enredar?

4 ¿Y tú?

¿A ti qué cosas te habría gustado aprender de niño/-a?
Escríbelas en un papel. Tu profesor/a recogerá todos vuestros papeles.
Adivina quién ha escrito qué.

*«A mí me habría gustado aprender a bucear,
pero mis padres no me dejaron.»*

Aprendo idiomas.
Aprendo a bucear.

Condicional perfecto	
habría	
habrías	
habría	practicado
habríamos	aprendido
habríais	vivido
habrían	

5 Para practicar

Contesta las siguientes preguntas y después compara con un/a compañero/-a.

¿Cuánto tiempo llevas ...?

	tú	tu compañero/-a
viviendo en esta ciudad		
compartiendo piso/		
viviendo solo o sola		
sin ir a un museo		
estudiando español		
sin ir al cine		
sin ir al teatro		
haciendo algún deporte		
sin ir de vacaciones		
sin ir a bailar		

▼ *Yo llevo siete años viviendo en esta ciudad. ¿Y tú?*
● *Yo llevo sólo nueve meses.*

Llevo más de diez años sin esquiar.
Llevo tres años estudiando español.

6 ¿Y tú?

En grupo. Cada uno dice tres actividades que hace o que ha hecho en el pasado y cuánto tiempo lleva haciéndolas o sin hacer, pero una tiene que ser mentira. Los otros tienen que adivinar cuál es falsa.

■ *Yo llevo dos años estudiando español, seis meses sin jugar al tenis y veinte años haciendo parapente.*
◆ *Yo no creo que lleves veinte años haciendo parapente.*

coleccionar sellos	tocar el piano	hacer paracaidismo
patinar	montar a caballo	bailar los fines de semana
escribir un diario	estudiar un idioma	jugar al ajedrez
cantar en un coro	ir al cine	...

7 Para practicar

En grupo. Tenéis la posibilidad de hacer un curso de español en un país de habla hispana. Poneos de acuerdo sobre las condiciones: lugar, duración, horario, alojamiento, actividades fuera de clase. Escribid al final cómo sería vuestro curso.

◆ *Yo preferiría que fuera en España.*
▼ *Pues, a mí me gustaría que fuera por las tardes.*
● *A mí me vendría bien que fuera en agosto.*

> Me **gustaría/preferiría que** el curso **fuera** de esquí de fondo.
> Me gustaría/preferiría que + imperfecto de subjuntivo

8 ¿Y tú?

Piensa en algo que te gustaría tener o hacer. Descríbelo sin decir qué es. Los otros tienen que adivinar de qué se trata.

◆ *A mí me gustaría que fuera ..., que tuviera ..., que estuviera ...*

9 Para escuchar

Raquel y sus amigos han quedado para ir a bailar esta noche. Escucha los mensajes que los amigos han dejado en su contestador y lee la nota que le ha escrito su hermana. Subraya en la nota las diferencias.

Raquel, ha llamado Silvia y ha dicho que han cambiado el lugar de la cita. Ella y Paqui estarán a las diez en la puerta de la disco. También ha preguntado si puedes llevarlas a casa. Además ha llamado Quique y pregunta si puedes ir a buscarlo porque no tiene coche esta noche. Y dice también que le llames. No hagas ruido cuando llegues. ¡Que te diviertas!

Sonia

Lee los mensajes, comprueba si has entendido bien y subraya las expresiones que no aparecen en la nota de Sonia.

Hola Raquel, habla Silvia. Es por lo de la disco de esta noche. Mira, hemos cambiado el lugar de la cita. Paqui y yo estaremos a las diez en la puerta de la disco. Oye, otra cosa, mi coche está roto. ¿Puedes traernos a Paqui y a mí a casa después de la discoteca? Hasta luego.

Como siempre, no estás en casa. Hola Raquel, soy Quique. Oye, tengo un problema. ¿Puedes venir a buscarme para ir a la disco? Es que mi hermano se ha llevado el coche. Llámame, por favor.

10 Para practicar

Transforma los mensajes escritos en mensajes orales y al revés.

1. Tu novia ha llamado y dice que recojas a Fernando del aeropuerto, que llega a las 10 de la noche con Iberia.

◆ Hola, Felipe, oye _____

_____

2. Alicia ha llamado para _____

_____. Dice que _____

_____.

◆ ¡Hola! soy Alicia, llamo para deciros que este sábado hago una fiesta. ¿Vendréis, verdad? De todas formas llamadme para confirmar la invitación.

3. Tu madre dice que hoy es el cumpleaños de

tu padre y que lo llames.

◆ _____

_____

4. Jaime quiere saber si _____

_____

◆ Hola soy Jaime, ¿sabes si Fernando ha vuelto

de las vacaciones?

5. Carlota ha dicho que por favor le lleves a su

casa los libros.

◆ _____

_____

Direkte Rede	Indirekte Rede
	dice/ha dicho
«**Hemos cambiado** el lugar de la cita.»	que **han cambiado** el lugar de la cita.
«Paqui y **yo estaremos** en la disco.»	que Paqui y **ella estarán** en la disco.
«**Llámame**, por favor.»	que **lo llame**.
	pregunta/ha preguntado
«**¿Puedes traernos** a Paqui y **a mí** a casa?»	si **puede llevarlas** a Paqui y **a ella** a casa.
«**¿Puedes venir** a buscarme?»	si **puede ir** a buscarlo.

13

11 ¿Y tú?

Escribe una nota a una persona de la clase quedando con ella para hacer algo y pídele que lleve alguna cosa. Dale la nota a tu compañero/-a para que se lo diga.

12 Para leer

Para muchos el flamenco es sinónimo de España. En este artículo se explica algo de su historia y de su situación actual. Lee el texto y después contesta las preguntas ¿qué es el flamenco?, ¿cómo ha cambiado el flamenco?

El mito vive ...

El flamenco está de moda: Joaquín Cortés, el bailaor, Paco de Lucía, el guitarrista, Carmen, la película de Carlos Saura... Todo el mundo escucha flamenco o incluso aprende a bailar flamenco. Pero, ¿qué es el flamenco?, ¿cuáles son sus orígenes?, ¿cómo puede estar de moda en los tiempos del rock, rap y tecno?

Muchos sitúan el nacimiento del flamenco en Andalucía, aunque no se sabe a ciencia cierta su lugar de origen.

Lo que es cierto es que el flamenco es una fusión de la música y baile de los gitanos con la de los árabes, judíos y cristianos que convivieron en Andalucía hasta finales del siglo XV. Las canciones suelen ser pequeñas historias, narradas en primera persona, de las penas y las alegrías del pueblo gitano, de las tragedias cotidianas, del amor, de los celos, del trabajo, de las cosas de la vida tristes y alegres ... El baile flamenco acompañó al cante o narró en sí mismo, sin palabras, la eterna historia de las relaciones entre mujeres y hombres.

Desde la mitad del siglo XVIII el flamenco se puso de moda fuera de Andalucía. Se crearon los «cafés cantantes», cafés donde se desarrolló el flamenco. Así se hicieron muy famosos muchos cantaores, bailaores y guitarristas y la fama del flamenco salió de las fronteras españolas.

Este flamenco clásico se ha mantenido hasta hoy. Sin embargo, en los años 70 una nueva generación de jóvenes flamencos hicieron nuevas y personales propuestas. Buscaron otras formas para evolucionar su arte.

Surgieron figuras como el guitarrista Paco de Lucía (1947) o el bailaor Antonio Gades (1936) o el cantaor Camarón de la Isla (1952–1992) y fue el mito de Carmen, en la versión cinematográfica de Carlos Saura, el que hizo que este nuevo flamenco se conociera fuera de España.

La música flamenca actual está en gran parte marcada por la mezcla con otras músicas como el jazz y el rock, la salsa, la bossa nova, sones étnicos de muy diversas genealogías y geografías. En este terreno es pionero y transcendental el trabajo de grupos como Pata Negra y Ketama a los que han seguido muchos más con suerte diversa.

¿Y el baile? Es el que sigue teniendo mayor poder de seducción para la mayoría. Tanto Javier Barón y Beatriz Martín, con el flamenco clásico, como Joaquín Cortés, protagonista del flamenco nuevo, celebran éxitos nacionales e internacionales.

Y seducidos por la grandeza del baile, del ritmo de las guitarras y de las palmas, muchos quieren aprender a bailar flamenco. Hay escuelas de flamenco en toda Europa y desde luego no parece que el entusiasmo por este arte tan español sea tan sólo una moda pasajera.

13 ¿Y tú?

¿Te gusta el flamenco? ¿Te gusta bailar?
¿Qué otros bailes de países hispanohablantes conoces?

Al teléfono en Latinoamérica

 1 Para escuchar

Escucha estas conversaciones telefónicas y complétalas con las frases que faltan.

1. En México...

▼ Metalsa. Buenos días.

■ Buenos días, ¿el Licenciado Alejandro Maldonado?

▼ ____ _____ __ ___ _____. ¿Gusta dejar algún recado?

■ Sí, que le llamó Esteban Gómez de AASA., ___ __ __ _____ _____

_____ , por favor .

▼ Cómo no, señor Gómez, yo le paso su recado.

■ Muchas gracias, adiós.

▼ Adiós.

2. En Perú...

● _____. Vitroempaques.

■ Buenas tardes, ¿me puede comunicar con el señor Dávila?

● ___ ____ _____ __ __ _____ _____. ¿Quiere dejarle un recado?

■ No, gracias, yo llamo más tarde.

● Adiós.

■ Adiós.

3. En Colombia...

■ Hola.

◆ Buenas tardes. ¿Está la señora Campos?

■ No, no se encuentra en el momento. ¿ _____ _____ __ _____?

◆ Sí, dígale que llamó Manuel Rivera.

■ Muy bien, señor Rivera. Adiós.

◆ Adiós.

4. En Chile...

● Oficina de Turismo. Mi nombre es Julia.

◆ ¿__ _____ _____ ____ Luis Ávila?

● No se encuentra. ¿Quiere que le deje un recado?

◆ Sí, que llamó Marcelo Ríos.

● Muy bien.

◆ Hasta luego.

2 Para practicar

¿En qué país se dice qué? Relaciona las expresiones con los diferentes países latinoamericanos.

España	México	Perú	Colombia	Chile
❏ ¿Dígame?				
❏ ¿Podría hablar con ...?				
❏ Lo siento, pero está ...				
❏ ¿Quiere dejarle un mensaje?				

1 ¿Gusta dejar algún recado?

6 ¿Me podría comunicar con ...?

2 Buenos días, ¿el señor ...?

7 Aló. Vitroempaques.

3 Buenas tardes, ¿me puede comunicar con el señor ...?

8 En este momento no se puede acercar.

4 ¿Quiere dejarle una razón?

9 ¿Quiere dejarle algún recado?

5 No, no se encuentra en el momento.

10 Oficina de Turismo. Mi nombre es Julia.

11 Hola.

13

Buenos modales

Diez reglas de oro para un comportamiento educado.

1. No gritar en público ni hablar alto.
2. No ensuciar el medio ambiente.
3. Ceder el asiento a personas mayores en los transportes públicos.
4. No ser agresivo al volante.
5. No tocar el claxon del coche ni molestar con las motos.
6. No fumar sin permiso.
7. No molestar con el teléfono móvil en lugares donde hay mucha gente.
8. No poner la televisión ni la radio a un volumen alto.
9. No empujar a los otros por la calle.
10. No colarse en la cola del cine o de la panadería.

¿Te molesta que la gente no siga alguna de estas reglas?
¿Qué es lo que más te molesta? ¿Qué otras reglas de comportamiento añadirías?

◆ *A mí me molesta que la gente se cuele.*

14

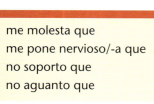

me molesta que	
me pone nervioso/-a que	+ subjuntivo
no soporto que	
no aguanto que	

2 ¡Vivís en la Edad de Piedra!

Mira los dibujos y reconstruye la historia. Después escucha el diálogo 3 y comprueba.

3   No te he contado lo que nos pasó

◆ ¡A propósito! No te he contado lo que nos pasó el otro día a Carmen y a mí en el café de la plaza, ¿verdad?

■ No, no me has dicho nada.

◆ Pues el jueves pasado, Carmen y yo fuimos después del trabajo para tomar un café y de repente sonó el teléfono móvil de un chico ...

■ ¡Como siempre! Pero cuenta, cuenta...

◆ Bueno, pues el chico empezó a hablar por teléfono muy alto. Entonces Juan, el camarero, se acercó y le dijo muy amablemente que estaba molestando y que hablara más bajo. El chico se quedó mirando a Juan con cara de pocos amigos y le dijo que el que estaba molestando era él y que le dejara en paz. Y como si nada siguió hablando por teléfono.

■ Hay gente que porque tiene un móvil, se comporta como si fuera el rey del mundo.

◆ Sí, sí, pero ahí no quedó la cosa. Cinco minutos más tarde fue el chico el que llamó por teléfono a alguien y Juan, muy enfadado, le dijo que ya le había advertido que estaba molestando. Y muy serio le dijo que saliera si quería seguir hablando. El chico, con mucha caradura, le contestó que no iba a salir y que hablaría por teléfono todo el tiempo que quisiera.

■ Pero ¡qué cara!

◆ Sí, pero entonces Carmen se enfadó muchísimo y ya la conoces, ¿no? Le dijo que estaba siendo un maleducado y que todos estábamos hartos de escuchar sus conversaciones. El chico le contestó que no se metiera en sus asuntos y le llamó «tía loca». Y de repente fue la revolución. Fíjate que la gente allí es muy tranquila pero todo el mundo empezó a decirle cosas, a llamarle maleducado y a silbarle.

■ ¿De verdad? ¿Y el otro cómo reaccionó?

◆ Pues, dejó de hablar. Se levantó, tiró el dinero de la consumición encima de la mesa y se dirigió hacia la puerta gritando que nunca volvería al café y que todos vivíamos en la Edad de Piedra. ¿Y puedes imaginártelo? De nuevo pitidos, risas y adioses. ¡Fue genial!

■ ¡Qué lástima habérmelo perdido! Me habría gustado verlo.

Completa las frases.

El camarero dijo que _____

El chico contestó que _____

La segunda vez el camarero le dijo que _____

El chico respondió que _____

Carmen le dijo que _____

14

Direkte Rede	Indirekte Rede
«Usted está molestando.»	Dijo que estaba molestando.
«Nunca voy a volver a este café.»	Dijo que nunca iba a volver a ese café.
«Hablaré todo el tiempo que quiera. »	Dijo que hablaría todo el tiempo que quisiera.
«Le he dicho que está molestando.»	Dijo que le había dicho que estaba molestando.
«¡Déjame en paz! »	Dijo que le dejara en paz.

4 Para practicar

Transforma los diálogos en mensajes y los mensajes en diálogos.

1. ◆ Disculpe, ¿le molesta si fumo?
   ▼ Un poco sí, es que estoy resfriado.

   Le preguntó si _____

   El otro respondió que _____

2. ◆ _____
   ▼ _____

   Le dijo que recogiera lo que había tirado. Y el otro respondió que él no lo
   había tirado, que había sido el niño.

3. ◆ _____
   ▼ _____

   Le preguntó si podía ayudarle a llevar el paquete hasta el coche y el otro
   contestó que no era ningún problema y que con mucho gusto.

4. ◆ ¿Puedes cuidar de mi gato durante el fin de semana?
   ▼ Lo siento, pero seguramente estaré fuera de la ciudad.

   Le preguntó si _____

   El otro contestó que _____

14

5 ¿Y tú?

¿Te has enfadado alguna vez por el comportamiento poco educado de otras
personas? ¿Recuerdas qué te dijeron o qué les dijiste tú? Habla con un/a
compañero/-a.

▼ *Sí, el otro día...*

6 Para practicar

¿Recuerdas qué cosas te decían, pedían o prohibían tus padres cuando eras niño/-a?
Habla con un compañero. ¿Habéis recibido el mismo tipo de educación?

◆ *Cuando era niño/-a mis padres me decían que no abriera la puerta,*
que no hablara cuando hablaban los mayores, ...

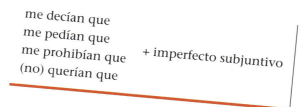

me decían que
me pedían que
me prohibían que   + imperfecto subjuntivo
(no) querían que

7 ¿Y tú?

¿Crees que ha cambiado la manera de educar a los hijos? ¿Cómo ha cambiado?

 ## 8 Para escuchar

14

Hay normas de comportamiento que son de buena educación en algunos países, pero están mal vistas en otros. ¿Dónde crees que no está bien visto hacer estas cosas?

	tu país	España / Latinoamérica
1. Sentarse en un bar en una mesa ocupada.	☐	☐
2. Mojar dulces en el café con leche.	☐	☐
3. Cruzar la calle con el semáforo en rojo.	☐	☐
4. Poner la música muy alta en la playa o en el lago.	☐	☐
5. Comer en la calle.	☐	☐
6. Preguntar la edad a alguien.	☐	☐

Me sorprendió que él no estuviera.

Óscar y Menchu están haciendo un curso de verano en Alemania. Una vez a la semana se encuentran con Peter y Claudia para hacer un intercambio español–alemán. Escucha sus experiencias y marca lo que dicen.

A Menchu le llamó la atención
que la gente en Alemania no respetara todas las señales de tráfico. ☐
que la gente en Alemania no cruzara en un semáforo en rojo cuando no pasaban coches. ☐
A la madre de Peter le molestó
que el amigo español mojara la galleta en el café. ☐
que un amigo español le visitara. ☐

A Óscar le pareció raro
que la pareja de extranjeros les invitaran a él y a sus amigos. □
que la pareja se sentara en su mesa. □
A Claudia le sorprendió
que la gente comiera a las tres y media de la tarde. □
que el reloj estuviera estropeado. □

9 Para practicar

Sara fue a una fiesta y le pasaron estas cosas:

❐ alguien le preguntó cuánto gana,
❐ alguien le regaló un ramo de flores,
❐ alguien le preguntó la edad,
❐ nadie le ofreció comida,
❐ le llevó un regalo al anfitrión y éste no lo abrió.

¿Cuáles de estas cosas le sorprendieron, le molestaron, le gustaron ...?
Habla con un compañero/-a.

▼ *Pienso que a Sara le sorprendió que ...*

le llamó la atención que
le sorprendió que
le pareció raro que
le pareció normal que   + imperfecto subjuntivo
le molestó que
(no) le gustó que

10 ¿Y tú?

¿Qué comportamientos sociales te han llamado la atención
viajando por otros países? ¿Podrías contar alguna anécdota?

11 Para leer

Este es otro fragmento del cuento «Ogla» del libro *Abecedario para niñas solitarias*
(1994) de Rosaura Barahona. La protagonista, Ogla, es polaca y vive en México
con su marido mexicano. Ella, en un principio, no cree tener muchos problemas
con el español, pero le parece muy difícil entender a los mexicanos y comprender el significado detrás de las palabras. En esta parte del cuento se narra uno de
los malentendidos que sufre.

14

La última vez que los amigos de Ogla y Juanjo la vieron fue en un concierto en el que coincidieron cuatro parejas de amigos y un matrimonio conocido como «Los mecenas» a quienes Ogla les llamó la atención. Durante el intermedio platicaron tan agradablemente que al anunciarse la tercera llamada, los mecenas propusieron cenar juntos al día siguiente para continuar charlando a gusto. Fijaron las siete de la noche para reencontrarse y cuando Ogla preguntó en dónde se reunirían, la señora del mecenas le respondió con una sonrisa: «en su casa, por supuesto; tendremos mucho gusto de verla ahí».

Juanjo estaba de viaje, así que Ogla se levantó a primera hora y empezó a organizar las cosas. Que los demás hubieran decidido cenar en su casa le parecía una descortesía atroz pero supuso que en México eso era normal y como había jurado hacer todo lo posible por entender las costumbres del país, sería una buena anfitriona.

En cuanto abrieron el banco sacó algo de la cuenta de ahorros que había prometido no tocar y compró lo necesario para preparar alimentos para diez personas. Lavó los vasos para el vino, aseó el departamento, preparó la ensalada y puso la carne a marinar. Después cumplió con los pendientes del día y regresó agitadísima dos horas antes de que los demás llegaran. Puso la mesa con una vajilla desigual, metió la carne al horno, sacó los quesos que a ella le gustaba comer al final de la cena pero que los mexicanos comían antes y se cambió de ropa.

Eran las siete; en una hora empezarían a llegar. A las ocho no había aparecido nadie; a las nueve tampoco. Ogla temió haberse equivocado, pero no, estaba segura. Llamó a tres de sus amigos. Nadie respondió. La carne se secó en el horno. Guardó de nuevo los quesos, abrió una botella de vino y se la bebió sola. Era por demás, no podía entender lo que sucedía. Se quedó dormida con la botella en la mano. Así la encontró Juanjo al día siguiente.

Cuando la despertó, Ogla se limitó a abrazarlo y a llorar como niña perdida a quien alguien acaba de rescatar.

El teléfono sonó. Era uno de sus amigos preguntando por qué Ogla no había ido a casa de los mecenas. «¿A casa de los mecenas? Si me dijeron que la cena sería en mi casa y ¡mira! nadie vino». Juanjo trató inútilmente de explicarle el significado de «su casa» pero Ogla gritaba en polaco tapándose los ojos con las manos…

¿Por qué Ogla esperaba a los amigos a cenar en su propia casa?
¿Cuál es para los mexicanos el significado de «su casa»?

12 ¿Y tú?

¿Has experimentado tú mismo un malentendido en otro país porque no conocías el idioma o las normas de comportamiento?

14

Diplomacia

1 Para practicar

Algunas veces ser amable no depende sólo de saber hablar mejor o peor una lengua. Como ya hemos visto, existen reglas culturales que debemos conocer para no parecer maleducados o entrometidos. Por ejemplo, en Latinoamérica
y España no se puede dar directamente una opinión negativa del trabajo de una persona, por eso tendremos que usar ciertas frases o fórmulas.
Escribe qué dirías tú en las siguientes situaciones.

1. Tienes que decir a otra persona que no puedes hacer hoy el trabajo que quiere.

   _____

2. Tienes que decir a otra persona que tiene que revisar unos documentos.

   _____

3. Tienes que hacer una crítica negativa al informe que alguien ha hecho.

   _____

4. Le dices a otra persona que tenéis que hablar.

   _____

5. Aceptas la propuesta de alguien para hacer algo.

   _____

6. Quieres empezar a hablar para explicar algo en una reunión.

   _____

7. Quieres decir a alguien que su idea sobre algo no es buena.

   _____

Ahora lee las frases y relaciónalas con las situaciones anteriores.
¿Has escrito lo mismo?

- ❑ Tenemos algunos problemas con estos papeles y me gustaría saber si podrías mirarlos.
- ❑ ¿Tienes un minuto? Me gustaría hablar contigo sobre ...
- ❑ Lo siento, pero no sé si voy a tener tiempo porque ...
- ❑ He leído tu trabajo y me parece interesante. Pero, ¿qué te parece si ...?
- ❑ Me parece bien lo que dices pero creo que podemos ver las cosas desde otro punto de vista.
- ❑ Eso estaría bien porque de esa forma además ...
- ❑ Me gustaría darles mi opinión.

14

Arbeitsbuch – Lerntipps

In diesem Arbeitsbuchteil gibt es zu jeder Lektion Übungen, mit denen Sie den neuen Lernstoff, vor allem die Grammatik und den Wortschatz, vertiefen können. Die Übungen sind konzipiert für die individuelle Arbeit zu Hause oder im Kurs.

An dieser Stelle geben wir Ihnen einige Tipps zum Sprachenlernen.

○ **Wörter lernen und behalten:** Mittlerweile haben Sie eine große Anzahl Wörter kennengelernt und ständig kommen neue hinzu. Damit Sie dabei den Überblick behalten, schlagen wir Ihnen verschiedene Strategien vor. Bevor Sie ein neues Thema bearbeiten, machen Sie eine Sammlung der Wörter und Redewendungen, die Sie zu diesem Thema bereits kennen. Probieren Sie aus, ob es für Sie besser ist, wenn Sie sie beipielsweise nach Sachgebieten geordnet untereinander schreiben oder sie um einen Oberbegriff in einer Art grafischer Darstellung anordnen. Oder Sie schreiben sie, am besten in Sätzen, auf kleine Karteikarten, die Sie beliebig immer wieder neu anordnen können und die Sie in einer Vokabelkartei aufbewahren. Neue Wörter fügen Sie dem von Ihnen gewählten System hinzu. Durch gezielte Vokabelarbeit wiederholen Sie die Wörter immer wieder und behalten sie.
Sehr hilfreich ist es auch, wenn man versucht, Wörter zu umschreiben, die man im Moment nicht parat hat. Um diese Technik im «Ernstfall» anwenden zu können, üben Sie sie immer mal wieder mit bekannten Wörtern. Überlegen Sie sich, wie Sie ein Wort, einen Begriff, einen Sachverhalt mit verschiedenen Wörtern umschreiben können. So bleiben Sie flexibel und wiederholen zusätzlich «alten» Lernstoff.
Die Vokabellisten, die den Wortschatz der Lektionen übersetzen, sollen für Sie eine Hilfe sein. Sie sind eine Art Wörterbuch, nur eben nicht alphabetisch, sondern chronologisch geordnet. Sie sind zum Nachschlagen, um schnell die dem Zusammenhang entsprechende Übersetzung zu finden. Zum lernen von Vokabeln sind diese Listen nicht geeignet.
○ **Richtig lesen:** In **Bien mirado** finden Sie viele authentische Lesetexte. Sie vermitteln Ihnen Informationen über Aspekte der spanischsprachigen Welt oder stammen aus literarischen Werken. Fragen Sie sich einmal, wie genau Sie Texte in Ihrer Muttersprache lesen. Sicher werden Sie feststellen, dass Sie die Zeitung anders lesen als zum Beispiel einen Roman. Man unterscheidet drei Lesestile:
Globales oder überfliegendes Lesen: Will man wissen, worum es in einem Text geht, sich einen ersten Überblick verschaffen, dann überfliegt man ihn zuerst einmal, aber hält sich nicht bei den Einzelheiten auf.
Selektives oder suchendes Lesen: Will man dagegen bestimmte Informationen in einem Text erfahren, dann sucht man den Text nach Schlüsselwörtern oder den gewünschten Angaben ab. Wenn man sie gefunden hat, liest man dort dann etwas genauer.

Detailliertes oder genaues Lesen: Bei manchen Texten (z.B. einem Kochrezept)möchte man alles genau verstehen. Man liest sie Wort für Wort. Dazu braucht man hohe Konzentration, Zeit und eventuell ein Wörterbuch.

Für alle drei Lesestile gilt, dass man viele Wörter aus dem Satzzusammenhang verstehen kann. Versuchen Sie immer wieder ohne Wörterbuch auszukommen. Oft ist die genaue Übersetzung eines einzelnen Wortes zum Verstehen des Gesamten überhaupt nicht wichtig. Ständiges Nachschlagen verdirbt auf die Dauer den Lesespaß, weil es mühsam und zeitaufwendig ist.

Die folgenden Fragen können Ihnen bei der Texterschließung helfen.

- Welche Informationen will ich aus dem Text herauslesen? (In **Bien mirado** finden Sie dafür Hilfestellung durch die Aufgaben zum Text.)

- Um welche Art von Text handelt es sich?

- Worum könnte es inhaltlich in diesem Text gehen?

- Gibt es Schlüsselwörter, z. B. Wörter, die bereits in der Überschrift oder in der Einleitung zum Text erwähnt sind oder die häufiger vorkommen?

- Enthält der Text Begriffe, die international verständlich sind?

Halten Sie sich nicht mit dem Unverständlichen auf, sondern freuen Sie sich darüber, wieviel Sie schon verstehen, von Texten, die für spanischsprachige Muttersprachler geschrieben wurden!

○ **Hörverstehen**: Wie genau man einen Hörtext verstehen muss, hängt von der Textsorte und vom Grund ab, warum man ihm zuhört. Wie beim Lesen unterscheidet man zwischen globalem, selektivem und detailliertem Hören.

Globales Hören: Man konzentriert sich nicht auf jedes Wort, sondern nur darauf, welche Personen sprechen, worüber gesprochen wird, evtl. wo gesprochen wird.

Selektives Hören: Man sucht nach bestimmten Informationen. Man wartet auf bestimmte Schlüsselwörter und hört erst dann genauer hin. Man beachtet den Rest des Textes nur so weit, dass man den roten Faden nicht verliert.

Detailliertes Hören: Es ist wichtig, jedes Wort zu verstehen. Man hört dazu den Text mehrmals, macht eventuell Pausen und unterteilt ihn in Abschnitte.

Auch in der Muttersprache hören Sie meistens nur selektiv zu. Ein wirklich wortwörtliches Verstehen eines Textes ist recht selten notwendig.

Halten Sie sich beim Zuhören an das, was Sie verstehen, und versuchen Sie, den Inhalt aus dem Zusammenhang zu erschließen. Sie können dabei die gleichen Strategien wie beim Lesen verwenden. Auch beim Hören hilft Ihnen Ihre Lebenserfahrung weiter. Man kann oft voraussagen, was in einer bestimmten Situation gesagt werden wird (in einem Restaurant z. B. wird der Kellner Sie nach Ihren Wünschen fragen und sicher nicht ohne Grund ein Gespräch über die Vor- und Nachteile seines neuen Autos beginnen ...).

Zum Schluss möchten wir Sie noch ermutigen:. Zum Lernen gehört es, Fehler zu machen. Fehler sind normal. Sprechen Sie, hören Sie zu, lesen Sie – wenden Sie Ihre Spanischkenntnisse soft wie möglich an, und denken Sie immer daran:
Es ist noch kein Meister vom Himmel gefallen!

1 ¿Dónde queda? Un poco de geografía

Localiza las ciudades.

Segovia/España/Madrid
Segovia está en el centro de España y al norte de Madrid.

1. Tarragona/España/Barcelona
2. La Coruña/España/Santiago de Compostela
3. Bilbao/España/Santander
4. Almería/España/Granada
5. Valencia/España/Alicante
6. Sevilla/España/Cádiz

2 ¿Hace mucho que estás aquí?

Completa las frases con *desde, hace o desde hace*.

1. ▼ ¿ _____ cuándo estás aquí?

   ● _____ tres horas.

2. Tengo un nuevo coche _____ enero.

3. ▼ ¿ _____ mucho que los Rodríguez viven en Madrid?

   ● Sí, bastante, _____ 1985.

4. ▼ Trabajo en esta empresa _____ tres meses.

   ● Y, ¿qué tal?

5. Conozco a Ramona _____ cinco años; pero a su marido sólo

   _____ julio.

6. _____ el año pasado juego al tenis. Me gusta mucho.

7. _____ tres días que me duele la cabeza. Tengo que ir al médico.

8. Estoy buscando un nuevo piso _____ meses. Pero hasta ahora

   sin éxito.

3 ¿Desde cuándo?

En una encuesta de radio han estado preguntando a algunas personas sobre sus hábitos. ¿Puedes reconstruir las preguntas y las respuestas?

Sra. García · vivir en Berlín · tres años

▼ *Sra. García, ¿desde cuándo vive usted en Berlín?*
● *Desde hace tres años.*

Sra. Moreno · vivir en este barrio · 1989
Juan y María · hacer yoga · 4 años
Sra. Rojo · estar casada · 12 años y medio
Miguel · ir de vacaciones a Andalucía · 1994
Lucía y Ana · estudiar alemán · 3 años
Sr. Medina · jugar al golf · 1990
Carmen · conocer a su pareja · 6 años
Juan Carlos · trabajar en el banco · 1992

4 ¿Cómo se dice en español?

Traduce las frases utilizando *acabar de, dejar de, volver a, empezar a, seguir.*

Sie hat gerade ... aufgehört · _Sie hat ... aufgehört_ · _anfangen_ · _weiter machen_

Después de unos meses sin ver a los amigos:

1. Susana raucht nicht mehr.
2. Pablo und Paco haben angefangen bei einer amerikanischen Firma zu arbeiten.
3. Carmen hat gerade eine Wohnung gekauft.
4. Manuela hat wieder angefangen, Sport zu machen.
5. Jorge raucht immer noch zu viel.

1. _ha dejado de fumar_
2. _han empezado a trabajar en una empresa estadounidense_
3. _acaba de comprar una apartamento_
4. _ha vuelto a hacer deporte / a empezar a hacer deporte_
5. _sigue fumando demasiado_
   zu viel

5 Los tiempos cambian

Isabel ha estado unos meses fuera de la ciudad y habla con Juan para saber qué ha pasado con sus amigos. Completa el diálogo en el tiempo correcto utilizando *acabar de, dejar de, volver a, empezar a, seguir*.

I. Y cuéntame ... ¿Qué tal por aquí todo? ¿Hay algo nuevo?

J. Poca cosa. Bueno, Rita _ha dejado de_ trabajar en la agencia de viajes porque ha encontrado algo mejor. ¿Lo sabías?

I. No, no lo sabía. ¿Y Pedro y Luisa?

J. Pues ... Pedro y Luisa estuvieron de vacaciones en Italia y, ahora, _han empezado_ estudiar italiano.

I. A propósito, ¿encontraron un nuevo piso?

J. No. _siguen_ viviendo en la calle Central.

I. A quien he visto es a Carlos. _acaba de_ _____ llegar de un viaje. Y está morenísimo. Pero ... ¿y tú _sigues_ fumando?

J. Ya ves. _he vuelto a_ caer en el vicio (dem Laster verfallen).

6 ¿Llevar o traer, ir o venir?

Subraya la forma correcta.

1. ¡Mira! Te he ~~llevado~~/traído un regalo de Mallorca. Aquí tienes.
2. ● ¿Te llevo/~~traigo~~ a tu casa esta noche los libros?
   ◆ No, mejor me los llevas/traes mañana.
3. ■ ¿Le puedes ~~traer~~/llevar estas revistas a Carmen?
   ◆ Sí, esta noche voy/~~vengo~~ a su casa.
4. Manuel, ¿me puedes llevar/traer las cartas que están sobre la mesa, por favor?
5. ● ¿Vamos a ver a Juan esta tarde al hospital?
   ◆ Es muy buena idea. Le podemos llevar/~~traer~~ unos bombones.
6. ■ Hola María. Te llamo para preguntarte si puedo ir/~~venir~~ mañana a tu casa.
   ● Sí, claro. ¿A qué hora quieres ~~ir~~/venir?

7 ¿Qué, cuál o cuáles?

1. ¿ _Qué_ quieres para beber? Tengo de todo.
2. ¿ _Qué_ quieres? ¿Café o té?
3. ¿ _Qué_ vestido te gusta más? ¿El verde o el azul?
4. ¿ _cuál_ prefieres? ¿El grande o el pequeño?
5. Me quedan una manzana y un plátano.
   ¿ _Qué_ quieres?
6. Tengo aceitunas verdes y negras. ¿ _cuáles_ quieres?
7. ¿ _cuáles_ te gustan más? ¿Las películas policíacas o las de ciencia ficción?
8. ◆ ¿Sabes _cuál_ es mi copa?
   ■ Creo que ésa de la derecha.

8 Transforma según el ejemplo.

Sólo quiero un *trozo muy pequeño*. ~~stück~~
Sólo quiero un *trocito*. ~~stückchen~~

1. Viven en una *casa muy pequeña*. casita

2. ¿Te apetece una copa de vino? Sí, pero ponme *muy poco*. poquito

3. Por favor, espera un *momento muy corto*. momentito

4. Es un *regalo muy pequeño*. regalito

5. Su hija es *muy pequeña*. hijita

6. ¿Te gusta el nuevo novio de Ana? Sí, pero está *un poco gordo*. gordito   mollig / dick

9 Relaciona las frases.

1. Mira, te he traído una cosa.
2. ¿Te apetece un poco de empanada?
3. Y tú, ¿qué vino prefieres?
4. ¿Quieres probar este vino?
5. ¿Te ayudo a preparar algo?
6. ¿Te molesta si abro la ventana?

Yo, un tinto también. (a)
¿Por qué te has molestado? (b)
No, gracias. Es que luego tengo que conducir. (c)
Claro que no. Al contrario. (d)
No, gracias. Es que estoy lleno/-a. (e)
Bueno. Corta el pan y el queso. (f)

10 Diario de clase

Wie schon in MIRADA, schlagen wir Ihnen vor, am Ende jeder Lektion all das aufzuschreiben, was Sie in der Lektion wichtig fanden, was Sie gern behalten möchten, was Sie über sich sagen können, welche Erfahrungen, Meinungen Sie zu den angesprochenen Themen haben. Wenn Sie das in einen separatem Heft machen, habe Sie am Ende ein persönliches Kurstagebuch – ¡un diario de clase!

¿Dónde queda la ciudad/el pueblo donde vives? ¿Desde cuándo vives en tu casa/en esta ciudad/en este pueblo? ¿Cómo ha cambiado tu vida? ¿Has empezado a hacer algo? ¿Has dejado de hacer algo? etc. ¿Y tu familia?
¿Has aprendido algo nuevo de las costumbres en España o en Latinoamérica?...

1 Palabras

Relaciona las expresiones y las definiciones.

○ parapente   gimnasio ○

○ pensión completa   ○ balneario   cata de vino ○

○ bucear   equipo ○

○ senderismo

1. alojamiento que incluye la habitación y las comidas diarias
2. objeto deportivo con el que es posible lanzarse al vacío desde una montaña
3. establecimiento de baños medicinales, con alojamiento
4. actividad deportiva que consiste en nadar o mantenerse debajo de la superficie del agua
5. actividad deportiva que consiste en andar por caminos en el campo o en la montaña
6. local con los aparatos adecuados para practicar gimnasia o deporte
7. conjunto de objetos necesarios para un determinado uso o fin
8. degustación de vinos

2 Vacaciones

a. ¿Qué hizo Olga el verano pasado?

El año pasado Olga (irse) _ha ido_ de vacaciones en septiembre. (Estar) _he estado_ en las Canarias. (Alojarse) _he ha aloj_ en un apartamento y (pasar) _ha pasado_ todas las vacaciones junto al mar. (Llevarse) _he he llevado_ la cámara de vídeo y (escribir) _ha escrito_ postales a todos sus amigos.

b. ¿Y qué ha hecho este verano?

Este año Olga _va a ir_ de vacaciones en julio. _Va a estar_ en diferentes regiones españolas. _Va a alojarse_ en hoteles y _va a pasar_ sólo unos días en la playa. _Ella no va alletarse_ la cámara fotográfica y no _va a escribir_ ninguna postal.

3 Una entrevista

Completa la entrevista con el tiempo correspondiente.

■ ¡Buenos días, señora! Estamos haciendo una encuesta sobre el tema «¿Dónde
  y cómo pasan las vacaciones los españoles?» ¿Le importaría contestar algunas
  preguntas?

▼ No, no, claro, pregunte.

■ ¿Dónde (pasar) _ha pasado_ sus vacaciones el verano pasado?

▼ ¿El verano pasado? Pues (estar) _he estado_ en Cudillero, un pequeño pueblo
  en Asturias.

■ ¿Y estas Navidades ? ¿Dónde las ha pasado?

▼ Estas Navidades (quedarse) _me he quedado_ aquí, en casa, con la familia.

■ ¿(Pasar) _ha pasado_ alguna vez las vacaciones fuera de España?

▼ Sí, hace dos años (estar) _hemos estado_ mi marido y yo en Grecia.

■ ¿Y (viajar) _he viajado_ alguna vez a algún país asiático?

▼ No, en Asia no (estar) _he estado_ nunca, pero sí en América.

■ ¿Y dónde?

▼ En México, visitando a unos familiares.

■ ¿Y (estar) _ha estado_ en África alguna vez?

▼ No, nosotros todavía no (estar) _hemos estado_. Pero nuestro hijo
  (participar/teilnehmen) _ha participado_ el año pasado en un safari fotográfico
  en Kenia, con unos amigos.

■ ¿Alguna vez (practicar) _ha practicado_ un deporte de riesgo durante las
  vacaciones? <u>   </u> risiko

▼ Sí, una vez (hacer) _he hecho_ parapente en Málaga, en la <u>sierra.</u> gebirge

■ ¿Y no (tener) _ha tenido_ <u>miedo?</u> angst

▼ Sí, claro, un poco. Pero (ser) _ha sido_ muy divertido.

■ Pues muchas gracias, esto es todo.

▼ De nada.

4 Viajando

Escribe las preposiciones que faltan.

hacia ~~por~~ en de ~~a~~ a
~~a~~ ~~en~~ de ~~(crossed)~~ por a ~~por~~ a hasta

1. ▼ ¿Y cómo viajas __de__ Valencia __a__ Salamanca?

   ■ Tomo el tren __a__ Madrid, y allí el autobús __hasta__ Salamanca.

2. Para ir __de__ mi casa __a__ la oficina necesito cada día más de una hora.

3. A mí, cuando viajo con más gente, me gusta ir en coche. Pasar __por__
   anhalten
   diferentes sitios, parar __en__ pequeños pueblos para comer, o simplemente,
   para descansar un rato (eine Weile).

4. Tengo que conducir mucho __en__ la ciudad.

5. Normalmente paso las vacaciones __por__ sitios tranquilos. Me gusta ir
   __a__ todas partes a pie y poder dar largos paseos __en/por__ el bosque.

6. ● Perdona, ¿vas __hacia__ el centro?

   ■ Sí, ¿por qué?

   ● Es que he perdido el autobús. ¿Podrías llevarme?

   ■ Sí, claro. ¿Adónde quieres ir?

   ● __a__ la Plaza Real.

5 Una carta desde Cuba

Querido David:

¿Cómo estás? Espero que bien. (Llegar) _Llegué_ a La Habana hace tres días y
por fin tengo tiempo para escribirte algo de mi viaje. Primero (ir/nosotros)
fuimos a Pinar del Río. Allí nos (esperar) _esperaba_ un guía. Con él
(visitar) _visitamos_ una fábrica de puros (Zigarren), porque ya sabes, que Pinar
es el centro del tabaco. (Quedarse) _Nos quedamos_ en un pueblo cerca de la
ciudad. (Haber) _Había_ de todo: un restaurante, una disco, una piscina.
El restaurante (estar) _estaba_ abierto, y la disco también, ¡pero no (haber)
había agua en la piscina! El viernes pasado (hacer) _hice_ una excursión
a una pequeña isla. Por primera vez (nadar) _nadé_ en el Mar Caribe. ¡Mejor

que en una piscina! El primer día en La Habana (ir) _fui_ a «La bodeguita del medio», donde Hemingway siempre (tomar) _tomaba_ su mojito (Mixgetränk mit Rum). Además (visitar) _visité_ unos museos y (dar) _hedado_ unos paseos por el centro. ¡La Habana es realmente impresionante! (Hacer) _hice_ muchas fotos. Todavía me quedan dos semanas para pasar aquí y en la playa de Varadero. ¡Ya ves que me lo estoy pasando muy bien!

Esto es todo por hoy. Un abrazo muy fuerte,

Sofía

6 En la boda de Beatriz y Alberto

Completa con el tiempo correcto.

● Ayer por la noche (llamar) _____ a tu casa pero tú no (estar) _____.

■ Sí, porque (ir) _____ a la boda de Alberto y Beatriz, unos compañeros de trabajo.

● ¡Ah! ¡Es verdad! ¿Y dónde la (celebrar) _____?

■ En su casa. (Comprarse) _____ una casa preciosa en las afueras de Valencia.

● Y cuenta, ¿cómo lo (pasar) _____? ¿(Ser) _____ divertido?

■ Sí, mucho. (Haber) _____ un montón de gente. ¡No te puedes imaginar cuántas cosas (haber) _____ para comer y para beber! Camareros que (ir) _____ y (venir) _____ y (ofrecer) _____ continuamente champán a los invitados. (Haber) _____ también una pequeña orquesta que (tocar) _____ muy bien.

■ ¡Qué bien! ¿Y la gente? ¿Qué tal?

● Bueno, todos (ser) _____ muy simpáticos. Además (estar) _____ también algunos compañeros del trabajo. ¡Ah! y también (encontrarse) _____ con Carlos Ruiz.

■ ¿Carlos Ruiz?

● Sí, aquel chico tan simpático que (hacer) _____ sus prácticas en nuestro departamento hace un año y que (llevar) _____ a tu fiesta de cumpleaños.

■ Ah, ya recuerdo*. ¿Y a qué hora (terminar) _____ la fiesta?

● Tardísimo. (Volver) _____ a mi casa a las 5 de la madrugada.

*recuerdo = ich erinnere mich

7 ¡No me digas!

¿Cómo reaccionarías ante las siguiente noticias? Escoge la opción correcta.

1. ¿Sabes? Luis se va a vivir a Canadá.
   ¡Qué mala suerte! ☐
   ¿De verdad? ☒

2. ¿Sabes que perdieron mi equipaje en el aeropuerto?
   ¡Vaya! ¡Qué pena! ☐
   ¡No me digas! ¡Qué mala suerte! ☒
   ¡Sag bloß!   *Pech!*

3. Al final no puedo irme de vacaciones.
   ¡Qué bien! ☐
   ¡Vaya! ¡Qué lástima! ☒
   wie Schade!

4. Manuel y Alicia se han comprado una casa en la playa.
   ¡Qué desastre! ☐
   ¡Anda! ¿De verdad? ☒

5. Enrique tuvo un accidente con su coche.
   ¡Vaya! ¡No me digas! ☒
   ¡Anda! ¿De verdad? ☐
   ¡komm schon!

8 Diario de clase

¿Qué tipo de viajes prefieres? ¿Qué has hecho este verano? ¿Y el año pasado?
Escribe cómo era el lugar donde pasaste las últimas vacaciones y qué hiciste.
...

1 Recuerdos

Ana habla de los recuerdos del día de su cumpleaños. Completa con los verbos en imperfecto de indicativo.

«De niña el día más importante del año (ser) _era_ el día de mi cumpleaños. Una semana antes ya (estar) _estaba_ muy nerviosa. Los días no (pasar) _pasaban_ y yo sólo (pensar) _pensaba_ en la fiesta y en la ropa que me iba a poner. (Invitar) _invitaba_ a todos mis amigos del colegio y yo (querer) _quería_ ser la más guapa. Me acuerdo que (preguntar) _preguntaba_ una y cien veces a mis padres qué me iban a regalar. Cuando por fin (llegar) _llegaba_ el día, (despertarse) _me despertaba_ ...» ...

wachte ich auf

Ahora describe cómo era el día de tu cumpleaños.

2 Diferentes opiniones

Madre e hijo hablan sobre los conflictos entre padres e hijos. ¿Qué opinan? Completa las frases con la forma verbal del subjuntivo presente.

M: Me parece normal que los hijos (vivir) _____ con nosotros hasta casarse.

H: Me parece aburrido que mis padres (ver) _____ la tele todas las noches.

M: No me gusta que los jóvenes (hablar) _____ por teléfono con sus amigos durante horas.

H: Pienso que es normal que los jóvenes (llevar) _____ ropa de moda.

M: Me parece mal que los jóvenes (fumar) _____ .

H: Pienso que es normal que los jóvenes (comer) _____ hamburguesas.

M: No me gusta que los jóvenes no (estudiar) _____ demasiado.

M: Me parece mal que los jóvenes (beber) _____ alcohol.

H: Me parece bien que los jóvenes (pasar) _____ las vacaciones con sus amigos.

M: Creo que está mal que los jóvenes (viajar) _____ solos en las vacaciones.

H: Me parece ridículo que los padres (preocuparse) _____ tanto.

3 Más opiniones

Completa las frases con los verbos en subjuntivo.

1. Me parece un poco extraño que no (tú/invitar) _____ a Javier a tu cumpleaños.

2. A mí me parece bien que nos (tutear) _____ en el trabajo. Los compañeros son muy simpáticos.

3. A mí no me gusta nada que me (vosotros/escribir) _____ cartas con el ordenador. Me parece muy impersonal.

4. Me parece raro que José (vivir) _____ todavía en casa de sus padres. ¡Ya tiene treinta años!

5. A Raquel no le gusta que su compañera de trabajo (fumar) _____ tanto. Le molesta mucho.

6. Me parece ridículo que no (tú/comer) _____ pasteles. ¡Con lo delgada que estás!

4 Completa el cuadro con las formas verbales del subjuntivo presente.

	yo	tú	él, ella, Ud.	nosotros/ nosotras	vosotros/ vosotras	ellos, ellas, Uds.
tomar		tomes				
vivir	viva					
hablar				hablemos		
comer						coman
escribir			escriba			

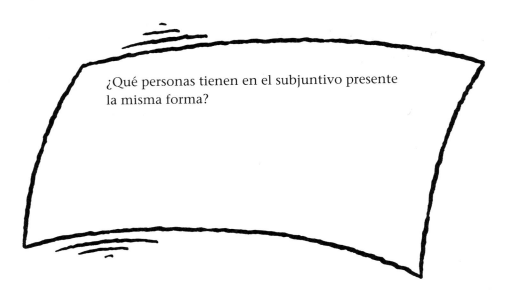

¿Qué personas tienen en el subjuntivo presente la misma forma?

5 ¿Infinitivo o subjuntivo?

1. Me gusta mucho (leer) _____ novelas.

2. Me gusta mucho que mis hijos (leer) _____ mucho.

3. Me parece aburrido (pasar) _____ todos los veranos en la playa.

4. Me parece aburrido que (tú/pasar) _____ todos los veranos en la playa.

5. Me parece importante (hablar) _____ diferentes idiomas.

6. Me parece importante que (vosotros/hablar) _____ diferentes idiomas.

7. No está bien (ver) _____ la televisión durante la comida.

8. No está bien que el niño (ver) _____ la televisión durante la comida.

9. Me parece extraño no (comer) _____ fruta.

10. Me parece extraño que no (vosotros/comer) _____ fruta.

11. Está mal (llegar) _____ tarde.

12. Está mal que tus amigos siempre (llegar) _____ tarde.

6 Completa las frases con las formas correspondientes.

1. Me parece muy mal que (tú/dormir) _____ tan poco por las noches. Así no puedes seguir.

2. Me parece extraño que no (vosotros/ir) _____ a su fiesta.

3. A mí me parece muy bien que mi hermano (salir) _____ con Alicia. Es muy simpática.

4. Está bien que (vosotros/poner) _____ música, pero no tan alta.

5. No me gusta que no (tú/decir) _____ nunca la verdad.

6. Carmen y Pablo son muy simpáticos. Me gusta que (venir) _____ con nosotros de vacaciones.

7. Está mal que no (nosotros/tener) _____ nunca tiempo para hablar de este tema.

8. Me parece muy mal que no (vosotros/hacer) _____ los deberes en casa.

7 **Escribe las formas que faltan.**

infinitivo	presente indicativo (yo)	presente subjuntivo (yo)
tener	_____	_____
_____	salgo	_____
decir	_____	duerma
_____	_____	_____
_____	oigo	ponga
_____	_____	haga

8 **Transforma estas frases en opiniones.**

1. Los amigos se reúnen el domingo por la mañana para tomar unas tapas.
2. En España no se celebra el primer día de colegio de los niños.
3. Los españoles y los latinoamericanos reciben los apellidos del padre y de la madre.
4. En Navidad la gente gasta mucho dinero en regalos.
5. En Latinoamérica y en España se conservan muchos bailes tradicionales.
6. En Latinoamérica y en España todavía se celebra el día del Santo.

9 **¿Cómo se dice en español?**

Lass es dir gut gehen!   *Que te vaya bien.*

Schlafen Sie gut!   *Que los pases bien*

Viel Vergnügen!   *Que duerma bien*

(Habt eine) gute Reise!   *Que tengáis un buen viaje*

Komm bald nach Hause!   *Que vuelvas pronto a casa*

Guten Appetit!   *Que aproveche*

Arbeite nicht zu viel!   *Que no trabajes demasiado*

Qu - e
en - ir - a

10 **Diario de clase**

¿Cuáles eran tus fiestas o tradiciones favoritas cuando eras niño/-a?
¿Cuál es la fiesta o tradición que más te gusta ahora?
¿Conoces alguna diferencia cultural entre tu país y España o Latinoamérica? Descríbela...

1 Se alquila

Estas personas buscan piso. ¿Cuáles de los pisos de los anuncios les recomiendas?

a. Olga (35) y Francisco (38) tienen 3 hijos pequeños y un perro. Buscan un piso amplio con dormitorios para cada uno de los hijos.

b. Teresa (21), Alba (19), y Carmen (20), estudiantes. Buscan un piso para compartir. No tienen coche ni muebles. Y claro, no tienen mucho dinero.

c. Juan (67) y Ana (68), jubilados, quieren mudarse a un piso más pequeño. Ahora viven en una casa demasiado grande. Les gusta mucho el mar y a Juan le gusta hacer excursiones en su coche.

d. Belén (24) y Pedro (26) han decidido vivir juntos. Buscan un piso pequeño en el centro. Hasta ahora han vivido en casa de sus padres y no tienen muchos muebles. A Pedro le gusta cocinar. Para él la cocina es la habitación más importante de un piso.

CAMINO SUAREZ (CP 29010). Tenemos habitaciones en piso bien amueblado para chicas estudiantes, derecho a todo el piso, electrodomésticos, TV color, etc... sólo chicas. Telf. 95 2398170

CENTRO. Sector, Alameda de Colón. Estudio, 1 dorm, cocina independiente, salón y baño. Telf. 95 2224305. Tardes

CRISTO DE LA EPIDEMIA. (CP 29013). Piso 110 m, 3 dorm, salón-comedor, cocina, baño, trastero con lavadero, terraza amplia, totalmente reformado, suelo de mármol. Telf. 95 2214607

CÓMPETA, C/. (CP 29007) Habitaciones para estudiantes señoritas, con derecho a cocina, baño y salita. Telf. 95 2359175

CORTE INGLÉS, SECTOR (CP 29007). Piso 140 m, 4 dorm, armarios roble, terraza sur, 2 baños, patio, suelo parqué y gres, garaje, ideal niños, parque infantil vigilado. Telf. 95 2270055

CORTE INGLÉS, ZONA (CP 29007). Piso lujo, 4 dorm, 2 baños, gran salón, tv, satélite, cocina Xey, aparcamiento opcional, zona juegos infantiles, no perros. Telf. 95 2215568

MARTINEZ MALDONADO (CP 29010). Amueblado, 3 dorm, cerca Universidad, bus en la puerta, buen precio. Telf. 95 2295360. A partir de las 15'30h

MÁLAGA CENTRO. Sector Ollerías. (CP 29012). Piso amueblado, 3 dorm, salón, comedor, antesalita, cocina, baño, terraza. Telf. 95 2305164. De 14 a 17h

PLAYA VIRGINIA: Piso, 1ª línea playa, 2 dorm, baño, aseo, salón-comedor, terraza de 22 m, garaje particular, precio a convenir. Telf. 95 4165010

PUERTA BLANCA (CP 29004). Alquilo piso, 1 dorm, salón amplio, cocina, baño, terraza, para matrimonio. Telf. 95 2236261

4

2 El nuevo piso

Completa las frases.

Laura busca un nuevo piso. Para ella es fundamental/es necesario que ...

● el piso (estar) _____ en un barrio tranquilo.

● (ser) _____ bonito y con mucha luz.

● (haber) _____ tiendas cerca.

● el alquiler no (ser) _____ muy alto.

● (haber) _____ una parada de autobús cerca.

● el salón y el comedor (ser) _____ grandes.

● (estar) _____ en el primer piso si no hay ascensor.

133

3 **Transforma estas frases en opiniones.**

1. El piso no tiene una terraza.

   Es necesario que _____

2. La cocina es muy grande y moderna.

   No es muy importante que _____

3. No hay muchas zonas verdes en los alrededores.

   Es una pena que _____

4. Hay un baño para cada dormitorio.

   No es necesario que _____

5. Tiene un garaje.

   Es fundamental que _____

6. Está en una zona muy céntrica.

   Es importante que _____

4 **Mi habitación**

Completas con las palabras adecuadas.

una alfombra • el techo • una hamaca • asiento • el tocadiscos • las paredes • el suelo • césped • sillas • cama

De niña tenía una habitación muy bonita. En _____ tenía carteles con fotos de mis grupos de rock favoritos. _____ era de color azul, como el cielo. _____ estaba cubierto por _____ de color verde: era como tener _____ en casa. No tenía _____ , dormía en _____. Tampoco tenía _____ . Como _____ había una piel de oveja sobre la alfombra. Lo más importante en mi habitación era _____ . Escuchaba mis discos, tumbada (liegend) en la hamaca, todo el día, todos los días ...

5 ¿Qué quiere la gente?

1. Para los chicos que les gusta divertirse, lo más importante es que en el barrio (haber) _____ bares y discotecas.

2. Los niños desean que el barrio (tener) _____ más parques.

3. Para Pedro, al que le encanta el fútbol, lo principal es que (haber) _____ un estadio cerca.

4. Las madres exigen que las calles (ser) _____ seguras para los niños.

5. Los jóvenes desean que (haber) _____ más instalaciones deportivas.

6. Toda la gente quiere que la ciudad (estar) _____ más limpia.

7. Para María que no tiene coche, lo más necesario es que el barrio (estar) _____ bien comunicado.

8. Los vecinos piden que los bares (cerrar) _____ pronto.

6 Escribe las formas que faltan.

infinitivo	presente indicativo (yo)	presente subjuntivo (yo)
poder	_____	_____
_____	cierro	_____
_____	_____	pida
_____	conozco	_____
ofrecer	_____	_____
_____	conduzco	_____

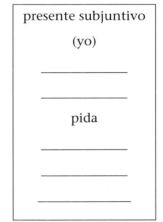

¿Qué otros verbos con estas irregularidades conoces?

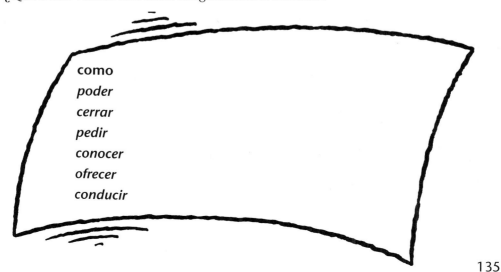

como
poder
cerrar
pedir
conocer
ofrecer
conducir

7 Completa las frases con las formas verbales correspondientes.

1. ¡Qué piso tan bonito! Es una pena que no (vosotros/poder) _____ quedaros aquí más tiempo.

2. Yo también creo que es importante que un barrio (ofrecer) _____ alternativas para divertirse.

3. ■ En este barrio hay muchos niños y los vecinos no quieren que la gente (conducir) _____ a más de 30 km/h.

   ▼ Pues qué bien, me parece muy bien que se (pensar) _____ en la seguridad de los niños.

4. ■ Hemos vuelto a pasar otra noche casi sin dormir, la verdad es que el bar de abajo es demasiado ruidoso.

   ▼ Pero es increíble que los vecinos no (pedir) _____ a los dueños de los bares que (cerrar) _____ más pronto.

5. Oye, Rubén, te quiero presentar a mis nuevos vecinos, me parece importante que tú también los (conocer) _____ .

6. Jürgen, ¿de verdad crees que es necesario que (yo/traducir) _____ para ti el contrato de alquiler (Mietvertrag)? Tú entiendes español muy bien.

8 Lo principal es ...

Carmen y Luis acaban de mudarse a su nueva casa. Completa el texto con las expresiones.

> lo más necesario
>
> lo principal   lo malo
>
> lo menos importante   lo peor

Finalmente nos hemos mudado a la nueva casa. Ha sido un caos pero _____ ya ha pasado. Todavía nos faltan muchas cosas, pero _____ es que ya estamos aquí. Por lo que se refiere a los muebles, de momento sólo tenemos _____: una cama, una mesa y dos sillas. Nos faltan muchas cosas de decoración, pero ahora eso es _____. Poco a poco vamos a arreglar todo a nuestro gusto. _____ es que todavía no nos han instalado el teléfono, así que de momento no podemos recibir ninguna llamada.

9 Diario de clase

Describe tu casa (piso, apartamento, ...). ¿Cómo es? ¿Cuántas habitaciones tiene? ¿Dónde está? ¿Cómo es tu barrio? ¿Qué es para ti lo más importante en una casa? ¿Y en un barrio?...

1 ¿Ser o estar?

1. ● ¿Qué tal la paella? ¿Te gusta?

   ▼ Mmm, ¡ _está_ riquísima! *sehr lecker*

2. ● ¡Buah! Estas patatas fritas tienen mucho aceite. *ölig*

   ▼ Claro, ¿qué esperabas? *was hast erwartet* Las patatas fritas _son_ muy grasas.

3. ● ¡Otra vez espinacas! ¡No me gustan!

   ▼ Pero _son_ muy sanas. *gesund*

4. ● ¿Te apetece un Campari?

   ▼ No, gracias, no me gusta, es que _es_ demasiado amargo. *ziemlich bitter*

5. ● ¡Qué picante _está_ esta salsa!

   ▼ Pues a mí me encanta lo picante.

2 ¿Cómo se dice en español?

1. Die Suppe ist äußerst lecker! _la sope está muy buena_

2. Die Tortilla ist äußerst salzig! _está muy salada_

3. Das Filet ist äußerst zäh! _el filta está duro_

4. Gemüse ist äußerst gesund! _las verduras son muy sanas_

5. Dieses Restaurant ist sehr teuer! _este restaurante es muy caro!_

3 Los pronombres

Completa los diálogos con los pronombres.

> se lo
>
> me los   te lo   se la   me lo

1. ▼ Mmm, ¡qué empanadas tan ricas! Me tienes que pasar la receta.

   ■ Pues _____ tienes que pedir a Ana, ella las hizo.

2. ▼ ¿Estos libros son para Juan?

   ■ No, son para mí, ¿ _____ puedes dejar aquí, por favor?

3. ▼ Oh, ¡qué jersey tan bonito! ¿Dónde lo has comprado?

   ■ _____ trajo María de México.

4. ▼ Me encanta tu bolígrafo (Kugelschreiber).

   ■ Pues si te gusta, _____ regalo. Llévatelo.

5. ▼ ¿Les has dicho a Javier y a César lo de la fiesta del sábado?

   ■ Sí, _____ he dicho esta mañana en la universidad.

4 ¡Dámelos!

Traduce las formas del imperativo del alemán al español con sus respectivos pronombres.

1. Los tomates, ¿los tienes tú? (Gib sie mir) _____ por favor.

2. La sal está al lado de la mantequilla. (Reich es ihm) _____ a Juan, por favor.

3. ¿Y la cebolla?...(leg sie mir hin) _____ sobre la tabla (Brett), por favor.

4. Por favor, (reich uns)_____ el agua, en este lado de la mesa no hay ninguna botella.

5. La salsa (gib sie ihr) _____ a Marcela, ella todavía no le ha puesto a su comida.

5 Mañana se lo digo

Completa con los pronombres que faltan.

1. ● ¿Dónde está la botella de champán?

   ▼ ____ ____ regalé a Alfredo por su cumpleaños.

2. ● ¿Me dejas tu coche?

   ▼ Lo siento pero, ____ ____ he dejado a mi hermana.

3. ● ¿Has llevado los libros a Pepe?

   ▼ Sí, ____ ____ llevé ayer.

4. ● ¿Le has dicho a Juan lo de la cena?

   ▼ No, mañana ____ ____ digo.

5. ● ¿Por qué has comprado otra vez el mismo disco?

   ▼ Uno es para nosotros y el otro ____ ____ quiero regalar a mi hermano.

6. ● ¿Has reservado las entradas para los González?

   ▼ No, no____ ____ pude reservar, porque no quedaban.

6 No creo que...

Aquí tienes las opiniones de algunas personas sobre diferentes hábitos de alimentación. Expresa lo contrario.

1. Juana cree que desayunar sólo frutas es muy sano, pero

   yo no creo que _____

2. Mis padres piensan que es bueno beber mucha leche, pero

   yo no pienso que _____

3. Luis cree que es mejor hacer sólo dos comidas al día, pero

   yo no creo que _____

4. Fernando piensa que es bueno beber agua del grifo, pero

   yo no pienso que _____

5. Olga piensa que es bueno comer poco al mediodía, pero

   yo no pienso que _____

7 Los nuevos hábitos

Completa el texto con las formas adecuadas de los verbos.

Desde hace unos meses Marcos ha cambiado sus hábitos alimenticios. Ya no come carne. Cree que comer carne no (ser) _____ bueno para la salud. Aunque algunos expertos opinan que la carne (ser) _____ necesaria, Marcos no cree que ellos (tener) _____ razón. Él piensa que una coliflor* (tener) _____ más proteínas que un trozo de carne. Cree que (ser) _____ muy importante consumir frutas y verduras todos los días, pero piensa que las frutas sólo (ser) _____ buenas para el desayuno; no cree que (ser) _____ buenas para la comida o la cena. Para él es muy importante beber mucha agua, pero piensa que no (ser) _____ bueno tomar agua durante las comidas. No cree que tomar otras bebidas, además de agua, (ser) _____ necesario.

* Blumenkohl

8 ¿De qué plato están hablando?

Aquí tienes algunas descripciones de platos españoles y latinoamericanos.
Busca entre las definiciones del diccionario el nombre de cada plato.

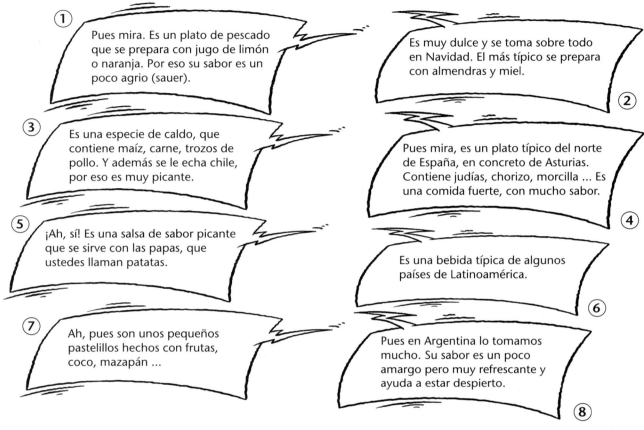

① Pues mira. Es un plato de pescado que se prepara con jugo de limón o naranja. Por eso su sabor es un poco agrio (sauer).

② Es muy dulce y se toma sobre todo en Navidad. El más típico se prepara con almendras y miel.

③ Es una especie de caldo, que contiene maíz, carne, trozos de pollo. Y además se le echa chile, por eso es muy picante.

④ Pues mira, es un plato típico del norte de España, en concreto de Asturias. Contiene judías, chorizo, morcilla ... Es una comida fuerte, con mucho sabor.

⑤ ¡Ah, sí! Es una salsa de sabor picante que se sirve con las papas, que ustedes llaman patatas.

⑥ Es una bebida típica de algunos países de Latinoamérica.

⑦ Ah, pues son unos pequeños pastelillos hechos con frutas, coco, mazapán ...

⑧ Pues en Argentina lo tomamos mucho. Su sabor es un poco amargo pero muy refrescante y ayuda a estar despierto.

atol o **atole** *m. Cuba, Guat., Nicar. y Venez.* Bebida hecha de harina de maíz disuelta en agua o leche hervida, a la que se añaden diversos ingredientes

mojo picón *m.* Salsa propia de Canarias hecha con un sofrito de cebolla, ajo, perejil y pimentón que se emplea como condimento

fabada *f.* Guiso de judías con tocino, chorizo y morcilla

bocadillo *m. Amér.* Dulce de leche con azúcar y a veces, frutas, como guayaba, coco, etc.

mate *m. Amér.* Infusión que se prepara con las hojas de esta planta. *En Argentina se toma mucho mate*

pozole *m. Méj.* Guiso de maíz tierno, carne y chile con mucho caldo

turrón *m.* Dulce compacto de forma rectangular elaborado con mazapán o frutos secos, miel y otros ingredientes, propio de la fiesta de Navidad. ~ *de Alicante* Turrón que se hace con almendras enteras. ~ *de Jijona* Turrón que se hace con almendra molida

cebiche *m.* Ecuador, Panamá, Perú. Plato de pescado o marisco crudo cortado en trozos pequeños y preparado en un adobo de jugo de limón o naranja agria, cebolla picada, sal y ají

9 Diario de clase

¿Cuáles son tus alimentos preferidos? ¿Y tu comida favorita? ¿Qué sabor y qué características tiene? ¿Qué alimentos consumes normalmente todos los días? ¿Qué aspectos de tu alimentación han cambiado con el tiempo?...

1 ¿Cómo se dice en español?

1. Heute morgen habe ich verschlafen. _____

2. Er hat den Schlüssel vergessen. _____

3. Sie haben den Zug verpasst. _____

4. Ich habe mich verirrt (verlaufen/verfahren). _____

5. Wir haben den falschen Zug genommen. _____

6. Ich habe den Regenschirm zu Hause gelassen. _____

2 Transforma.

Cuando he salido del trabajo, ha empezado a llover.
Al salir del trabajo ha empezado a llover.

1. Cuando entramos al cine, nos encontramos con una amiga.
2. Me di cuenta de que estaba perdido, cuando llegué al final de la calle.
3. Cuando llegué al hotel, me dieron su carta.
4. Cuando te he visto no te he reconocido; pero tú eres María, ¿verdad?
5. Cuando subí al taxi, me di cuenta de que no tenía dinero.
6. Tuvo el accidente cuando salía de casa.

3 Mala suerte

Completa los textos con las formas adecuadas.

1. Pues sí, hoy (ser) _ha sido_ un día horrible. (Salir) _hemos salido_ de casa muy temprano porque a las nueve en punto (tener) _tenía_ una cita importantísima. En la ciudad (encontrar) _he encontrado_ el mayor atasco de mi vida. (Tratar) _he tratado_ de llamar a la oficina, pero el móvil (estar) _estaba_ roto. Ya desesperado, (aparcar) _he aparcado_ y mientras (buscar) _buscaba_ una cabina para llamar por teléfono, un policía me (poner) _ha puesto_ una multa. En fin, cuando (llegar) _he llegado_ a mi cita, ya nadie me (esperar) _esperaba_ .

2. El jueves pasado (yo/ir) _fui_ al centro porque (querer) _quería_ comprar un regalo para Carmen. En una tienda (yo/ver) _vi_ una mochila muy bonita y (decidir) _decidí_ comprársela. Acababa de salir de la tienda, cuando (encontrarse) _me encontré_ con Carmen, que (llevar) _llevaba_ la misma mochila. Así que al día siguiente (tener que) _tuve_ ir de nuevo al centro para descambiarla.

4 Completa las frases con las expresiones.

> mientras
> al salir de
> acababa de
> estaba a punto de
> cuando

1. _____ casa me he encontrado un billete de 5000 pts.

2. _____ yo preparaba la ensalada, llamó para decir que no venía a comer.

3. ◆ ¡Diga!,

   ● Hola, María.

   ◆ ¡Hola! No lo vas a creer pero _____ llamarte.

4. _____ salir de la oficina, cuando me he dado cuenta de que no

   tenía el paraguas.

5. _____ salí, comenzó a llover.

5 Un accidente

▼ ¡Pero Juan! ¿Qué te pasa? Estás muy blanco.

■ Es que acabo de tener un accidente.

▼ ¿Estás bien?

■ Creo que (ser) _____ el susto (Schreck) más que otra cosa, pero me duele
un poco el cuello.

▼ Cuenta, ¿qué ha pasado?

■ Pues (acabar de) _____ salir del garaje cuando (pasar) _____.

▼ ¡Vaya! ¿Y dices que (ser) _____ al salir del garaje?

■ No. Unos 200 metros después en un semáforo. Yo (parar) _____

porque (estar) _____ rojo. Unos segundos después el semáforo

(cambiar) _____ a verde y yo ya (estar a punto de) _____

arrancar (anfahren) cuando otro coche (llegar) _____ y (chocar/

zusammenstoßen) _____ conmigo.

▼ ¿Pero el otro coche no (frenar/bremsen)_____ ?

■ Sí, claro, pero (venir) _____ demasiado rápido.

▼ Entonces el culpable (Schuldige) (ser) _____ él.

■ Sí, claro. Además mientras (hacer) _____ los papeles del seguro,

(llegar) _____ un coche de la policía y le (poner) _____

una multa.

6 El informe

Éste es el informe que Juan escribió unos días más tarde para la compañía de seguros. Completa.

Estimados/-as Sres./Sras.:

El pasado 23 de octubre a las 8,30h (tener) _____ el accidente que a continuación les relato:

Al salir de mi garaje, situado en la calle Jorge Juan n° 23, (tomar) _____ esta calle para dirigirme a la oficina. (Parar) _____ en la esquina con la calle Serrano porque el semáforo (estar) _____ rojo. Unos segundos después el semáforo (cambiar) _____ de nuevo a verde y mientras (prepararse) _____ para arrancar, (llegar) _____ el coche con matrícula (Nummernschild) de Salamanca, SA 2376 CH, y (chocar) _____ con la parte trasera (Rückseite) de mi coche.

Les adjunto un plano del lugar del accidente.

7 ¡Qué día!

Ordena la siguiente historia.

¡Vaya lunes! Hoy todo me ha salido mal. Esta mañana ...

a. Entonces he pensado que lo mejor era llamar a un taxi.
b. Total que he empezado la semana bien: el coche roto, he llegado tarde a la oficina y tengo un humor de perros.
c. El taxista ha llegado después de media hora, cuando yo ya estaba a punto de irme para tomar el autobús.
d. y resulta que no se ha puesto en marcha.
e. Total que me he subido al taxi, pero a los diez minutos me he dado cuenta de que no tenía mi maletín de trabajo.
g. he ido a coger el coche, como todos los días,
h. Así que hemos regresado a mi casa. Pero para colmo, ha empezado a llover a cántaros (in Strömen regnen) y se ha formado un atasco enorme,
i. y además, el taxista no conocía muy bien la ciudad.

8 ¿Supersticiones?

Relaciona los dibujos y las expresiones.

pasar debajo de una escalera

encontrar un trébol de cuatro hojas

cruzar los dedos

romper un espejo   derramar sal en la mesa

ser martes 13   abrir un paraguas en casa

9 Diario de clase

Escribe sobre un contratiempo (Missgeschick). ¿Que pasó/ha pasado?
¿Te enfadaste o fue divertido? ¿Eres supersticioso/-a? ¿Hay cosas que te traen
buena suerte?...

144

1 ¿Cuál es el contrario?

lento   _____

estrecho   _____

feo   _____

tradicional   _____

barato   _____

inseguro   _____

2 Más/menos/tanto-a-os-as

1. ▼ ¿Estas flores necesitan _____ agua que las otras?

   ■ Sí, necesitan muchísima.

2. En Alemania no hay _____ horas de sol como en España.

3. ▼ Me gusta mucho este coche.

   ■ Sí, y además gasta _____ gasolina que el otro.

4. Él tiene _____ problemas como yo, pero nunca se queja.

5. En esta calle hay _____ ruido como en una estación. Tengo que mudarme.

6. Este teléfono móvil tiene _____ memoria que el otro y además es más barato.

3 Perdona, ¿qué has dicho?

Completa los diálogos.

1. ● Hoy voy a ir de compras.
   ■ Perdona, ¿qué has dicho?

   ● _____

2. ■ ¿Puede abrir la ventana, por favor?
   ◆ Perdone, ¿qué ha dicho?

   ■ _____

3. ● ¿Cuándo vuelves a casa?
   ◆ Perdona, ¿cómo dices?

   ● _____

4. ▼ Baja la radio, por favor.
   ● Perdona, ¿cómo has dicho?

   ▼ _____

5. ● ¿Quiere usted un café?
   ■ Perdone, ¿qué ha dicho?

   ● _____

6. ◆ ¿Necesitas algo del supermercado?
   ● Perdona, ¿qué dices?

   ◆ _____

4 Busco, quiero, necesito ...

Transforma las frases según el ejemplo.

El piso es amplio y soleado.
Busco un piso que sea amplio y soleado.

1. El armario es blanco y tiene un espejo.

   Necesito _____

2. El sofá es de piel y tiene ruedas.

   Busco _____

3. Las bicicletas son de montaña y tienen marchas (Gangschaltung haben).

   Buscamos _____

4. El coche es pequeño y tiene cinco puertas.

   Necesito _____

5. La cafetera es eléctrica y tiene capacidad para 10 tazas.

   Quiero _____

6. La cámara hace muy buenas fotos.

   Quiero _____

5 ¿Indicativo o subjuntivo?

1. Busco a una chica que (llamarse) _____ Marta.

   ¿La conoces?

2. Busco a una persona que (hablar) _____ japonés.

   ¿Conoces a alguien?

3. Quiero una maleta que (tener) _____ cierre de seguridad.

   ¿Tienen alguna?

4. Quiero la maleta que (tener) _____ ruedas.

   La de la izquierda.

5. Me gustan los bares que (poner) _____ buena música.

   ¿Y a ti?

6. Quiero ir a un bar que (poner) _____ buena música.

   ¿Conoces alguno?

6 ¿Conoces a alguien que ...?

1. ¿Conoces a alguien que (saber) _____ tocar la guitarra?

2. ¿Conoces a alguien que (poder) _____ ayudarme en casa?

3. Conozco a alguien que (saber) _____ coser muy bien.

4. ¿Conoces a alguien que (querer) _____ jugar al tenis una vez a la semana?

5. Conozco a alguien que (quiere) _____ aprender alemán.

6. No conozco a nadie que (usar) _____ lentillas desechables.

7. ¿Conoces algún restaurante por aquí que (servir) _____ pescado?

8. En esta ciudad hay algunos cines que (poner) _____ películas en versión original.

7 ¿Saber o poder?

1. ¿(tú) _____ tocar algún instrumento?

2. ¿(vosotros) _____ tocar la guitarra en mi fiesta del sábado?

3. Conozco a alguien que _____ árabe.

4. Conozco a alguien que te _____ ayudar en las tareas de casa.

5. ¿ Tu hermano _____ jugar al tenis?

6. ¿(nosotros) _____ jugar al tenis este sábado?

7. ¿Quieres conducir tú? - No, no _____ , es que he bebido demasiado.

8. ¿Es tu coche? - No, yo no tengo coche, es que no _____ conducir.

8 Sustituye lo marcado por la expresión

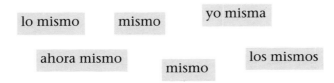

lo mismo   mismo   yo misma

ahora mismo   mismo   los mismos

1. A mí me da *igual*.
2. Si quieres, le llamo *enseguida*.
3. Prefiero que vayas tú *personalmente* a hablar con él.
4. Quiere que empiece a trabajar hoy *enseguida*.
5. ¿Y estos zapatos? Tengo *unos iguales que los tuyos*.
6. Le di *directamente* la noticia.

9 **Completa.**

a la que   de los que   con las que   con la que

del que   en la que   al que

1. Éstos son los libros _____ te hablé ayer.

2. ¿Quieres que te deje las recetas de cocina _____ he preparado la cena?

3. Necesito una maleta _____ quepan todos mis zapatos.

4. Éste es el paisaje _____ hice fotos para el concurso de fotografía.

5. Éste es el edificio _____ van a trasladar (verlegen) nuestras oficinas.

6. ¿Me enseñas la bici _____ vas a hacer el Camino de Santiago?

7. ¿Te acuerdas de la piscina _____ íbamos de pequeños? La están renovando.

10 **Transforma.**

Se han comprado unas maletas. Van a viajar a Torremolinos con estas maletas.
Se han comprado unas maletas con las que van a viajar a Torremolinos.

1. En esta casa rodaron* aquella película. De la película te hablé la semana pasada.
2. Han llamado al hotel. En el hotel quieren pasar las vacaciones.
3. Encima de aquella mesa están las revistas. En estas revistas hay un montón de artículos sobre vinos.
4. Me he apuntado** a un gimnasio. Voy todos los días al gimnasio.
5. Estos de la foto son dos amigos de la universidad. Con estos dos amigos hice un viaje por Guatemala.
6. Habéis comido en el bar. A este bar va a comer Ricardo siempre.

* rodar = drehen   ** apuntarse = sich anmelden

11 **Diario de clase**

Escribe cuatro cosas que necesitas comprar. ¿Cómo tienen que ser?
¿Necesitas cambiar algún mueble o algún electrodoméstico (Elektrogerät)?
¿Cómo son los que tienes ahora? ¿Cómo tienen que ser los nuevos?
...

1 ¿Qué será?

Completa las frases con los verbos en futuro.

El año que viene ...

- Jorge y Manolo (viajar)_____ a Venezuela.
- tú (terminar) _____ la carrera y (hacer) _____ una fiesta para celebrarlo.
- nosotros (volver) _____ a ver a los amigos de Perú.
- Lidia (tener) _____ su primer coche.
- vosotros (vender) _____ el piso y (comprar) _____ otro más grande.
- Rubén y Verónica (decir) _____ a sus padres que planean casarse.
- yo (poder) _____ finalmente tomar las vacaciones que tanto deseo.

2 Esperanzas

Completa los diálogos con los verbos en infinitivo o en subjuntivo.

1. ◆ Oye, pues me ha alegrado mucho verte, nunca pensé encontrarte aquí.
   ▼ A mí también me ha alegrado mucho. Ahora que nos hemos vuelto a encontrar, espero que (verse) _____ con más frecuencia.

2. ● ¿Y ya se compró Pedro el coche nuevo que quería?
   ▼ No, pero espera (poder) _____ comprarlo pronto.

3. ▼ ¿Has visto a los Vega últimamente? ¿Cómo están?
   ● Bien, están bien. Claro, un poco preocupados porque sus hijos todavía no consiguen trabajo, pero esperan que pronto (encontrar) _____ algo.

4. ■ ¿Qué tal los nuevos vecinos?
   ◆ Pues no hemos hablado nada con ellos todavía, esperamos que (ser) _____ amables.

5. ▼ Así que finalmente Nieves ha dejado su trabajo. ¡Qué bien!
   ● Sí, ahora espera (tener) _____ más tiempo para sus hobbies.

3 ¡Ojalá!

Cambia las frases en deseos.

1. Pedro viene muy pronto.   ¡Ojalá _____!

2. Son muy felices.   ¡Ojalá _____!

3. Hace buen tiempo.   ¡Ojalá _____!

4. El restaurante no está lejos.   ¡Ojalá _____!

5. Paco me llama.   ¡Ojalá _____!

6. Hoy no llueve.   ¡Ojalá _____!

7. Me toca la lotería.   ¡Ojalá _____!

4 Planes y deseos

Traduce al español las expresiones que están entre paréntesis.

Adrián y Roberto van a mudarse a las Canarias en primavera. Aquí nos hablan de sus planes y deseos para el futuro.

(Wir hoffen) _____ estar listos para mudarnos en febrero. (Wir

haben vor) _____ vivir en una pequeña casa en el campo. (Wir

haben die Absicht) _____ abrir una escuela de vela. (Wir wollen)

_____ comprar dos barcas. (Wir wünschen) _____ que

la escuela sea una atracción para muchos turistas. ¡(Hoffentlich) _____

tengamos éxito! (Wir versprechen) _____ escribiros para contaros

cómo van las cosas.

5 **¡Decide tú!**

Hoy estás un poco indeciso. Contesta las preguntas.

1. ▼ ¿Vamos a cenar al restaurante mexicano o al italiano?

    ● _____

2. ▼ ¿Con quién quieres cenar?

    ● _____

3. ▼ ¿Vamos en taxi o en coche?

    ● _____

4. ▼ ¿Quedamos con Sergio hoy o el sábado por la noche?

    ● _____

5. ▼ ¿Qué vamos a beber?

    ● _____

6 **¿Futuro o subjuntivo?**

Completa.

1. ▼ ¿Cuándo (tú/viajar) _____ a la costa?

    ● Cuando (tener) _____ ganas.

    ▼ ¿Y cuándo (tener) _____ ganas?

    ● Cuando (hacer) _____ buen tiempo.

    ▼ ¿Y cuándo (hacer) _____ buen tiempo?

    ● Cuando (viajar) _____ a la costa.

2. ◆ ¿Cuándo (vosotros/marcharse) _____ a Argentina?

    ■ Cuando (recibir) _____ el permiso de residencia.

    ◆ ¿Y cuándo (recibir) _____ el permiso?

    ■ Cuando (conseguir) _____ un trabajo allí.

    ◆ ¿Y cuándo (encontrar) _____ un trabajo?

    ■ Cuando (marcharse) _____ a Argentina.

3. ● ¿Cuándo (comprar) _____ Alfonso una casa?

    ◆ Cuando (tener) _____ dinero.

    ● ¿Y cuándo (tener) _____ dinero?

    ◆ Cuando (conseguir) _____ un crédito del banco.

    ● ¿Y cuando le (dar) _____ el banco un crédito?

    ◆ Cuando (tener) _____ una casa.

8

7 Cuando sea mayor ...

Completa esta conversación entre dos niños con los verbos en futuro o en subjuntivo.

● Cuando (ser) _____ mayor, (ser) _____ piloto.

▼ Cuando yo (ser) _____ mayor, (trabajar) _____ en una tienda.

● Cuando (ser) _____ piloto, (poder) _____ ir a todos los países del mundo.

▼ Pues, cuando (trabajar) _____ en una tienda, (comer) _____ dulces todos los días y (poder) _____ tener muchos juguetes.

● Yo, cuando (llegar) _____ a una ciudad, (ir) _____ primero al zoo. Y cuando (ir) _____ a un país africano, (ir) _____ directamente a la selva (Urwald) a ver a los animales salvajes (wild).

▼ Y yo, cuando mis amigos (ir) _____ a la tienda, les (regalar) _____ muchas cosas y juntos (jugar) _____ con todos los juguetes ...

8 Diario de clase

¿Qué planes y deseos para el futuro tienes, a corto y a largo plazo?
¿Qué esperas que pase contigo, con tu familia, tus hijos, tus amigos, ...?
¿Has pensado alguna vez cambiar algo en tu vida?...

1 ¿Donde estará Paqui?

Completa los diálogos con los verbos en futuro.

1. ● Paqui y Luisa no han llegado todavía.
   ◆ ¡Qué raro! ¿Dónde (estar) _____ ?

2. ● Andrés y Pedro no están en el trabajo todavía.
   ◆ El bus (llevar) _____ retraso.

3. ● Son las dos y Carlos no está en casa.
   ◆ Hoy (comer) _____ seguramente en la cantina.

4. ● Rosa no ha venido a la universidad.
   ◆ ¿(Estar) _____ enferma?

5. ● A la librería no han llegado todavía los libros que pedí.
   ◆ Bueno, los (tener) _____ mañana.

6. ● Antonio y su hermana querían venir hoy por la mañana.
   ◆ (Venir) _____ por la tarde.

2 ¿Qué habrá pasado?

Pon los verbos en futuro perfecto.

1. Son las ocho y media y Cristina no está.
   ¿(Olvidarse) _____ de la cena?

2. ¿Has visto el coche nuevo de los González?
   ¡Les (tocar) _____ la lotería!

3. ¡Qué morenos están los vecinos! ¿(Estar) _____ de vacaciones?

4. ¡Qué cara tienes! (Acostarse) _____ _____ tardísimo esta noche, ¿no?

5. ¡Estoy buscando los papeles! ¿Dónde los (poner) _____ ?

6. ¡Pero qué caos! ¿Quién lo (dejar) _____ _____ todo de esta manera?

7. Juan y Marisa no contestan al teléfono. (Salir) _____ a pasear.

3 Suposiciones*

Haz hipótesis según el modelo.

Pepe todavía no está.
● Hay un atasco.
● Se ha olvidado de la cita.
● Se ha quedado dormido.
Habrá un atasco. Se habrá olvidado de la cita.
Se habrá quedado dormido.

1. Pedro está muy nervioso.
● Ha dejado de fumar.
● Tiene una cita con su jefe.
● Ha dormido muy mal.

2. Mabel no puede encontrar la llave del coche.
● La tiene su marido.
● Está en el bolso negro.
● La ha perdido.

3. Tu hijo no quiere comer.
● Está enfermo.
● Ha comido muchos bombones antes.
● No le gusta la verdura.

* Vermutungen

9

153

4 ¿Qué palabra falta?

| hayan devuelto | hayas visto | hayan tenido |
| hayamos enviado | se haya olvidado | hayan invitado |

1. ¿Dónde estará Carlos? No creo que _____ de nuestra cita.

2. Me parece muy raro que Natalia y Rodrigo no nos _____ a su fiesta.

3. No puede ser que no os _____ la invitación. Yo estoy segura de que lo hicimos.

4. Todavía no puedo creer que te _____ la cartera que perdiste. ¡Qué suerte!

5. Pero, Tony, no es posible que no _____ el mensaje que te dejé en la puerta.

6. Qué raro que no estén aquí Lucía y Lorena, quizá _____ un accidente.

5 ¡No puede ser!

Completa con los verbos en perfecto de subjuntivo.

1. No puede ser que Juan (olvidarse) _____ del cumpleaños de Teresa. Tan despistado no es.

2. Me extraña que Juana y Rosa todavía no (llegar) _____ ¿Dónde estarán?

3. ¡Qué raro que Sofía no (llamar) _____ todavía!

4. ¡No es posible que yo no (ver) _____ a María en el bar! ¿Seguro que ha estado allí?

5. ¡No puedo creer que Tomás (traerse) _____ sus botas de montaña! Viajamos a la costa, no a la sierra.

6. A Raquel le extraña que tú no (ir) _____ todavía a visitar a tu tío de Nueva York.

7. No es posible que Miriam y yo (bailar) _____ juntos. Hoy la he visto por primera vez en mi vida.

6 Hipótesis

Formula hipótesis a los casos siguientes con las expresiones.

estar averiado

dejarse las llaves en el trabajo

mudarse de casa

haber huelga*

estar de vacaciones

llegar mi hermano

1. Vas a buscar el coche para volver a casa y las llaves no están en tu bolsillo.

   Quizás _____

2. Hace cinco minutos que esperas el ascensor.

   Tal vez _____

3. Llegas a casa y la puerta está abierta.

   A lo mejor _____

4. Hace veinte minutos que no pasa el metro.

   Tal vez _____

5. Vas a desayunar al bar de cada día y está cerrado.

   Quizás _____

6. Llamas a un viejo amigo, pero en el contestador habla un desconocido.

   A lo mejor _____

* (Streik)

7 ¿Cómo se dice en español?

1. Er steckt sicher im Stau.

   _____

2. Sie wird wohl einen Freund getroffen haben.

   _____

3. Vielleicht haben sie im Lotto gewonnen. (¡Ojo! 5 posibilidades)

   _____

4. Wie seltsam, dass Lidia nicht zu Hause ist!

   _____

5. Mach dir keine Sorgen!

   _____

9

8 ¿Eres optimista?

Lee estas situaciones y marca cómo reaccionarías.

1. Llamas a casa de tus padres muy temprano por la mañana y nadie contesta.
a. Seguro que anoche se fueron de juerga y estarán todavía dormidos. ☐
b. Quizá mi padre se ha puesto enfermo y han tenido que ir al hospital. ☐

2. Es tu cumpleaños, son ya las seis de la tarde y tu novio/-a no te ha llamado para felicitarte.
a. Tiene tanto trabajo que probablemente no habrá tenido tiempo de llamar, pero seguramente lo hará más tarde. ☐
b. Hoy se olvida de mi cumpleaños, mañana seguramente se olvidará hasta de mi nombre. ☐

3. Al llegar a tu casa encuentras un paquete muy grande, envuelto en papel de regalo, sin ninguna nota ni ningún nombre.
a. Quizá es algún premio sorpresa que he ganado o un regalo de un admirador secreto. ☐
b. Será una bomba, seguramente alguien quiere hacerme daño. ☐

4. Buscas tu cartera y no la encuentras por ningún lado.
a. ¿Dónde la habré dejado? Seguro que está aquí en la casa. Bueno, al menos así no puedo gastar dinero. ☐
b. Me la habrán robado por la calle, y quizá ya hayan comprado miles de cosas con mi tarjeta de crédito. Estoy en la ruina. ☐

5. Acabas de subir al avión, y antes de despegar, el capitán, sin dar explicaciones, pide a todos los pasajeros que bajen del avión unos minutos.
a. Será un procedimiento de rutina, seguro que en unos minutos volvemos a embarcar sin problemas. ☐
b. Seguro que hay algun fallo técnico, y el vuelo se retrasará horas, o quizá no puedan arreglar el problema y el vuelo se cancele. ☐

Si tienes más respuestas con a:
¡Enhorabuena! Eres un verdadero optimista.
Si tienes más repuestas con b:
¡Tómate las cosas con más calma!

Busca en el texto las palabras/las expresiones que significan:

❑ Sie haben sich vergnügt.   _____

❑ Er ist krank geworden.   _____

❑ Er vergisst meinen Geburtstag.   _____

❑ ein geheimer Bewunderer   _____

❑ Jemand will mir Böses antun.   _____

❑ Ich bin ruiniert.   _____

❑ ein technischer Fehler   _____

9   Diario de clase

Completa las frases.

Buscas tus llaves y te preguntas:

¿Dónde _____ ?

Estás esperando a un/a amigo/-a y te preguntas:

¿Qué _____ ?

¡Qué raro que _____ !

Me extraña que _____ .

No puede ser que _____ .

1 **Palabras**

Resuelve este crucigrama. ¿Qué palabra se encuentra escondida en los cuadros grises?

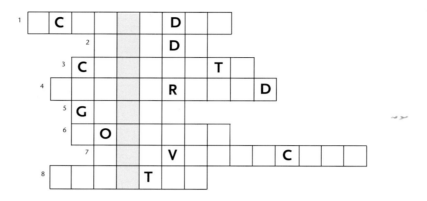

1. Acción, trabajo o movimiento.
2. Sentimiento desagradable ante un peligro o dolor.
3. Relación entre personas.
4. Cualidad que tienen las personas que dicen siempre la verdad.
5. Conjunto de personas que están reunidas.
6. Lo contrario de estar en compañía.
7. Diálogo entre dos o más personas.
8. Relación afectiva y desinteresada entre personas.

2 **... ya lo había hecho.**

Completa con los verbos en pluscuamperfecto.

1. Anoche cuando yo llegué a casa, Julio ya (acostarse) _____.

2. No pudimos ir al cine ayer porque ya la semana pasada (quedar)

   _____ con Rita para ir a cenar.

3. ¿Qué les pareció la exposición? Ustedes no la (ver) _____ ,

   ¿verdad?

4. Hasta el momento en que conocí a Nieves, nunca (pensar) _____

   _____ en la posibilidad de vivir fuera de mi país.

5. Vosotros ya (marcharse) _____ de la fiesta cuando todo el

   mundo se puso a bailar. Nos divertimos mucho.

6. Ellas ya (rellenar) _____ los formularios de inscripción

   cuando les dijeron que el curso ya estaba lleno.

7. Estoy muy contenta en mi curso de pintura. Siempre (desear) _____

   _____ hacer uno.

8. ¿Ya (tú/empezar) _____ a aprender español cuando

   conociste a Pilar?

9. Ayer llamé a Gerardo a la una de la tarde y todavía no (levantarse) _____

   _____.

3 ¿Qué había pasado antes?

Haz frases según el ejemplo.

(yo)llegar a la fiesta/los demás comer todo
Cuando llegué a la fiesta, los demás se lo habían comido todo.

1. (Pedro) enviar un ramo de flores/(yo) por la mañana tener un examen

   _____ porque _____

2. (yo) sentirse mal/el día anterior comer demasiado

   _____ porque _____

3. (nosotras) llegar a casa/ya irse todos

   Cuando _____

4. (Juana) estar cansada/trabajar demasiado toda la semana

   _____ porque _____

5. (yo) quedar con el chico/conocer la semana anterior

   _____ que _____

6. (yo) invitar a cenar/(ellos) el día anterior ayudar con la mudanza

   _____ porque _____

7. (ellos) nunca verse/reconocerse por las fotos

   Aunque _____, _____

4 Una carta

Subraya la opción correcta para cada frase.

Monterrey, 25 de febrero de...

Querida Ana:

En tu última carta me preguntabas cómo ~~conocí~~/*había conocido* a Salvador, ese chico del que tanto te hablo. Nos *conocimos*/~~habíamos conocido~~ hace tres años en Monterrey, un día que yo ~~quedé~~/*había quedado* con un amigo para ir a las pruebas de teatro de la universidad. El director del grupo ya ~~empezó~~/*había empezado* a dar las instrucciones, cuando de pronto se *abrió*/~~había abierto~~ la puerta y *entró*/~~había entrado~~ un chico muy alto y muy sonriente. Se *disculpó*/~~había disculpado~~ por llegar tarde y se *sentó*/~~se había sentado~~ en el único lugar que estaba libre, junto a mí. Así *empezamos*/~~habíamos empezado~~ a hablar y *resultó*/~~había resultado~~ que ya nos ~~vimos~~/*habíamos visto* en un taller de teatro, algunos años antes. Y en fin, *quedamos*/~~habíamos quedado~~ para tomar un café al día siguiente y ... bueno, así *empezó*/~~había empezado~~ nuestra amistad.

10

5 Chino

Ordena esta historia.

a. Nos bajamos del coche y nos acercamos con curiosidad y con algo de miedo a la puerta, pero el perro no se movió.

b. Un día, cuando regresamos a casa después de un viaje de fin de semana, nos encontramos con un perro en la puerta de la casa.

c. Pero después de unas horas nos dio pena y decidimos darle al menos agua porque hacía mucho calor.

d. Al cabo de unos días ya nos habíamos acostumbrado a él, aunque no sabíamos de dónde venía ni cómo es que había decidido quedarse en la puerta de nuestra casa.

e. Y después de cuatro años, Chino sigue ahí, como el primer día, en la puerta de la casa.

f. Al día siguiente el perro seguía ahí, sin moverse de la puerta, así que decidimos darle de comer.

g. Era un chow-chow grande, color marrón y con cara triste.

h. Dos semanas después, todos le llamábamos «Chino» y ya era parte de la familia.

i. Al principio pensamos en no darle de comer porque no queríamos tenerlo ahí todo el tiempo.

6 ¿Cómo se dice en español?

1. Einverstanden!   _____

2. Du hast Recht.   _____

3. Ich bin überhaupt nicht einverstanden. _____

4. Das ist wahr.   _____

5. Teilweise ja, aber ....   _____

7 No soporto que ...

Transforma las frases en comentarios.

1. Julio siempre llega tarde.

   No soporto que _____

2. Mi hermana vive sola.

   Me pone triste que _____

3. Me regalan algo sin un motivo especial.

   Me encanta que _____

4. Nadie me da las gracias cuando hago la comida.

   Me molesta que _____

5. Pepe me llama mañana.

   Me hace ilusión que _____

6. Hay gente que siempre está haciendo ruido con las manos.

   Me pone nervioso/-a que _____

7. El teléfono suena todo el tiempo.

   Me pone de mal humor que _____

8. Marta siempre cambia los planes en el último momento.

   Detesto que _____

8 Diario de clase

¿Qué haces para conocer gente? ¿Cómo conociste a tu pareja o a un/a amigo/-a?
¿Qué piensas de vivir en pareja? ¿Qué ventajas y desventajas encuentras?
¿Qué cosas te gustan/te molestan de otras personas? ...

10

1 Costumbres y rutinas

Sustituye las palabras en cursiva con la forma correspondiente del verbo *soler* + infinitivo.

1. *Todos los días cenamos* a las 8 de la tarde.
2. Los viernes *termino normalmente* de trabajar a las 4h.
3. *Cada año paso* las vacaciones con mis abuelos.
4. En la playa *normalmente* no *me pongo* ninguna crema.
5. Cuando estoy enferma, mi marido *me regala* flores.
6. Cuando viajo, *siempre llevo* un despertador conmigo.

2 Aunque

¿Indicativo o subjuntivo?

1. Aunque (trabajar) _____ muchísimo, no ha encontrado una solución.

2. Me da igual. Aunque (enfadarse)_____ conmigo, voy a decírselo.

3. Aunque (ser) _____ más rápido viajar en avión, me voy en tren.
   Me siento más seguro.

4. Aunque (estar) _____ tomando antibióticos desde hace una semana
   sigo con la gripe.

5. Gana muy poco dinero aunque (ser) _____ un buen profesional.

6. Tiene un nuevo trabajo y, aunque (tener) _____ que trabajar mucho,
   está muy contento.

7. Aunque (disculparse) _____, no lo voy a perdonar.

8. Aunque (saber) _____ que fumar mucho no es bueno para la salud,
   sigue fumando sin parar.

3 ¡Ojo!

Continúa la cadena.

Si trabajas mucho, no tendrás tiempo para los amigos. Si no tienes tiempo para los amigos, los (perder) _____ . Si los _____, (quedarse) _____ solo/-a. Si _____ solo/-a, (vivir) _____ una vida aburrida. Si _____ una vida aburrida, (sentirse) _____ mal. Si _____ mal, (ponerse) _____ enfermo/-a. Si _____ enfermo/-a, no (poder) _____ trabajar. Si no _____ trabajar, (tener) _____ mucho tiempo para los amigos.

4 Consejos y propuestas

Relaciona.

1. Si te duele la espalda,   da un paseo antes de irte a la cama. (a)
2. Si quieres dormir mejor,   comemos algo en cualquier bar. (b)
3. Si el sábado no trabajo,   lo haré yo. (c)
4. Si no puedes comprar el vino,   no te pondrás bien nunca. (d)
5. Si tienes hambre,   podemos ir de compras. (e)
6. Si no haces lo que dice el médico,   haz un poco de deporte. (f)

5 Más consejos

Completa con la forma verbal correcta.

1. Si te encuentras cansado y sin fuerzas ...

   ¿Por qué no (tomar) _____ vitaminas?

   Yo que tú (hacer) _____ gimnasia.

   Te recomiendo que (comer/tú) _____ mucha fruta.

   ¡(Salir) _____ menos por las noches!

   Yo en tu lugar, (trabajar) _____ menos.

2. Si no puedes dormir por la noche ...

Yo que tú (tomar) _____ un vaso de leche caliente.

¿Por qué no (dar un paseo) _____ antes de dormir?

¡No (leer) _____ el periódico antes de dormir!

Te recomiendo que (abrir) _____ la ventana antes de dormir.

Yo en tu lugar, (mirar) _____ el programa más aburrido de la tele.

3. Si quieres llevar una vida sana ...

Yo en tu lugar, (tomarse) _____ las cosas con más tranquilidad.

¿Por qué no (hacer) _____ deporte regularmente?

Te recomiendo que (tomar) _____ mucha agua.

Yo que tú (ir) _____ todos los fines de semana al campo.

¡(Dormir) _____ 8 horas al día!

6 Relaciona los consejos y las reacciones.

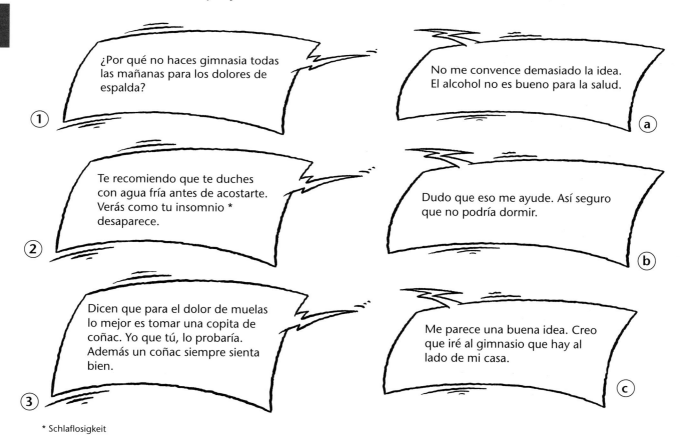

① ¿Por qué no haces gimnasia todas las mañanas para los dolores de espalda?

② Te recomiendo que te duches con agua fría antes de acostarte. Verás como tu insomnio * desaparece.

③ Dicen que para el dolor de muelas lo mejor es tomar una copita de coñac. Yo que tú, lo probaría. Además un coñac siempre sienta bien.

ⓐ No me convence demasiado la idea. El alcohol no es bueno para la salud.

ⓑ Dudo que eso me ayude. Así seguro que no podría dormir.

ⓒ Me parece una buena idea. Creo que iré al gimnasio que hay al lado de mi casa.

* Schlaflosigkeit

7 No es cierto que ...

Transforma las frases en opiniones.

1. El azúcar no engorda y nos hace más felices.

   No es cierto que _____ pero sí es cierto que _____

   _____

2. Beber un vaso de vino al día es bueno para el corazón.

   Es verdad que _____

3. El estrés diario es positivo para nuestro sistema nervioso.

   No creo que _____

4. Es bueno beber dos litros de agua al día.

   Está comprobado que _____

5. Todas las grasas son malas para el colesterol.

   No es verdad que _____

6. Dormir más de ocho horas al día es malo para la salud.

   No está comprobado que _____

8 ¿Cómo se dice en español? ¿Ser o estar?

1. Die Suppe ist lecker. _____

2. Das Konzert findet am Samstag statt. _____

3. Das ist María. Sie kommt aus Tenerife. _____

4. Wie geht es dir? _____

5. Wem gehört dieses Buch? _____

6. Dieser Film ist langweilig. _____

7. Er langweilt sich, weil er niemanden kennt. _____

9 Diario de clase

¿Qué sueles hacer para cuidar tu salud?
¿Qué sueles hacer cuando estás enfermo/-a? ¿Tienes algunos remedios o conse-jos para curar enfermedades ligeras? ¿Qué opinión tienes de la medicina alterna-tiva? Escribe unos argumentos a favor o/y en contra de la medicina alternativa.
...

1 ¿Paisaje o animal?

marisma playa valle
lago águila
oso sierra cabra
tortuga lobo
glaciar duna bosque desierto
montaña
arroyo burro lince río
cigüeña jabalí ciervo
zorro llanura oveja

paisaje

_____

_____

_____

_____

_____

_____

_____

_____

_____

_____

_____

_____

animal

_____

_____

_____

_____

_____

_____

_____

_____

_____

_____

_____

_____

2 ¿Para o para que? ¿Infinitivo o subjuntivo?

Completa las frases con la conjunción y el tiempo verbal correcto.

1. Me voy de vacaciones al mar _____ (disfrutar) _____ del sol.

2. Te voy a enviar la información de los parques naturales _____ (tener) _____ más información.

3. Ha comprado una casa en el campo _____ (pasar) _____ los fines de semana y _____ sus hijos (poder) _____ jugar al aire libre.

4. Chipinque fue declarado parque nacional _____ (proteger) _____ la naturaleza.

5. Estamos pidiendo firmas _____ el Ayuntamiento (parar) _____ la construcción de la autopista.

12

3 Causas

Ordena las frases.

1. quedamos - no - nos - tiempo - en - la - el - montaña - por - frío - más

   _____

2. museo - no - visitar - el - porque - gente - pudimos - mucha - había

   _____

3. la- ha- últimas - de - las - semanas - se - lluvias - terminado - las - sequía - gracias a

   _____

4. las - la- nieve - debido a - cerrado - han - carreteras

   _____

5. roto - a causa del - se - han - calefacciones - muchas - frío

   _____

4 ¿Por o para?

1. No me gusta ir de compras, pero lo hago _____ ti.
2. Hemos estado paseando _____ el centro.
3. Gracias _____ todo.
4. ¿Quedamos _____ cenar?
5. Los viernes _____ la noche suelo quedar con mis amigos.
6. Compré el billete _____ el 30 de enero.
7. _____ mí lo más difícil es levantarme temprano.
8. ¿Cuánto pagaste _____ este ordenador?
9. ¡Toma! Esto es _____ ti.
10. Hablamos frecuentemente _____ teléfono.

5 Completa con las formas verbales.

prohibiera	alojarais	viajaras

buscara	viviéramos	controlaran

1. Habría más peces si se _____ pescar en el río.
2. Si _____ la entrada al parque, no habría tantas basuras.
3. Si _____ , tendrías una impresión verdadera del país.
4. Yo, si _____ tranquilidad, pasaría las vacaciones en un pueblo del interior.
5. Si os _____ en hoteles pequeños, ayudaríais a la economía local.
6. Si _____ al lado del mar, podríamos dar largos paseos por las playas.

6 Escribe las formas del imperfecto de subjuntivo que faltan.

	comprar	**comer**	**decidir**
yo	_____	comiera	_____
tú	compraras	_____	decidieras
ella/él/usted	_____	_____	decidiera
nosotros/-as	_____	comiéramos	_____
vosotros/-as	comprarais	_____	_____
ellos/-as, ustedes	_____	comieran	_____

7 ¿Cómo funciona?

	indefinido 3ª persona plural		imperfecto de subjuntivo
ser/ir	*fueron*	él	*fuera*
estar	_____	nosotros	_____
hacer	_____	vosotros	_____
querer	_____	tú	_____
tener	_____	ellos	_____
venir	_____	yo	_____

8 Completa.

1. Si (poner) _____ su tienda de campaña allí, me enfadaría.

2. Si mi amigo (estar) _____ aquí, podríamos hablar del problema.

3. Si (querer) _____ hacer un viaje interesante, tendrían que visitar Mongolia.

4. Si (tener) _____ que elegir, elegiría un regalo hecho por artesanos.

5. Si éste (ser) _____ el último día de vacaciones, tomaría una foto de recuerdo.

6. Si (venir) _____ más a menudo, no se perderían.

7. Si (hacer) _____ mejor tiempo, podríamos ir a un camping.

8. Si (saber) _____ donde está ese lugar, no preguntaría.

9. Si (construir) _____ un hotel encima de la playa, protestaría.

10. Si (ir) _____ a México, podríamos visitar a Gabi.

9 Condiciones

Transforma las frases en condiciones. (¡Ojo a la negación!)

No voy a la fiesta porque tengo que trabajar.
Si no tuviera que trabajar, iría a la fiesta.

1. No compro este regalo porque no tengo dinero.
2. No hablo con él porque no entiendo su idioma.
3. No estudio el idioma de ese país porque no vivo allí.
4. No bebo vino porque tengo que ir en coche a casa.
5. No doy un paseo porque hace frío.
6. No lo puedo invitar porque no sé su número de teléfono.
7. No podemos escuchar el disco porque no funciona mi equipo de música.
8. No voy a celebrar mi cumpleaños porque me voy de vacaciones.
9. No bailo porque no ponen buena música.
10. No viene porque está enferma.
11. No puedo darle el regalo porque no viene esta noche.
12. No aprende español porque no quiere.

10 Diario de clase

¿Qué sabes de la flora y fauna de España? ¿Y de tu país? Describe el paisaje de donde vives. ¿Te gusta viajar a países fuera de Europa? Si tuvieras mucho dinero, ¿dónde y cómo viajarías? ¿Qué harías si tuvieras seis meses libres, sin ninguna obligación (ohne Verpflichtung)?...

12

1 ¿Cómo se dice en español?

Relaciona.
1. Was für eine Kälte! Ich bin fast erfroren!
2. Mir ist die Idee gekommen, zu Fuß zu kommen.
3. Ich bin beinahe entschlossen, es Sonntag zu machen.
4. Hättest du gern Ski fahren gelernt?
5. Lässt du mich darüber nachdenken?
6. Komm schon, machen wir mit?

a. Tengo medio decidido hacerlo el domingo.
b. ¡Qué frío! ¡Estoy congelada!
c. Venga, ¿nos apuntamos?
d. Se me ha ocurrido venir andando.
e. ¿Me dejas que lo piense?
f. ¿Te habría gustado aprender a esquiar?

2 Transforma.

Transforma estas frases usando *dejar de, empezar a, acabar de, volver a, llevar sin, seguir* + gerundio, *llevar* + gerundio.

1. Ya no quiero fumar.

   _____

2. Quiero ir otra vez de vacaciones a Canarias.

   _____

3. Quiero aprender algo nuevo, francés, por ejemplo.

   _____

4. Daniel ha llamado hace dos minutos.

   _____

5. Hace tres meses que no veo a Nuria.

   _____

6. Hace un mes que Betina sólo come verduras.

   _____

7. ¿Todavía pintas?

   _____

3 ¿Presente de subjuntivo o indefinido?

> Venga, sólo quedan 2 kiló-
> metros. ¡No nos podemos
> parar hasta que no
> lleguemos a casa!

> Con lo feliz que era yo antes,
> ¡hasta que lo conocí!

Completa las siguientes frases.

1. ¡No hagas nada hasta que yo te (llamar) _____ !

2. Hasta que no (llegar) _____ Isidro no vamos a empezar.

3. Antes practicábamos deporte en este gimnasio, hasta que el año pasado lo

   (cerrar) _____

4. ¿Puedes esperar hasta que (terminar) _____ el curso?

5. Marina fue a clases de italiano hasta que (aprobar) _____ el examen.

6. Voy a ir a clases de italiano hasta que (poder) _____ hacer el examen.

4 Planes frustrados

Completa las frases con los verbos en condicional pasado.

| hacer | gustar | cambiar | comprar | dejar |

| dedicarse | viajar | meter | regalar |

En España se juega mucho a la lotería, y todos los jugadores esperan que les toque el premio mayor, el «gordo». Pepe compró lotería durante muchos años, pero nunca ganó nada.

«Pues claro que me _____ que me tocara la lotería. Primero _____

_____ de trabajar. Después, _____ un viaje alrededor

del mundo: _____ por América, Asia y África, quizá medio año,

o un año entero. Al volver del viaje, _____ tres casas: una para

mí y mi mujer, no muy grande, en un lugar tranquilo, y claro, con un pequeño

jardín. Las otras dos se las _____ a mis hijos. También

_____ mi viejo coche por el último modelo BMW. El resto del dinero

lo _____ en el banco y _____ a disfrutar de la vida, como

lo estoy haciendo ahora de jubilado, sólo que hace veinte años, ¡y a lo grande!»

13

5 Preferencias ...

Los Pérez y los Fernández están planeando pasar dos semanas en el campo. Cada uno tiene sus propias ideas.

A Pepe le gustaría que (haber) _____ un río cerca, porque le encanta pescar. En cambio, a Julia no le gustaría nada que la casa (estar) _____ cerca de un río porque odia los mosquitos. Carlos preferiría que Pepe no (llevarse) _____ su equipo de pesca porque a él no le gusta nada el pescado. A Ana, al contrario le encantaría que Carlos y Pepe (pasarse) _____ todo el día en el río, porque así ella podría tomar el sol y leer todo el tiempo. A Maite, la hija de Ana y Carlos, le vendría bien que la casa (ser) _____ muy grande porque así podría invitar a un par de amigos a pasar un fin de semana. A Mario, el hermano de Maite, le gustaría que sus padres y los Pérez no (ponerse) _____ de acuerdo porque así él no tendría que pasar otra vez sus vacaciones pescando en un río.

6 ¿Qué han dicho?

Transforma las frases al estilo directo.

1. Ha dicho que quiere aprender a bucear.

   ● ¿Sabes? _____ aprender a bucear.

2. Dicen que nos esperan en la puerta del taller.

   ● Oye, _____ en la puerta del taller.

3. Dice que no puede ir al teatro el sábado.

   ◆ Lo siento, pero no _____ ir al teatro el sábado.

4. Dicen que no van al cine porque ya han visto la película.

   ▼ No, nosotros no _____. Es que ya _____ esta película.

5. Ha dicho que ayer estuvo en el zoo.

   ◆ ¿Sabes?, ayer _____ en el zoo.

6. Pregunta si he escuchado el disco.

   ● Oye, ¿ _____ el disco?

7 ¿Cómo lo cuentan?

Cuando contamos cosas que han dicho otras personas no siempre utilizamos las mismas palabras y expresiones. Subraya en las frases originales qué palabras o expresiones se transforman o no aparecen al contarlas.

1. ● ¿Sabes que la semana pasada me robaron el coche?
   Me ha contado que la semana pasada le robaron el coche.
2. ● ¿Y por qué no vas al médico?
   Me ha aconsejado que vaya al médico.
3. ● ¿Me puedes dejar tu coche? Es que el mío todavía está en el taller.
   Me ha preguntado si le puedo dejar el coche porque el suyo está todavía en el taller.
4. ● Oye, Manuel todavía no ha llegado.
   Me ha dicho que Manuel todavía no ha llegado.
5. ● Vamos al cine y, luego, si quieres, vamos a cenar.
   Me ha propuesto que vayamos al cine y después a cenar.
6. ● Pues mira, primero estuvimos en Alicante y después fuimos a Murcia.
   Me ha contado que primero estuvieron en Alicante y después en Murcia.

8 Ha dicho que ...

13

Transforma las frases al estilo indirecto.

Matilde habla de su pasatiempo favorito a Sofía:
«Llevo muchos años haciendo parapente. Empecé cuando tenía dieciséis años y cada vez me gusta más este deporte. Normalmente lo hago con una amiga mía y hemos estado en muchos sitios. Por ejemplo, el año pasado fuimos a Italia, y el próximo año queremos ir a Florida. ¿Qué, te apuntas? ¿No tienes ganas de probarlo? Estoy segura de que te gustaría.»

Sofía cuenta a Inés lo que le ha dicho Matilde:

Matilde me ha dicho que _____

_____

_____

_____

_____

_____

Me ha preguntado si _____

Me ha dicho que _____

9 ¿Qué han dicho estas personas?

Escribe los mensajes que han dejado para ti y tu compañero/-a.

Gabi: «Muchos recuerdos desde Tenerife. Aquí hace mucho calor. Un beso, adiós.»
Gabi ha llamado desde Tenerife y dice que allí hace mucho calor.

Julia: «El martes vamos a vuestra casa y os llevamos las fotos.»
Judith: «La semana que viene iré a visitaros.»
Alfonso: «¿Venís el sábado a tomar un café aquí en nuestra casa?»
Miguel: «Por favor, traed algunos discos para la fiesta.»
Ana: «Este sábado no puedo ir a nadar con vosotros. Es que tengo visita de unos amigos. Si queréis podemos vernos el domingo.»
Marta: «¿Cuándo os vais de vacaciones?»

1. Julia me ha dicho que _____

2. Judith me ha dicho que _____

3. Alfonso me ha dicho que _____

4. Miguel me ha dicho que _____

5. Ana me ha dicho que _____

6. Marta pregunta _____

10 Diario de clase

¿Qué hobbies tienes? ¿Cuánto tiempo llevas haciéndolos? ¿Hay algo que has dejado de hacer? ¿Has empezado a hacer algo nuevo? ¿Hay algo que quieres hacer pero para lo que nunca encuentras tiempo?
¿Qué te han contado tus compañeros/-as sobre sus hobbies?...

1 ¿Cómo se dice en español?

Traduce las expresiones y completa con la forma del verbo adecuada.

1. (Ich kann es nicht ausstehen) _____ que la gente (colarse) _____ .

2. (Es macht mich nervös) _____ que (tocar) _____ el claxon.

3. ¿(Stört es dich nicht) _____ que tus hijos (gritar) _____ tanto?

4. (Ich kann es nicht ertragen) _____ que mi jefe (fumar) _____ en mi despacho.

5. (Mich stört) _____ que (haber) _____ tantas reglas de educación.

2 ¿Qué dijo?

Transforma las frases en estilo directo.

1. Dijo que estaban muy contentos con su casa nueva.

   ● _____

2. Dijo que Rosa ya había llamado a Ana.

   ▼ _____

3. Dijo que iba a ver a sus amigos pronto.

   ■ _____

4. Dijo que le gustaba mucho bailar.

   ● _____

5. Dijeron que comprarían todo para la cena.

   ▼ _____

6. Dijo que David ya había salido.

   ● _____

7. Dijo que le dejara en paz.

   ■ _____

8. Dijeron que irían de vacaciones al Caribe.

   ▼ _____

9. Dijo que le llamara el domingo.

   ● _____

10. Dijeron que iban a cenar con un amigo.

    ■ _____

14

3 Me preguntó ...

Transforma las preguntas en estilo indirecto.

1. ¿Y tú sabes algo del nuevo piso de Paloma?

   Me preguntó _____

2. ¡Oye! ¿Por qué no viniste a la reunión de ayer?

   Me preguntó _____

3. ¿Dónde pusiste los paquetes?

   Me preguntó _____

4. ¿Ya viste la última película de Antonio Banderas?

   Me preguntó _____

5. ¿A qué hora sale el tren a Guadalajara?

   Me preguntó _____

6. ¿Y cómo estuvo la fiesta de Sonia?

   Me preguntó _____

7. ¿Quieres un bombón?

   Me preguntó _____

4 ¿Qué pasó?

Transforma las frases en estilo indirecto.

1. ■ ¿Vienes conmigo el sábado al centro?

   ● No, no me gusta ir al centro los sábados. Es que siempre hay mucha gente.

   Ella le preguntó _____ y él le contestó _____

   _____ porque _____

2. ■ ¡Cristina! Ve a tu cuarto inmediatamente y recoge todos tus juguetes.

   La madre le dijo a Cristina _____

   _____

3. ◆ No puedo devolverte tus discos este fin de semana porque voy a estar

   muy ocupada. Pero te prometo que lo haré la próxima semana.

   Le dijo a David _____

   _____

4. ▼ ¿Puedes traer algo para la cena del viernes en mi casa?

● Sí claro, llevo el postre.

Él le preguntó_____ y ella le contestó

_____

5. ■ ¿Por qué estás enfadado conmigo?

◆ No estoy enfadado contigo. Es que estoy de mal humor porque he tenido

un mal día.

Le preguntó _____ y él le dijo

_____

5 **Un crucigrama**

1. poner sucio
2. hacer fuerza contra una persona o cosas para moverla
3. ponerse enfadado
4. causar molestia
5. no respetar el orden de espera
6. tener respeto
7. producir sonido con los labios
8. hablar muy alto

6 ¡Qué raro!

Transforma las frases en presente o en pasado.

1. _____   Me pareció raro que no abrieran la puerta.

2. No le gusta que no haya nadie en casa.   _____

3. _____   Me pareció normal que me regalara flores.

4. A Rosa le molesta que lleguen tarde otra vez.   _____

5. _____   Me molestó que el trabajo no estuviera listo.

6. Me llama la atención que Catalina venga sola.   _____

7. _____   Le gustó que los García lo invitaran.

8. Nos sorprende que no quiera ver a sus amigos.   _____

7 ¿Cómo se dice en español?

1. Mich hat es gestört, dass er nicht pünktlich kam.

_____

_____

2. Uns gefiel, dass sie sich mit uns verabredeten.

_____

_____

3. Es kam mir seltsam vor, dass er nicht reden wollte.

_____

_____

4. Mich hat überrascht, daß sie nicht in Urlaub war.

_____

_____

5. Er fand es normal, dass sie ihn einlud.

_____

_____

6. Mich hat es gestört, dass er meine Schokolade gegessen hat.

_____

_____

8 Diario de clase

¡Ya estamos! Al final de este curso nos interesan tus experiencias.
¿Te ha gustado este curso? ¿Qué temas te gustaron? ¿Cuáles no?
¿Piensas que podrás usar lo aprendido? ...
¿Por qué no nos escribes?

Nuestra dirección:
Max Hueber Verlag
«Bien mirado»
Postfach 1142, 85729 Ismaning

14

Liste der Grammatikausdrücke

Adjektiv	adjetivo	Eigenschaftswort
Adverb	adverbio	Umstandswort
Artikel	artículo	Geschlechtswort
Demonstrativpronomen	demostrativo	hinweisendes Fürwort
feminin	femenino	weiblich
Futur I	futuro	Zukunft
Futur II	futuro perfecto	vollendete Zukunft
Gerundium	gerundio	Mittelwort der Gegenwart
Imperativ	imperativo	Befehlsform
Imperfekt	imperfecto	Vergangenheit
Infinitiv	infinitivo	Grundform (des Verbs)
Komparativ	comparativo	Steigerungsform
Konditional	condicional	Bedingungsform
Konjugation	conjugación	Beugung (des Verbs)
Konsonant	consonante	Mitlaut
maskulin	masculino	männlich
Objekt	objeto	Ergänzung
Partizip	participio	Mittelwort d. Vergangenheit
Perfekt	perfecto	vollendete Gegenwart
Plural	plural	Mehrzahl
Plusquamperfekt	pretérito pluscuamperfecto	vollendete Vergangenheit
Possessivpronomen	posesivo	besitzanzeigendes Fürwort
Präposition	preposición	Verhältniswort
Präsens	presente	Gegenwart
Pronomen	pronombre	Fürwort
reflexiv	reflexivo	rückbezüglich
Singular	singular	Einzahl
Subjekt	subjeto	Satzgegenstand
Substantiv	sustantivo	Hauptwort
Superlativ	superlativo	höchste Steigerungsform
Verb	verbo	Zeitwort
Vokal	vocal	Selbstlaut

Grammatik

Auf den folgenden Seiten finden Sie eine systematische Übersicht über die in jeder Lektion behandelten Grammatikkapitel. Der neue Lernstoff wird in Tabellen, Übersichten und mit Erklärungen ausführlich dargestellt. Sie können diesen Teil benutzen, um das Gelernte weiter zu vertiefen, um sich Regeln einzuprägen oder wenn Sie etwas nachschlagen möchten. Zur Wiederholung und zum Nachschlagen finden Sie außerdem ab S. 217 eine Übersicht über die Formen häufig vorkommender unregelmäßiger Verben.

Lección 1

1. Die Anrede in Spanien und Lateinamerika

tú / vosotros /-as
- ○ ¿Cómo estás? (Wie geht es dir?)
- ○ ¿Dónde vivís? (Wo wohnt ihr?)

usted / ustedes
- ○ ¿Cómo está (usted)? (Wie geht es Ihnen?)
- ○ ¿Dónde viven (ustedes)? (Wo wohnen Sie?)

Für die Anrede einer Person wird **tú** oder **usted** (bzw. die entsprechende Verbform), für mehrere Personen **vosotros /-as** oder **ustedes** benutzt.

- ○ ¿Y ustedes, de dónde son? (Und ihr, woher kommt ihr?)

In Lateinamerika und auf den Kanarischen Inseln wird für die Anrede mehrerer Personen **ustedes** benutzt, auch wenn man sich duzt.

G 1

2. Das Subjektpronomen *vos* und die entsprechende Verbform

In einigen Ländern Lateinamerikas (Argentinien, Uruguay, Paraguay, Zentralamerika) wird für die «du»-Anrede anstelle von *tú* das Subjektpronomen **vos** benutzt. Die Verbformen werden wie bei der *tú*-Form gebildet (bei den Verben auf *-ir* mit *-ís*); im Unterschied dazu wird aber die Endsilbe betont.

	tú	vos
hablar	hablas	hablás
comer	comes	comés
vivir	vives	vivís

	tú	vos
decir	dices	decís
querer	quieres	querés
poder	puedes	podés

Bei den Verben mit Stammvokalveränderung bleibt der Stamm erhalten.

3. Ortsangaben mit *estar en* und *estar al/a la*

○ Pamplona está **en** el norte de España. (Pamplona liegt im Norden von Spanien.)
estar en el norte/sur/oeste/este de = Lokalisierung eines Ortes

○ Segovia está **al** noroeste de Madrid. (Segovia liegt nordwestlich von Madrid.)
estar al norte/sur/oeste/este de = Lokalisierung eines Ortes im Verhältnis zu einem anderen Ort

4. Zeitangaben im Präsens mit *desde, desde hace* und *hace ... que ...*

In Aussagen:

desde + Zeitpunkt = seit
Vivo aquí **desde enero**. (Ich wohne hier seit Januar.)

desde hace + Zeitspanne = seit
Vivo aquí **desde hace dos años**. (Ich wohne hier seit zwei Jahren.)

hace + Zeitspanne + *que ...* = seit
Hace dos años que vivo aquí. (Ich wohne hier seit zwei Jahren.)

In Fragen:

¿desde cuándo ...? = seit wann ...?
¿Desde cuándo vives aquí? (Seit wann wohnst du hier?)

¿hace mucho que ...? = ... schon lange?
¿Hace mucho que vives aquí? (Wohnst du hier schon lange?)

5. Verbale Umschreibungen (perífrasis verbales)

Ha empezado a estudiar. (Er/Sie hat angefangen zu studieren.) *empezar a* + Infinitiv
Acaba de llegar.(Er/Sie ist gerade angekommen.) *acabar de* + Infinitiv
Ha dejado de fumar. (Er/Sie hat das Rauchen aufgegeben.) *dejar de* + Infinitiv
Han vuelto a pelearse. (Sie haben sich wieder gestritten.) *volver a* + Infinitiv

Está fumando. (Er/Sie raucht gerade.) *estar* + Gerundium
Sigue fumando. (Er/Sie raucht immer noch.) *seguir* + Gerundium

Es gibt eine Reihe von Umschreibungen mit Verben, die nicht wörtlich übersetzt werden können.

6. Der Gebrauch der Verben *llevar/traer* und *ir/venir*

○ ¿Te **llevo** otro vaso de vino? (Soll ich dir noch ein Glas Wein bringen?)
llevar = hin-/bringen vom Sprecher zu einem anderen Ort

○ ¿Puedes **traer** un vaso de vino, por favor? (Kannst du mir ein Glas Wein bringen?)
traer = her-/mit-/bringen von einem anderen Ort zum Sprecher

○ Me gustaría **ir** a tu fiesta, pero no puedo.
(Ich würde gerne zu deinem Fest kommen, aber ich kann nicht.)
ir = mit-/kommen vom Sprecher zu einem anderen Ort

○ ¿Por qué no **vienes** a mi casa? (Warum kommst du nicht zu mir nach Hause?)
venir = her-/mit-/kommen von einem anderen Ort zum Sprecher

7. Die Fragepronomen *¿qué?* und *¿cuál/cuáles?*

○ ¿**Qué** quieres para beber? (Was möchtest du trinken?)

Man fragt mit **qué**, wenn es um eine allgemeine Auswahl geht.

○ Tengo té y café. ¿**Qué** quieres? (Ich habe Tee und Kaffee. Was möchtest du?)

Man fragt mit **qué**, wenn man eine Auswahl zwischen verschiedenen Sachen hat.

○ ¿**Qué** vino quieres? (Welchen Wein möchtest du?)

Man fragt mit **qué + Substantiv**, wenn es um die Auswahl aus einer Kategorie geht.

○ Tengo vino blanco y tinto. ¿**Cuál** quieres? (Ich habe Weißwein und Rotwein. Welchen möchtest du?)
○ Tengo aceitunas verdes y negras. ¿**Cuáles** quieres?
(Ich habe grüne und schwarze Oliven. Welche möchtest du?)

Cuál/cuáles wird ebenfalls zur Auswahl aus einer Kategorie benutzt.
Cuál/cuáles steht aber immer allein, ohne nachfolgendes Substantiv.

8. Die Verkleinerungsform (el diminutivo)

○ Toma este *trozo*, es *muy pequeño*. (Nimm dieses Stück, es ist sehr klein.)
◇ Bueno ... Pero sólo este **trocito**. (Gut... Aber nur dieses Stückchen.)
○ El hijo de Olga es *muy pequeño*, es **pequeñito**.
   (Der Sohn von Olga ist sehr klein, er ist winzig.)

maskulin			*feminin*		
trozo	→	trocito	tarjeta	→	tarjetita
vaso	→	vasito	casa	→	casita
Pepe	→	Pepito	Rosa	→	Rosita
pequeño	→	pequeñito	pequeña	→	pequeñita
pobre	→	pobrecito	pobre	→	pobrecita
			Carmen	→	Carmencita
poco	→	poquito	poca	→	poquita

Durch Anfügen von **-ito/-ita** anstelle des letzten Vokals oder **-cito/-cita** bei Wörtern, die auf *-e* oder einen Konsonanten enden, kann man aus einem Wort eine Verkleinerungsform ableiten (im Deutschen geschieht dies durch Anhängen von *-chen* oder *-lein*).
Um die Aussprache zu erhalten, wird dabei *-z-* > *-c-* und *- c-* >- *qu-*.
Die Verkleinerungsform wird oft zum Ausdruck von Zuneigung und Gefühl gebraucht.
In Mittelamerika, aber auch in anderen Teilen Lateinamerikas, werden diese Formen sehr häufig benutzt.

G2

Lección 2

1. Der Gebrauch der Vergangenheitszeiten (1)

Perfekt (el pretérito perfecto)

○ ¿Dónde **has estado** este verano? (Wo bist du diesen Sommer gewesen?)
○ **He estado** en España. (Ich bin in Spanien gewesen.)

Das Perfekt wird benutzt, wenn die Handlung/das Ereignis für den Sprecher eine (enge) Beziehung zur Gegenwart hat. Dabei stehen oft Zeitangaben wie *hoy, esta semana, este año* etc.
In vielen Ländern Lateinamerikas und in einigen Regionen von Spanien werden stattdessen häufiger die Formen des Indefinido gebraucht.

○ ¿**Has estado** alguna vez en España? (Bist du schon einmal in Spanien gewesen / Warst du schon einmal in Spanien?)
○ Sí, **he estado** muchas veces en España. (Ja, ich bin schon oft in Spanien gewesen.)
○ No, no **he estado** nunca. (Nein, ich bin noch nie dort gewesen.)
○ No, no **he estado** todavía. (Nein, ich bin dort noch nicht gewesen.)
○ ¿**Has visto** la película «Fresa y chocolate»?
   (Hast du den Film «Erdbeere und Schokolade» gesehen?)
○ Sí, la **he visto**. (Ja, ich habe ihn gesehen.)

Das Perfekt wird benutzt um über eine vergangene Handlung / ein Ereignis zu sprechen, wenn der genaue Zeitpunkt uninteressant ist. Es geht darum, **ob** oder **dass** etwas stattgefunden hat. Dabei stehen oft Zeitangaben wie *alguna vez* (in Fragen), *muchas veces, nunca, ya, todavía no* usw.

Indefinido (el pretérito indefinido)

○ ¿Dónde **estuviste** el año pasado? (Wo bist du letztes Jahr gewesen / warst du letztes Jahr?)
○ **Estuve** en España. (Ich bin in Spanien gewesen / ich war in Spanien.)

Das Indefinido wird gebraucht um eine Handlung wiederzugeben, die in der Vergangenheit zu einem bestimmten Zeitpunkt stattgefunden hat und abgeschlossen ist. Dabei stehen oft Zeitangaben wie *ayer, anoche, la semana pasada, el año pasado, en* + *Jahreszahl* usw.

Imperfekt (el pretérito imperfecto)

○ Cuando llegué al aeropuerto no me **esperaba** nadie. (Als ich am Flughafen ankam, erwartete mich dort niemand.)
○ En el hotel no **había** ninguna habitación reservada a mi nombre.
   (Im Hotel war kein Zimmer auf meinen Namen reserviert.)
○ **Quería** dar paseos por la playa que usted me mostró en el catálogo.
   (Ich wollte an dem Strand spazieren gehen, den Sie mir im Katalog zeigten.)

Mit dem Imperfekt werden Begleitumstände und Hintergrundhandlungen in der Vergangenheit wiedergegeben.

Als Unterscheidungshilfe kann man für das Imperfekt die Frage «Wie war es?» stellen, für das Indefinido «Was passierte?»

2. Orts- und Richtungsangaben mit Präpositionen

en = Angabe des Ortes
○ Estoy **en Madrid**. (Ich bin in Madrid.)

por = ungefähre Ortsangabe
○ ¿Hay un mercado **por aquí**? (Gibt es hier irgendwo einen Markt?)
○ Quería dar paseos **por la playa**. (Ich wollte Spaziergänge am Strand machen.)

a = Angabe des Ziels
○ Voy **a Madrid**. (Ich fahre nach Madrid.)
○ Voy **al castillo**. (Ich fahre zum Schloss.)

hasta = Angabe des Ziels
○ Voy **hasta Madrid**. (Ich fahre bis Madrid.)

hacia = Angabe der Richtung
○ Voy **hacia Madrid**. (Ich fahre in Richtung Madrid.)

por = Angabe eines Ortes, an dem die Bewegung vorbei -
oder durch den sie führt
○ Voy **por Madrid**. (Ich fahre über Madrid.)

de = Angabe der Herkunft
○ Soy **de Madrid**. (Ich komme/stamme aus Madrid.)

de ... a ... = Angabe des Ausgangs- und Endpunktes
○ Voy **de Madrid a Toledo**. (Ich fahre von Madrid nach Toledo.)

desde ... hasta ... = Angabe des Ausgangs- und Endpunktes
○ Voy **desde Madrid hasta Toledo**. (Ich fahre von/ab Madrid bis Toledo.)

G 3

Lección 3

1. Der Gebrauch der Vergangenheitszeiten (2)

Imperfekt

○ Cuando **era** niño, **esperaba** el seis de enero con mucha ilusión.
   (Als Kind wartete er mit viel Vorfreude auf den sechsten Januar.)
○ Siempre **escribíamos** cartas a los Reyes Magos.
   (Wir schrieben immer Briefe an die Heiligen Drei Könige.)

Außer den in Lektion 2 beschriebenen Anwendungen wird das Imperfekt auch gebraucht, um Gewohnheiten und routinemäßige Handlungen aus der Vergangenheit wiederzugeben. Oft stehen dabei Zeitangaben wie *antes, siempre, nunca, normalmente* usw.

2. Indikativ (indicativo) und Subjuntivo

Indikativ

○ En España **se adoptan** costumbres de otros países.
(In Spanien übernimmt man Bräuche aus anderen Ländern.)

Der Indikativ wird für das Berichten über oder für das Beschreiben von
Tatsachen und wirklich stattfindenen (oder stattgefundenen) Handlungen verwendet.

Subjuntivo

○ Me parece mal que en España **se adopten** costumbres de otros países.
(Ich finde es schlecht, dass man in Spanien Bräuche aus anderen Ländern
übernimmt.)

Der Subjuntivo ist eine Form des Verbs, die überwiegend in Nebensätzen gebraucht wird, wenn in den Hauptsätzen, von denen sie abhängen, Meinung,
Glauben, Notwendigkeit, Wunsch, Forderung, Hoffnung, Zweifel oder
Unsicherheit ausgedrückt werden. Tatsachen oder Handlungen werden dadurch
bewertet, als (nicht) wünschenswert dargestellt, gefordert, erhofft oder be-
zweifelt.
Im Laufe der Lektionen werden Sie der Reihe nach die Ausdrücke und Verben
kennenlernen, die im Nebensatz den Gebrauch des Subjuntivo erfordern.
(Auf S. 215 finden Sie eine Übersicht über alle Anwendungen des Subjuntivo.)

G 3

3. Das Präsens des Subjuntivo der regelmäßigen Verben

		habl*ar*	com*er*	viv*ir*
	(yo)	hable	coma	viva
	(tú)	hables	comas	vivas
… que	(él/ella/usted)	hable	coma	viva
	(nosotros/-as)	hablemos	comamos	vivamos
	(vosotros/-as)	habléis	comáis	viváis
	(ellos/-as/ustedes)	hablen	coman	vivan

Das Präsens des Subjuntivo wird gebildet durch Anhängen der entsprechenden
Endungen an den Stamm des Verbs. Bei den Verben auf *-ar* wird das *-a* zu *-e*,
bei den Verben auf *-er* und *-ir* das *-e/-i* zu *-a*.

llegar → lle**gu**e
expli**car** → expli**qu**e

Um die Aussprache zu erhalten, muss bei einigen
Verben die Schreibweise geändert werden.

4. Das Präsens des Subjuntivo einiger unregelmäßiger Verben

		tener	**hacer**	**decir**
	(yo)	tenga	haga	diga
	(tú)	tengas	hagas	digas
... que	(él/ella/usted)	tenga	haga	diga
	(nosotros/-as)	tengamos	hagamos	digamos
	(vosotros/-as)	tengáis	hagáis	digáis
	(ellos/-as/ustedes)	tengan	hagan	digan

Der Subjuntivo wird bei den meisten unregelmäßigen Verben von der 1. Person Singular des Präsens Indikativ abgeleitet.

5. Das Präsens des Subjuntivo von *ir*

(yo)	vaya
(tú)	vayas
(él/ella/usted)	vaya
(nosotros/-as)	vayamos
(vosotros/-as)	vayáis
(ellos/-as/ustedes)	vayan

6. Der Gebrauch des Subjuntivo nach Ausdrücken der Meinung und des Gefallens

○ Está bien que las tradiciones **cambien**.
   (Es ist gut, dass sich die Traditionen verändern.)
○ Me parece mal que **se adopten** las costumbres de otros países.
   (Ich finde es schlecht, dass man die Bräuche anderer Länder übernimmt.)

está bien/mal que	
(a mí) me parece bien/mal/raro/... que	+ subjuntivo
(a mí) (no) me gusta que	

Steht im Hauptsatz ein Ausdruck der Meinung/Beurteilung oder des Gefallens, steht das Verb des Nebensatzes im Subjuntivo. (Im Deutschen sind das die «dass-Sätze». Im Gegensatz zum Deutschen werden dabei Haupt- und Nebensatz nicht durch ein Komma getrennt.)

○ Me parece bien **celebrar** el cumpleaños.
(Ich finde es gut Geburtstag zu feiern.)
○ Me parece bien que mi amiga **celebre** su cumpleaños con una gran fiesta.
(Ich finde es gut, dass meine Freundin ihren Geburtstag mit einem großen
Fest feiert.)

Wie im Deutschen wird nach diesen Ausdrücken das Verb im Infinitiv benutzt,
wenn es kein weiteres Subjekt gibt (und deswegen auch kein Nebensatz notwendig ist).

7. Der Gebrauch des Subjuntivo bei (guten) Wünschen

○ ¡Que te diviertas! (Viel Vergnügen! *wörtlich*: Dass du dich vergnügtest.)
○ ¡Que te vaya bien! (Lass es dir gut gehen! *wörtlich*: Dass es dir gut gehe.)
○ ¡Que aproveche! (Guten Appetit!)

(Gute) Wünsche, die man anderen Personen beim Abschied oder bei
anderen Gelegenheiten übermittelt, werden mit *que + subjuntivo* ausgedrückt.
Im Deutschen gibt es für viele dieser Wünsche andere Ausdrücke
(oft Substantive), die man nicht wörtlich übersetzen kann.

G 4

Lección 4

1. Das Präsens des Subjuntivo von *ser, estar, haber*

	ser	estar	haber
(yo)	sea	esté	haya
(tú)	seas	estés	hayas
(él/ella/usted)	sea	esté	haya
(nosotros/-as)	seamos	estemos	hayamos
(vosotros/-as)	seáis	estéis	hayáis
(ellos/-as/ustedes)	sean	estén	hayan

Da **hay** (es gibt) eine unregelmäßige Form von *haber* ist, heißt
der Subjuntivo **haya**.

2. Das Präsens des Subjuntivo der Verben mit Vokalveränderung *o>ue/ e>ie/e>i*

	poder	**cerrar**
(yo)	pueda	cierre
(tú)	puedas	cierres
(él/ella/usted)	pueda	cierre
(nosotros/-as)	podamos	cerremos
(vosotros/-as	podáis	cerréis
(ellos/-as/ustedes	puedan	cierren

Die Verben, die im Präsens Indikativ die Stammvokale verändern,
tun dies auch im Subjuntivo.

empezar → empie**c**e
jugar → jue**gu**e

Bei einigen Verben ändert sich die Schreibweise, damit die Aussprache
erhalten bleibt.

	dormir	**pedir**	**preferir**
(yo)	duerma	pida	prefiera
(tú)	duermas	pidas	prefieras
(él/ella/usted)	duerma	pida	prefiera
(nosotros/-as)	durmamos	pidamos	prefiramos
(vosotros/-as)	durmáis	pidáis	prefiráis
(ellos/-as/ustedes)	duerman	pidan	prefieran

Bei der Gruppe der Verben **o>ue**, die auf *-ir* enden (wie z.B. *dormir* und *morir*),
sind auch die 1. und 2. Person Plural unregelmäßig.
Bei der Gruppe der Verben **e>i/e>ie**, die auf *-ir* enden (wie z.B. *pedir, sentir,
preferir*), sind auch die 1. und 2. Person Plural unregelmäßig.

3. Das Präsens des Subjuntivo von *ofrecer, conocer* und *conducir*

	ofrecer	**conocer**	**conducir**
(yo)	ofrezca	conozca	conduzca
(tú)	ofrezcas	conozcas	conduzcas
(él/ella/usted)	ofrezca	conozca	conduzca
(nosotros/-as)	ofrezcamos	conozcamos	conduzcamos
(vosotros/-as)	ofrezcáis	conozcáis	conduzcáis
(ellos/-as/ustedes)	ofrezcan	conozcan	conduzcan

Wie bei diesen Verben wird das Präsens des Subjuntivo bei allen
Verben auf *–ecer, –ocer* und *–ucir* gebildet.

G4

4. Der Gebrauch des Subjuntivo nach Ausdrücken der Notwendigkeit und der Meinung

○ *Es necesario que* el piso **sea** barato.
  (Es ist notwendig, dass die Wohnung billig ist.)
○ *Es importante que* el piso **esté** en el centro.
  (Es ist wichtig, dass die Wohnung zentral liegt.)
○ *A mí me da igual que* el piso **tenga** balcón.
  (Es ist mir egal, ob die Wohnung einen Balkon hat.)

Notwendigkeit		*Meinung*	
es importante que		es normal que	
es necesario que		es una pena que	
es fundamental que	+ subjuntivo	es increíble que	+ subjuntivo
lo más importante es que		a mi me da igual que	
lo principal es que		no me importa que	

5. Der Gebrauch des Subjuntivo nach Verben des Wünschens, Wollens, Forderns

○ Quiero que **haya** muchos aparcamientos.
  (Ich möchte gerne, dass es viele Parkplätze gibt.)
○ Exigen que el barrio **sea** seguro. (Sie fordern, dass das Viertel sicher ist.)
○ Desean que el barrio **esté** bien comunicado.
  (Sie wünschen, dass das Viertel gute Verkehrsverbindungen hat.)

Wenn im Hauptsatz ein Verb steht, das einen Wunsch/ein Verlangen ausdrückt, muss das Verb im Nebensatz im Subjuntivo gebraucht werden.

○ **Quiero tener** un aparcamiento. (Ich möchte gerne einen Parkplatz haben.)

Wie im Deutschen wird nach diesen Verben das zweite Verb im Infinitiv benutzt, wenn es kein weiteres Subjekt gibt (und deswegen auch kein Nebensatz notwendig ist).

6. Der neutrale Artikel *lo*

○ **Lo más importante** es que el barrio tenga zonas verdes.
  (Das Wichtigste ist, dass das Viertel Grünflächen hat.)
○ **Lo principal** es la gente.
  (Die Hauptsache (*wörtlich*: das Hauptsächliche) sind die Leute.)
○ **Lo malo** es el ruido. (Das Schlimme/Schlechte ist der Krach.)

Der neutrale Artikel *lo* substantiviert Adjektive. *Lo* ist unveränderlich, es gibt davon keine Pluralform, das nachfolgende Adjektiv wird immer in der maskulinen Form benutzt.

○ **Lo más importante** es que el piso **tiene** dos baños.
   (Das wichtigste ist, dass die Wohnung zwei Badezimmer hat.)
○ **Lo más importante** es que el piso **tenga** dos baños.
   (Das wichtigste ist, dass die Wohnung zwei Badezimmer hat.)

Im Nebensatz steht das Verb im Indikativ, wenn es sich um eine vorhandene
Wohnung handelt, die zwei Badezimmer hat.
Der Subjuntivo wird gebraucht, wenn es sich um den Wunsch handelt,
wie die Wohnung sein sollte.

Lección 5

1. Der Gebrauch von *ser* und *estar* zur Beschreibung und Beurteilung von Speisen und Lebensmitteln

○ El chile **es** picante. (Chili ist scharf.)
○ Los limones **son** ácidos. (Zitronen sind sauer.)
○ El azúcar **es** dulce. (Zucker ist süß.)
○ La mantequilla **es** grasa. (Butter ist fett.)

Ser + Adjektiv drückt eine Eigenschaft eines Lebensmittels
oder einer Speise aus (so ist das immer).

○ El pescado **está** rico. (Der Fisch ist lecker.) = zubereitet
○ La ensalada **está** salada. (Der Salat ist salzig.) = versalzen
○ La chuleta **está** quemada. (Das Kotelett ist verbrannt.)
○ La sopa **está** sosa. (Die Suppe ist fad.)

Estar + Adjektiv drückt eine veränderliche Eigenschaft oder
einen Zustand einer Speise/eines Lebensmittels aus.

ser salado = salzig sein	estar salado = versalzen sein
ser picante = scharf/pikant sein	estar picante = zu scharf sein
ser dulce = süß sein	estar dulce = zu süß sein

Viele dieser Adjektive können mit **ser** oder mit **estar** benutzt werden;
es verändert sich dadurch die Bedeutung.

2. Der Superlativ mit *-ísimo/-a/-os/-as* (el superlativo absoluto)

○ Este pescado está **riquísimo**. (Dieser Fisch ist äußerst/sehr lecker.)
○ La salsa está **saladísima**. (Die Soße ist äußerst/sehr salzig.)
○ Los filetes están **durísimos**. (Die Filets sind äußerst/sehr zäh.)
○ Este restaurante es **carísimo**. (Dieses Restaurant ist sehr teuer.)

▷ Bei Adjektiven, die auf einen Vokal enden, wird *-ísimo/-a/-os/-as* anstelle des Endvokals angefügt.

▷ Bei Adjektiven, die auf einen Konsonanten enden, wird nur *-ísimo/-a/-os/-as* angefügt.

rico	→ riquísimo
largo	→ larguísimo

Um die Aussprache zu erhalten ändert sich bei einigen Adjektiven die Schreibweise.

3. Direkte (Akkusativ; wen oder was?) und indirekte (Dativ; wem?) Objektpronomen in einem Satz

○ Necesito la lata. ¿**Me la** pasas? (Ich brauche die Dose. Reichst du sie mir an?)

Werden in einem Satz ein indirektes und ein direktes Objektpronomen benutzt, so steht das indirekte vor dem direkten. Beide stehen vor dem Verb.

Le paso el maíz.	**Se lo** paso.
Le paso la lechuga.	**Se la** paso.
Le paso los tomates.	**Se los** paso.
Le paso las zanahorias.	**Se las** paso.
Les paso el maíz.	**Se lo** paso.
Les paso la lechuga.	**Se la** paso.
Les paso los tomates.	**Se los** paso.
Les paso la zanahorias.	**Se las** paso.

Stehen die indirekten Objektpronomen *le, les* in einem Satz mit den direkten *lo, la, los, las*, dann werden *le, les* duch **se** ersetzt.

4. Objektpronomen beim Imperativ und Infinitiv

¿Me puedes pasar *la sal*?
¿Puedes pasar*me la sal*, por favor?
(Kannst du mir bitte das Salz reichen?)
¡Pása*me la sal*!
(Reich mir das Salz!)
¡Dame *los tomates*!
(Gib mir die Tomaten.)

¿**Me la** puedes pasar?
¿Puedes pasár**mela**, por favor?
(Kannst du es mir bitte reichen?)
¡Pása**mela**!
(Reich es mir!)
¡Dá**melos**!
(Gib sie mir.)

Die Objektpronomen können dem Infinitiv vorangestellt oder angehängt werden.
Sie müssen an den bejahten Imperativ angehängt werden.
Um die Wortbetonung beizubehalten, wird bei vielen Verben ein Akzentzeichen auf die betonte Silbe gesetzt.

G 5

5. Der Gebrauch des Indikativ und Subjuntivo nach *creer que* und *pensar que*

positiv
- **Pienso que es** bueno comer fruta.
  (Ich denke, dass es gesund ist, Obst zu essen.)

- **Creo que es** malo comer mucha carne.
  (Ich glaube, dass es ungesund ist, viel Fleisch zu essen.)

negativ
- **No pienso que sea** bueno comer fruta.
  (Ich denke nicht, dass es gesund ist, Obst zu essen.)

- **No creo que sea** malo comer mucha carne.
  (Ich glaube nicht, dass es ungesund ist, viel Fleich zu essen.)

Das Verb im Nebensatz wird nach *creer que* und *pensar que* im Indikativ benutzt.
Nach *no creer que* und *no pensar que* folgt das Verb im Nebensatz im Subjuntivo.

6. Die verschiedenen Ortspräpositionen mit der Bedeutung *auf*

- Las zanahorias están **en** la mesa.
- Las zanahorias están **encima de** la mesa.   (Die Karotten sind auf dem Tisch.)
- Las zanahorias están **sobre** la mesa.

Für die Übersetzung der Präposition «auf» gibt es drei Möglichkeiten: *en, encima de, sobre*. Es ist beliebig, welche der Präpositionen man benutzt. Einen Bedeutungsunterschied gibt es nicht.

G6

Lección 6

1. Der Gebrauch des Infinitivs zur Verkürzung von Nebensätzen

- **Cuando el tren llegó** a Sitges, Imma se dio cuenta de que era directo a Tarragona.
- **Al llegar** a Sitges, Imma se dio cuenta de que era directo a Tarragona.
  (Als der Zug in Sitges ankam, wurde Imma bewusst, dass er direkt nach T. fuhr.)

Ein temporaler Nebensatz kann mit *al + Infinitiv* verkürzt werden.

2. Verbale Umschreibungen (perífrasis verbales)

- **Estaba a punto de** llamar cuando Imma llegó.
  (Er/Sie wollte gerade anrufen, als Imma ankam.)
- Al sentarse en el tren **se ha puesto a** leer.
  (Als sie sich im Zug gesetzt hatte, hat sie angefangen zu lesen.)

estar a punto de + Infinitiv = gerade (etwas tun) wollen
ponerse a + Infinitiv = anfangen zu/sich widmen

3. Der Gebrauch von Imperfekt und Perfekt / Indefinido

Begleitumstände	*Handlung*
Mientras **compraba** el billete	**ha oído / oyó** que anunciaban el tren.
(Während sie die Fahrkarte kaufte,	hörte sie, dass der Zug angekündigt wurde.)
El tren **acababa de** pasar Sitges	cuando **ha llegado / llegó** el revisor.
(Der Zug war gerade in Sitges durchgefahren,	als der Schaffner kam.)
Estaba a punto de llamarla	cuando Imma **ha llegado / llegó**.
(Er wollte sie gerade anrufen,	als Imma ankam.)

Beim Berichten von vergangenen Ereignissen werden die Begleitumstände
im *Imperfekt* wiedergegeben.
Die Handlung steht im *Perfekt*, wenn sie (für den Sprecher / die Sprecherin)
einen Bezug zur Gegenwart hat (*hoy, esta mañana, esta semana* etc.).
Die Handlung steht im *Indefinido*, wenn sie (für den Sprecher /
die Sprecherin) keinen Bezug zur Gegenwart hat.
Die Wahl der Zeitform für die Handlung ist also abhängig von der
Perspektive des Sprechers.

Lección 7

G7

1. Die indirekte Wiederholung einer Frage und einer Aufforderung

◇ ¿Te apetece un café? (Hast du Lust auf einen Kaffee?)
○ Perdona, ¿qué has dicho? (Wie bitte?)
◇ **Que si** te apetece un café. (Ob du einen Kaffee möchtest.)

Bei der Wiederholung einer Frage ohne Fragewort wird *que si* vorangestellt
und der Satz wird wiederholt.

◇ ¿Cuándo has llegado? (Wann bist du angekommen?)
○ Perdona, ¿qué has dicho? (Wie bitte?)
◇ **Que cuándo** has llegado. (Wann du angekommen bist.)

Bei der Wiederholung einer Frage mit Fragewort wird *que + Fragewort*
vorangestellt und der Satz wiederholt.

◇ ¡Ten cuidado! (Sei vorsichtig!)
○ Perdona, ¿qué has dicho? (Wie bitte?)
◇ **Que tengas** cuidado. (Dass du vorsichtig sein sollst.)

Bei der Wiederholung eines Befehls / einer Aufforderung wird *que* vorangestellt
und das Verb im Subjuntivo verwendet.

2. Vergleiche mit Substantiven

Komparativ	
Gleichheit	Ungleichheit
tanto/tanta/tantos/tantas + Substantiv + como	*más/menos* + Substantiv + que

- Tu coche tiene **más** kilómetros **que** el mío.
  (Dein Auto hat mehr Kilometer als meins.)
- Mi coche tiene **menos** kilómetros **que** el tuyo.
  (Mein Auto hat weniger Kilometer als deins.)
- Hace **tanto** ruido **como** un camión. (Es macht so viel Lärm wie ein Lastwagen.)
- Gasta **tanta** gasolina **como** un avión.
  (Es verbraucht so viel Benzin wie ein Flugzeug.)
- Tiene **tantos** kilómetros **como** el mío. (Es hat so viele Kilometer wie meins.)
- Este periódico tiene **tantas** ofertas **como** «El País».
  (Diese Zeitung enthält genauso viele Angebote wie «El País».)

Tanto/-a/-os/-as richtet sich in Geschlecht und Zahl nach dem folgendem Substantiv.

3. Der Gebrauch von Indikativ und Subjuntivo nach *querer, buscar, conocer*

- **Quiero** el coche que **está** al lado del rojo.
  (Ich möchte das Auto, das neben dem roten steht.)
- **Busco** al señor que me **ha vendido** este coche.
  (Ich suche den Herrn, der mir dieses Auto verkauft hat.)
- **Conozco** a la chica que **trabaja** en ese tienda.
  (Ich kenne das Mädchen, die in dem Laden arbeitet.)

Das Verb im Relativsatz steht im *Indikativ*, wenn es sich um eine vorhandene, konkrete Sache oder Person handelt.

- **Quiero** un coche que **gaste** poca gasolina.
  (Ich suche ein Auto, das wenig Benzin verbraucht.)
- **Busco** a una persona que me **pague** la gasolina.
  (Ich suche jemanden, der mir das Benzin bezahlt.)
- ¿**Conoces** a alguien que **pueda** dejarme su coche?
  (Kennst du jemanden, der mir sein Auto überlassen/leihen kann?)

Das Verb im Relativsatz wird im *Subjuntivo* benutzt, wenn man eine Sache oder eine Person sucht/sich etwas wünscht etc. und man nicht weiß, ob es sie/das gibt.

- **No conozco** a nadie que **utilice** lentillas desechables.
  (Ich kenne niemanden, der Kontaktlinsen zum Wegwerfen benutzt.)
- **No quiero** un coche que **gaste** mucha gasolina.
  (Ich will kein Auto, das viel Benzin verbraucht.)

Das Verb im Relativsatz wird im *Subjuntivo* benutzt, wenn das Verb im Hauptsatz verneint ist.

G 7

4. Der Gebrauch von *alguien* und *nadie*

○ ¿Hay **alguien** en el jardín? (Ist jemand im Garten.)
◇ No, no hay **nadie**. (Nein, da ist niemand.)
○ **Nadie** quiere comprar su coche. (Niemand will sein Auto kaufen.)
○ ¿Conoces a **alguien** que venda su coche?
   (Kennst du jemanden, der sein Auto verkauft?)
◇ No, no conozco a nadie (que venda su coche). (Nein, ich kenne niemanden.)

Alguien (jemand) und *nadie* (niemand) stehen für Personen.
Wenn *nadie* hinter dem Verb steht, so muss es zusätzlich mit *no* verneint werden.

5. Bedeutung und Gebrauch von *mismo/-os/-a/-as*

○ Cumplimos años en **el mismo mes**. (Wir haben im selben Monat Geburtstag.)
○ ¡No puede ser! Hemos comprado **la misma chaqueta**.
   (Das kann nicht sein! Wir haben die gleiche Jacke gekauft.)

Mismo/-a/-os/-as wird wie ein Adjektiv benutzt. Es steht vor dem Substantiv.

○ Ahora no arreglamos cosas **nosotros mismos**.
   (Heutzutage reparieren wir unsere Sachen nicht selbst.)
○ **Ella misma** cosió su vestido. (Sie hat ihr Kleid selbst genäht.)
○ **Los vecinos mismos** arreglaron la puerta.
   (Die Nachbarn haben die Tür selbst repariert.)

Mit der Bedeutung «selbst» steht *mismo/-a/-os/-as* hinter dem Substantiv
oder Pronomen.

○ **Hoy mismo** lo arreglo. (Gleich heute repariere ich es.)
○ **Aquí mismo** pueden comprar recuerdos.
   (Gleich hier kann man Andenken kaufen.)

Mismo wird verwendet, um einen Zeit- oder Ortsausdruck zu verstärken.

6. Relativpronomen

○ La chica **que** vende su coche es mi amiga.
   (Das Mädchen, das sein Auto verkauft, ist meine Freundin.)
○ Voy a comprar el coche **que** vimos el otro día.
   (Ich werde das Auto kaufen, das wir dieser Tage gesehen haben.)

Ein Relativsatz wird mit **que** eingeleitet.

G7

196

Eso es **lo que** quería. (Das ist das, was ich wollte.)

Lo que (= das, was) bezieht sich auf eine vorherige Aussage,
die aber nicht wiederholt wird.

○ El amigo **con el que** juega es muy misterioso.
  (Der Freund, mit dem er spielt, ist sehr rätselhaft.)
○ El coche **con el que** viene es nuevo. (Das Auto, mit dem der kommt, ist neu.)
○ La mujer **con la que** habla Paco es mi vecina.
  (Die Frau, mit der Paco spricht, ist meine Nachbarin.)
○ Los días **en los que** no tengo que trabajar son muy raros.
  (Die Tage, an denen ich nicht arbeiten muss, sind selten.)
○ El barrio **en el que/donde** viven Paco y Gloria está cerca.
  (Das Viertel, in dem/wo Paco und Gloria wohnen, ist in der Nähe.)
○ La casa **en la que/donde** viven está cerca.
  (Das Haus, in dem/wo sie leben, ist in der Nähe.)
○ Las tiendas **en las que/donde** se venden estos regalos, abren a las 10.
  (Die Geschäfte, in denen/wo sie diese Geschenke verkaufen, öffnen um 10 Uhr.)

Wenn vor dem *que* noch eine Präposition gebraucht wird, steht zwischen
Präposition und *que* der entsprechende Artikel. Anstelle von *en el/la/los/las que*
kann auch *donde* benutzt werden, wenn es sich um eine Ortsangabe
handelt.

7. Die verschiedenen Übersetzungsmöglichkeiten von *können*

Sabe coser. (Er/Sie kann nähen.)
saber = können, gelernt haben

No **puedo** venir. Es que tengo que trabajar.
(Ich kann nicht kommen, weil ich arbeiten muss.)
poder = können, die Möglichkeit haben

Se **puede** aparcar aquí. (Man kann/darf hier parken.)
poder = können, dürfen, berechtigt sein

No se ve nada desde aquí. (Man kann von hier aus nichts sehen.)
Espero comprarme un coche pronto.
(Ich hoffe, ich kann mir bald ein Auto kaufen.)

«Können» bleibt bisweilen auch unübersetzt.

Lección 8

1. Der Gebrauch des Subjuntivo nach *esperar*

○ **Espero encontrar** una casa barata en la playa. (Ich hoffe, ein billiges Haus am Strand zu finden./Ich hoffe, dass ich ein billiges Haus am Strand finde.)
○ **Espero que** Luis **encuentre** una casa barata en la playa.
   (Ich hoffe, dass Luis ein billiges Haus am Strand findet.)

esperar + Infinitiv = gleiches Subjekt
esperar que + Subjuntivo = verschiedene Subjekte

2. Der Gebrauch des Subjuntivo nach *ojalá*

○ ¡Ojalá me llame! (Hoffentlich ruft er/sie mich an!)
○ ¡Ojalá no llueva mañana! (Hoffentlich regnet es morgen nicht!)
○ ¡Ojalá (que) todo le salga bien! (Hoffentlich geht alles gut für ihn/sie!)

Bei Wünschen, die mit *ojalá* eingeleitet werden, muss das Verb im Subjuntivo gebraucht werden.

G 8

3. Der Gebrauch des Subjuntivo, wenn man anderen die Entscheidung überlässt

○ Puedes ir **cuando quieras**. (Du kannst gehen wann du willst.)
○ Hago **lo que quieras**. (Ich mache was du willst.)
○ ¿Dónde ponemos el sofá? – ◇ **Donde quieras**.
   (Wohin stellen wir das Sofa? Wohin du willst.)
○ Hazlo **como quieras**. (Mach es wie du willst.)
○ ¿Vamos a comprar el armario negro o el blanco? – ◇ **El que quieras**.
   (Kaufen wir den schwarzen oder den weißen Schrank? Den, den du willst./Welchen du willst.)

cuando quieras = wann du willst
como quieras = wie du willst
donde quieras = wo du willst
adonde quieras = wohin du willst
a quien quieras = wen du willst
lo que quieras = was du willst
el/la/los/las que quieras =den/das/die du willst

Wenn man einem anderen eine Entscheidung überlassen will, benutzt man den Subjuntivo.

4. Der Gebrauch des Subjuntivo nach *cuando*

○ **Cuando me jubile**, podré dedicar más tiempo a mis aficiones.
(Wenn ich pensioniert bin, kann ich meinen Hobbies mehr Zeit widmen.)
○ **Cuando me haga** rico, voy a dejar mi trabajo.
(Wenn ich reich bin, werde ich kündigen.)
○ **Cuando me case**, quiero seguir viviendo como ahora.
(Wenn ich heirate, möchte/will ich leben wie jetzt.)
○ **Cuando termine** el colegio, espera encontrar trabajo.
(Wenn er die Schule beendet, hofft er Arbeit zu finden.)
○ Compra el libro **cuando** lo **veas**. (Kauf das Buch, wenn du es siehst.)

Wenn im Hauptsatz eine zukünftige Handlung, ein Wunsch, eine Absicht
oder eine Aufforderung/Befehl wiedergegeben wird, dann wird der Zeitpunkt
der Realisierung im Nebensatz mit *cuando + subjuntivo* ausgedrückt.
(Im Deutschen verwendet man meistens das Präsens).

Nebensatz	Hauptsatz
cuando + subjuntivo,	Futur
	ir a + Infinitiv
	espero..., quiero..., tengo la intención...
	Imperativ

Lección 9

1. Das Futur II (el futuro perfecto)

	olvid*ar*	ten*er*	ven*ir*
(yo)	habré olvidado	habré tenido	habré venido
(tú)	habrás olvidado	habrás tenido	habrás venido
(él/ella/usted)	habrá olvidado	habrá tenido	habrá venido
(nosotros/-as)	habremos olvidado	habremos tenido	habremos venido
(vosotros/-as)	habréis olvidado	habréis tenido	habréis venido
(ellos/-as/ustedes)	habrán olvidado	habrán tenido	habrán venido

Das Futur II wird gebildet mit den Futur-Formen von *haber* und dem
Partizip (participio).

2. Der Gebrauch des Futurs für Vermutungen

○ ¿Dónde **estará** Federico? (Wo wird Federico wohl sein?)
◇ **Estará** en un atasco. (Er wird wohl im Stau stecken.)

Das Futur I wird benutzt um eine Vermutung auszudrücken über etwas, was gerade geschieht.

○ ¿Qué **habrá pasado**? (Was wird wohl passiert sein?)
◇ **Se habrá quedado** dormido. (Er wird wohl verschlafen haben.)

Das Futur II wird benutzt um eine Vermutung auszudrücken über etwas, was bereits geschehen ist.

3. Das Perfekt des Subjuntivo (el perfecto de subjuntivo)

	lleg*ar*	ten*er*	o*ír*
(yo)	haya llegado	haya tenido	haya oído
(tú)	hayas llegado	hayas tenido	hayas oído
(él/ella/usted)	haya llegado	haya tenido	haya oído
(nosotros/-as)	hayamos llegado	hayamos tenido	hayamos oído
(vosotros/-as)	hayáis llegado	hayáis tenido	hayáis oído
(ellos/-as/ustedes)	hayan llegado	hayan tenido	hayan oído

Das Perfekt des Subjuntivo wird gebildet mit den Subjuntivo-Formen von *haber* und dem Partizip (participio).

4. Der Gebrauch des Perfekts des Subjuntivo

○ No puede ser que **se haya quedado** dormido.
   (Es kann nicht sein, dass er verschlafen hat.)
○ Quizás **haya tenido** un accidente. (Vielleicht hat er einen Unfall gehabt.)

Anstelle des Präsens des Subjuntivo wird das Perfekt des Subjuntivo benutzt, wenn die Vermutung, der Wunsch usw. sich auf die nahe Vergangenheit beziehen.

G9

5. Der Subjuntivo nach Ausdrücken des Erstaunens

○ **No puede ser** que esté enfermo. (Es kann nicht sein, dass er krank ist.)
○ **Me extraña que** se haya quedado dormido.
   (Es erstaunt mich, dass er verschlafen hat.)

qué raro que	
no puede ser que	
no es posible que	+ subjuntivo
me extraña que	

6. Andere Möglichkeiten, Vermutungen auszudrücken

seguro que + Indikativ

○ Seguro que está en un atasco.
  (Sicher wird er im Stau stecken.)

a lo mejor + Indikativ

○ A lo mejor se ha olvidado de la cita.
  (Vielleicht hat er die Verabredung vergessen.)

quizá(s) + Indikativ/Subjuntivo

○ Quizá está/esté en un atasco.
  (Vielleicht steckt er im Stau.)

tal vez + Indikativ/Subjuntivo

○ Tal vez se ha/haya quedado dormido.
  (Vielleicht hat er verschlafen.)

Nach *seguro que* und a *lo mejor* wird das Verb immer im Indikativ benutzt.
Nach *quizá(s)* und *tal vez* hängt es vom Standpunkt des Sprechers ab, ob
das Verb im Indikativ oder im Subjuntivo benutzt wird.
Indikativ = der Sprecher hält seine Vermutung für sehr wahrscheinlich.
Subjuntivo = der Sprecher hält seine Vermutung für weniger wahrscheinlich.

G10

Lección 10

1. Das Plusquamperfekt (el pretérito pluscuamperfecto)

(yo)	había	
(tú)	habías	
(él/ella/usted)	había	buscado
(nosotros/-as)	habíamos	conocido
(vosotros/-as)	habíais	oído
(ellos/-as/ustedes)	habían	

Das Plusquamperfekt wird mit den Imperfektformen von *haber* und dem Partizip (*participio*) gebildet.

2. Der Gebrauch des Plusquamperfekts

○ Él regresó a Londres porque su contrato **había terminado**.
  (Er ist nach London zurückgekehrt, weil sein Vertrag ausgelaufen war.)
○ Laura era la persona que siempre **había buscado**.
  (Laura war die Person, die ich immer gesucht hatte.)
○ Al volver me di cuenta de que **me había enamorado**.
  (Bei der Rückkehr wurde mir bewusst, dass ich mich verliebt hatte.)

Wie im Deutschen wird das Plusquamperfekt für die Wiedergabe einer Handlung benutzt, die vor einer anderen Handlung in der Vergangenheit stattgefunden hat.

○ Cuando llegaron los padres, Sarah ya **había limpiado** el piso.
  (Als die Eltern ankamen, hatte Sarah die Wohnung schon geputzt.)
○ Nunca hasta entonces **se había planteado** vivir fuera de España.
  (Niemals vorher hatte sie geplant, außerhalb von Spanien zu leben.)

Beim Plusquamperfekt stehen oft Zeitadverbien wie *siempre, nunca, ya, todavía no* etc.

○ Resulta que Rosa **había conocido/conoció** a uno de ellos en una fiesta.
  (Es ist so, dass Rosa einen von ihnen bei einem Fest kennen gelernt hatte.)

Wenn dem Sprecher die zeitliche Abfolge unwichtig ist, wird statt des Plusquamperfekt auch das Indefinido benutzt.

3. Die verschiedenen Übersetzungsmöglichkeiten von *werden*

○ Cuando tengo que conducir, me **pongo nervioso**.
  (Wenn ich Auto fahren muss, werde ich nervös.)
○ **Me pone furiosa** que la gente llame tan tarde por la noche.
  (Ich werde wütend, wenn die Leute abends so spät anrufen.)
○ Después de la cena **se puso enfermo**.
  (Nach dem Abendessen wurde er krank.)

ponerse + Adjektiv = werden (plötzliche und vorübergehende Veränderung der Stimmung, des Aussehens oder des physischen Zustands)

○ Cuando vives solo mucho tiempo, **te vuelves egoísta**.
(Wenn man lange Zeit allein lebt, wird man egoistisch.)

volverse + Adjektiv = werden (radikale und dauerhafte Veränderung des Charakters)

G10

○ ¡Tanto dinero por una moto! ¿**Se ha vuelto loco**, o qué?
(So viel Geld für ein Motorrad. Er ist wohl verrückt geworden, oder?)

volverse loco/-a = verrückt werden (wird auch im übertragenem Sinn und für Übertreibungen benutzt)

○ Mi hija quiere **ser médica**. (Meine Tochter möchte Ärztin werden.)
○ Quiere **ser famosa**. (Sie möchte berühmt werden.)

ser + Substantiv/Adjektiv = werden (einen Beruf ergreifen, ein Ziel anstreben)

4. Der Subjuntivo nach Ausdrücken des Gefühls

(A mí) Me encanta que me regale flores.
(Mich begeistert, dass er/sie mir Blumen schenkt.)
(A mí) Me molesta que no me llame. (Mich stört, dass er/sie mich nicht anruft.)
(A mí) Me hace ilusión que me llame.
(Ich freue mich darauf, dass er/sie mich anruft.)
(A mí) Me pone nervioso que me llame al trabajo.
(Mich macht nervös, dass er/sie mich bei der Arbeit anruft.)

(a mí) me encanta que	
(a mí) me hace ilusión que	
(a mí) me pone nervioso/triste/... que	+ subjuntivo
(a mí) me pone de mal humor que	
(a mí) me molesta que	
no soporto que	
detesto que	

Lección 11

1. Verbale Umschreibungen (perífrasis verbales)

○ ¿Qué cosas **sueles llevar** contigo cuando viajas?
(Welche Sachen nimmst du gewöhnlich mit, wenn du reist?)

soler (o>ue) + Infinitiv = gewöhnlich etwas tun/zu tun pflegen

2. Der Gebrauch von Indikativ und Subjuntivo nach *aunque*

○ **Aunque** ir en avión es bastante seguro, no es bueno para la salud.
(Obwohl fliegen ziemlich sicher ist, ist es nicht sehr gut für die Gesundheit.)
○ Alguien con una afección cardíaca tendrá problemas durante el vuelo, **aunque sea** corto. (Jemand mit Herzbeschwerden wird während des Flugs Probleme bekommen, selbst wenn er kurz ist.)

aunque + Indikativ = obwohl
aunque + Subjuntivo = selbst wenn/auch wenn

3. Der reale Bedingungssatz

○ Si bebe demasiado, se sentirá mal.
(Wenn man zuviel trinkt, fühlt man sich schlecht.)
○ Si cambio de opinión, te llamo.
(Wenn ich meine Meinung ändere, rufe ich dich an.)
○ Si cambias de opinión, llámame.
(Wenn du deine Meinung änderst, ruf mich an.)

Bedingungssatz	Hauptsatz
si + Präsens,	Futur/ir a Präsens/Imperativ

Man spricht von einem realen Bedingungssatz, wenn die Bedingung in der Gegenwart oder in der Zukunft erfüllbar ist. In dem mit *si* eingeleiteten Satz steht das Verb im Präsens Indikativ. Im folgenden Hauptsatz kann das Verb im Futur, Präsens Indikativ oder Imperativ verwendet werden.

4. Verschiedene Möglichkeiten, Ratschläge zu geben

○ **¿Por qué no** lo pruebas?   ¿Por qué no + Präsens?
(Warum probierst du es nicht aus?)
○ **¡Pruébalo!** (Probier es aus!)   Imperativ
○ **Yo que tú**, lo probaría.   yo que tú, + Konditional
(Ich an deiner Stelle, würde es ausprobieren.)
○ **Yo en tu lugar**, lo probaría.   yo en tu lugar, + Konditional
(Ich an deiner Stelle, würde es ausprobieren.)
○ **Te aconsejo que** lo pruebes.   te aconsejo que + subjuntivo
(Ich rate dir, es auszuprobieren.)
○ **Te recomiendo que** lo pruebes.   te recomiendo que + subjuntivo
(Ich empfehle dir, es auszuprobieren.)

G11

5. Subjuntivo nach Verben des Zweifelns

○ **Dudo que** esas bolitas me **ayuden**.
   (Ich bezweifele, dass diese Kügelchen mir helfen werden.)

dudar que + subjuntivo

6. Der Gebrauch des Indikativs und Subjuntivo nach Ausdrücken der Wahrscheinlichkeit

positiv		negativ	
Está comprobado que		No está comprobado que	
Es cierto que	+ Indikativ	No es cierto que	+ subjuntivo
Es verdad que		No es verdad que	

Das Verb im Nebensatz wird nach *está comprobado que, es cierto que, es verdad que* im Indikativ benutzt.
Nach *no está comprobado que, no es cierto que* und *no es verdad que* folgt das Verb im Nebensatz im Subjuntivo.

7. Die verschiedenen Übersetzungsmöglichkeiten von *müssen*

○ Para llegar puntual **tienes que** irte a las ocho.
   (Um pünktlich anzukommen, musst du um 8 Uhr weggehen.)

tener que + Infinitiv = müssen (von außen auferlegter Zwang, materielle Notwendigkeit)

○ En este caso **debería** adaptarse al nuevo horario lo más pronto posible.
   (In diesem Fall müsste/sollte man sich so schnell wie möglich an den neuen Zeitplan gewöhnen.)
○ No **debes** decir esas cosas. (Du sollst/darfst solche Sachen nicht sagen.)
○ ¿Cómo **debería** ser la casa de tus sueños?
   (Wie müsste/sollte dein Traumhaus sein?)

deber + Infinitiv = müssen, sollen («moralische» oder selbst auferlegte Verpflichtung, höfliche Aufforderung)

○ **Hay que** cuidar la salud. (Man muss die Gesundheit schützen.)

hay que + Infinitiv = man muss (unpersönlicher Ausdruck)

8. Der Gebrauch von *ser* und *estar*

Sie haben in «Mirada» und in «Bien mirado» gelernt, **ser** und **estar** in verschiedenen Bedeutungen anzuwenden. In dieser Lektion kommt noch eine weitere Bedeutung von **ser** hinzu.

○ El congreso **será** en Salamanca.
  (Der Kongreß wird in Salamanca stattfinden.)

(Veranstaltung) + *ser* + *Orts-* oder *Zeitangabe* = stattfinden

Hier nochmals eine Zusammenfassung der wichtigsten Anwendungen.

Ser	Angabe von
Soy española de Badajoz.	Nationalität und Herkunft
Esta es María, la mujer de Pedro, es ingeniera.	Identität, Verwandtschaft und Beruf
Es una ciudad muy interesante.	Eigenschaften von Personen und Sachen
Es una persona muy simpática.	
El chile es picante.	
Hoy es domingo, 13 de diciembre y son las dos.	Datum und Uhrzeit
Este jersey es de Juana, es de lana y es rojo.	Besitz, Material und Farbe
El concierto es el sábado en la Plaza Mayor.	Ort und Zeitpunkt bei Veranstaltungen

Estar	
Venezuela está en el norte de Sudamérica.	Angabe des Ortes
¿Cómo estás?	Beschreibung des Zustands und Befindens
Yo bien, pero mi hijo está enfermo.	
Esta sopa está riquísima.	Bewertung von Speisen und Getränken (beim Probieren)
Este café está frío.	
¡Qué bonito está tu jardín!	Bewertung von Personen oder Sachen (in dem Moment des Sehens)
¡Qué interesante está este libro!	
¡Qué guapo estás hoy!	

G11

1. Der Gebrauch von *para* und *para que*

para + Infinitiv = um ... zu ...
○ Los parques se crean **para proteger** la naturaleza.
(Man errichtet die Parks, um die Natur zu schützen.)

para que + Subjuntivo = damit ...
○ Los parques se crean **para que** el ciudadano **disfrute** de la naturaleza.
(Man errichtet die Parks, damit der Bürger die Natur genießt.)

2. Ausdrücke zur Angabe von Gründen

El parque está en peligro **porque** hay mucho ruido.   *porque* = weil
(Der Park ist in Gefahr, weil es viel Lärm gibt.)
Como a Juan le gusta la montaña, le regalé unas botas.   *como* = da
(Da Juan die Berge mag, habe ich ihm Stiefel geschenkt.)
Hubo un incendio **por** el calor.   *por* + Substantiv = wegen
(Es gab ein Feuer wegen der Hitze.)
El parque está en peligro **a causa del** turismo.   *a causa de* = verursacht durch
(Der Park ist (verursacht) durch den Tourismus in Gefahr.)
Hay problemas en el campo **debido** a la sequía.   *debido a* = infolge
(Infolge der Dürre gibt es Probleme in der Landwirtschaft.)
La sequía se acabó **gracias** a las lluvias del invierno pasado. *gracias a* = dank
(Die Dürre wurde dank der Regenfälle des letzten Winters beendet.)

G12

3. Das Imperfekt des Subjuntivo

	cant**ar**	com**er**	viv**ir**
(yo)	cant**ara**	com**iera**	viv**iera**
(tú)	cant**aras**	com**ieras**	viv**ieras**
(él/ella/usted)	cant**ara**	com**iera**	viv**iera**
(nosotros/-as)	cant**áramos**	com**iéramos**	viv**iéramos**
(vosotros/-as)	cant**arais**	com**ierais**	viv**ierais**
(ellos/-as/ustedes)	cant**aran**	com**ieran**	viv**ieran**

Das Imperfekt des Subjuntivo wird abgeleitet aus den Formen der 3. Person
Plural des Indefinido; anstelle der Endung *-ron* werden die entsprechenden
Endungen des Imperfekt des Subjuntivo angehängt.

	cantar	comer	vivir
(yo)	cantase	comiese	viviese
(tú)	cantases	comieses	vivieses
(él/ella/usted)	cantase	comiese	viviese
(nosotros/-as)	cantásemos	comiésemos	viviésemos
(vosotros/-as)	cantaseis	comieseis	vivieseis
(ellos/-as/ustedes)	cantasen	comiesen	viviesen

Es gibt eine zweite Form des Imperfekts des Subjuntivo, die mit der Endung -se gebildet wird. Es gibt zwischen den Formen keinen Bedeutungsunterschied. (Deshalb üben wir in **Bien mirado** intensiv nur eine Form. Wenn Sie die andere irgendwo hören oder lesen, können Sie sie so verstehen).

4. Das Imperfekt des Subjuntivo von unregelmäßigen Verben

Infinitiv	Indefinido	Imperfekt Subjuntivo
ser/ir	fueron	fuera, fueras usw.
estar	estuvieron	estuviera, estuvieras usw.
hacer	hicieron	hiciera, hicieras usw.
poner	pusieron	pusiera, pusieras usw.
querer	quisieron	quisiera, quisieras usw.
saber	supieron	supiera, supieras usw.
tener	tuvieron	tuviera, tuvieras usw.
construir	construyeron	construyera, construyeras usw.
decir	dijeron	dijera, dijeras usw.
pedir	pidieron	pidiera, pidieras usw.
venir	vinieron	viniera, vinieras usw.

Die Ableitung des Imperfekts des Subjuntivo von der 3. Person Plural des Indefinido gilt auch für alle unregelmäßigen Verben.

5. Der Gebrauch des Imperfekts des Subjuntivo im potentiellen Bedingungssatz

○ Si **estuviera** allí, **pediría** permiso.
   (Wenn ich dort wäre, würde ich um Erlaubnis bitten.)
○ Si me **tocara** la lotería, **dejaría** de trabajar.
   (Wenn ich im Lotto gewinnen würde, würde ich aufhören zu arbeiten.)

Bedingungssatz	Hauptsatz
si + Imperfekt Subjuntivo	Konditional

Wenn der si-Satz eine Bedingung erhält, deren Erfüllung möglich aber im Augenblick nicht realisierbar oder sehr unwahrscheinlich ist, steht das Verb im Imperfekt des Subjuntivo. Im Hauptsatz wird das Verb im Konditional benutzt.

6. Der Gebrauch der Präpositionen *por* und *para*

por

Quería dar paseos **por la playa**. Voy **por Madrid**.	(ungefähre) Ortsangabe/ Ortsangabe an der eine Bewegung vorbei- oder durch den sie führt
Por la mañana hago gimnasia. Hago gimnasia dos veces **por semana**.	(ungefähre) Zeitangaben
Hubo un incendio **por la sequía**.	Angabe der Ursache oder des Grundes
Quiero mandar este paquete **por avión**. Te lo digo **por teléfono**. Te mando la respuesta **por fax/por correo**.	Angabe des Transport- oder Kommunikationsmittels
¿Cuánto pagaste **por este ordenador**? Lo compré **por 5.000 dólares**.	Preisangabe
No me gusta ir de compras, pero lo hago **por ti**.	in der Bedeutung zugunsten von, für
por ciento por ejemplo por favor por un lado ... por otro lado por parte de por supuesto por suerte por último	mit festen Ausdrücken

para

Te llamo **para saber** la fecha. Hacer deporte es bueno **para la salud**. Este regalo es **para Juan**. ¿A qué hora sale el tren **para Cáceres**?	Angabe des Zwecks und Ziels
Quiero alquilar el coche **para tres días**. ¿Puede reservar una mesa **para 4 personas**?	Angabe der Menge
¿Me reserva la mesa **para el 21 de octubre**, por favor?	Terminangabe
Este regalo es **para Juan**. Trabaja **para una agencia** de seguros. Si no tienes tiempo, hago la compra **para ti**.	Angabe des «Empfängers» (Person/Institution)
Para la señora Ruiz es importante respetar el medio ambiente.	Angabe einer Meinung, eines Standpunktes
Necesito las copias **para el lunes**.	Zeitangabe

Lección 13

1. Der Gebrauch von Indikativ und Subjuntivo nach *hasta que* und anderen Konjunktionen der Zeit

○ No hagas nada **haste que** yo **confirme** las plazas.
(Mach nichts bis ich die Plätze bestätige.)

Nach Konjunktionen der Zeit wird das Verb im *Subjuntivo* benutzt, wenn der Nebensatz sich auf etwas Zukünftiges bezieht.

○ Nunca había pensado en aprender a bucear **hasta que** lo **conocí**.
(Niemals hatte ich daran gedacht, tauchen zu lernen, bis ich ihn kennenlernte.)

Das Verb steht im *Indikativ*, wenn sich der Nebensatz auf eine Handlung oder ein Ereignis in der Vergangenheit oder in der Gegenwart bezieht.

Die selben Regeln gelten auch nach:
así que (sobald)
depués de que (nachdem)
mientras que (während)

G13

○ Oye, **antes de que** se me **olvide**, ¿tienes planes para el fin de semana?
(Hör mal, bevor ich es vergesse, hast du Pläne für das Wochenende?)
○ **Antes de que** me **mudara** a Jerez, vivía en Sevilla.
(Bevor ich nach Jerez gezogen bin, habe ich in Sevilla gewohnt.)

Nach *antes de que* steht das Verb immer im Subjuntivo.

2. Der Konditional II (el condicional perfecto)

	practic*ar*	aprend*er*	viv*ir*
(yo)	habría practicado	habría aprendido	habría vivido
(tú)	habrías practicado	habrías aprendido	habrías vivido
(él/ella/usted)	habría practicado	habría aprendido	habría vivido
(nosotros/-as)	habríamos practicado	habríamos aprendido	habríamos vivido
(vosotros/-as)	habríais practicado	habríais aprendido	habríais vivido
(ellos/-as/ustedes)	habrían practicado	habrían aprendido	habrían vivido

Der Konditional II wird gebildet aus den Formen des Konditionals I von *haber* und dem Partizip.

3. Der Gebrauch des Konditional II

○ A mí me **habría gustado** aprender a bucear, pero mis padres no me dejaron.
  (Ich hätte gerne tauchen gelernt, aber meine Eltern ließen es mich nicht machen.)

Der Konditional II wird gebraucht, um wiederzugeben, was sich ereignet hätte/ was geschehen wäre, wenn eine bestimmte Voraussetzung erfüllt gewesen wäre. Oft drückt man damit auch Bedauern aus über etwas in der Vergangenheit Versäumtes, das nicht mehr verwirklicht werden kann.

4. Verbale Umschreibungen (perífrasis verbales)

○ Llevo cinco años jugando al tenis.
  (Ich spiele schon seit fünf Jahren Tennis.)

○ Lleva muchos años sin esquiar.
  (Er ist schon seit vielen Jahren nicht mehr Ski gefahren.)

llevar + Zeit + gerundio = schon seit ... (tun)
llevar + Zeit + sin + Infinitiv = schon seit ... nicht (tun)

5. Die Zeitenfolge in Nebensätzen mit Subjuntivo

Me gustaría que el curso **fuera** de esquí de fondo.
(Es wäre schön, wenn es ein Langlaufskikurs wäre.)
Preferiría que **viniera** más temprano.
(Ich würde es vorziehen, dass/wenn sie früher käme.)
Me vendría bien que **fuera** en agosto.
(Mir würde es gut passen, wenn es im August wäre.)

(a mí) me gustaría que	
preferiría que	+ Imperfekt des Subjuntivo
(a mí) me vendría bien que	

Stehen im Hauptsatz Verben bzw. Ausdrücke, die den Subjuntivo erfordern, im Konditional I, so erscheint im Nebensatz das Verb im Imperfekt des Subjuntivo.

G13

6. Die direkte und indirekte Rede (1)

Direkte Rede	Indirekte Rede
	Dice/ha dicho
«**Hemos cambiado** el lugar de la cita.»	que **han cambiado** el lugar de la cita.
«**Paqui y yo estaremos** en la disco.»	que **Paqui y ella estarán** en la disco.
«**Llámame**, por favor.»	que **lo/la** llame.
	Pregunta/ha preguntado
«¿Puedes **traernos** a Paqui y **a mí** a casa?»	si puede **llevarlas** a Paqui y **a ella** a casa.
«¿Puedes **venir** a buscarme?»	si puede **ir** a buscarlo/la.
«¿Dónde viven?»	dónde viven.

Ein Aussagesatz in der direkten Rede wird in der indirekten Rede durch *que* eingeleitet, eine Frage ohne Fragewort durch *si*.
Die Fragewörter behalten in der indirekten Rede den Akzent.

Wird die indirekte Rede durch ein Verb des Sagens oder Fragens im *Präsens* oder im *Perfekt* mit Präsens-Bedeutung eingeleitet, steht das Verb in der indirekten Rede in der gleichen Zeitform wie in der direkten Rede. Ein *Imperativ* wird in der indirekten Rede mit dem *Präsens* des *Subjuntivo* wiedergegeben.

Wie im Deutschen, wird bei der Umformung der direkten Rede in die indirekte der neuen Perspektive, die sich dabei ergibt, durch Veränderung einiger Wörter Rechnung getragen. Wie in den Beispielen gezeigt wird, verändern sich:
o die Subjekte der Verben (1. und 2. Person)
o die Objektpronomen
o die Verben *ir/venir*, *llevar/traer*, wenn die Person, die erzählt, sich an einem anderen Ort befindet.

	Dice/ha dicho
«**Este** bolso es muy bonito.»	que **ese** bolso es muy bonito.
«Estoy en **mi** casa.»	que está en **su** casa.
«**Aquí** hace mucho calor.»	que **allí** hace mucho calor.

Auch bei Demonstrativ- und Possessivpronomen und Ortsangaben können sich Veränderungen ergeben.

«**Oye**, tengo un problema.»   Dice/ha dicho que tiene un problema.

In der direkten Rede werden häufig Wörter benutzt, um beispielsweise die Aufmerksamkeit zu erlangen o.ä., die in der indirekten Rede nicht wiedergegeben werden.

G13

1. Die direkte und indirekte Rede (2)

Wenn die indirekte Rede durch ein Verb des Sagens oder Fragens in der Vergangenheit
(Indefinido, Perfekt, Imperfekt, Plusquamperfekt) eingeleitet wird, wird das Verb aus
der direkten Rede nach den folgenden Mustern verändert:

«Usted **está** molestando.»	Dijo que **estaba** molestando.
«Le he **dicho** que está molestando.»	Dijo que le **había dicho** que estaba molestando.
«Ayer **fui** a un café.»	Dijo que **había ido** a un café el día anterior.
«**Hablaré** todo el tiempo que quiera.»	Dijo que **hablaría** todo el tiempo que quisiera.
«Hablaré todo el tiempo que **quiera**.»	Dijo que hablaría todo el tiempo que **quisiera**.
«**¡Déjame** en paz!»	Dijo que le **dejara** en paz.

direkte Rede		indirekte Rede
Präsens	→	Imperfekt
Perfekt	→	Plusquamperfekt
Indefinido	→	Plusquamperfekt
Futur I	→	Konditional I
Subjuntivo	→	Imperfekt des Subjuntivo
Imperativ	→	Imperfekt des Subjuntivo

G14

«**Estaba** en este café todos los días.»	Dijo que **estaba** en ese café todos los días.
«Nunca **había visto** algo así.»	Dijo que nunca **había visto** algo así.
«Me **habría gustado** verle.»	Dijo que le **habría gustado** verle.
«Me molestó que **hablara** tan alto.»	Dijo que le había molestado que **hablara** tan alto.

direkte Rede		indirekte Rede
Imperfekt	→	Imperfekt
Plusquamperfekt	→	Plusquamperfekt
Konditional II	→	Konditional II
Imperfekt des Subjuntivo	→	Imperfekt des Subjuntivo

Unverändert bleiben das Imperfekt, das Plusquamperfekt, der Konditional II
und das Imperfekt des Subjuntivo.

«Te voy a llamar **mañana**.»	Dijo que me iba a llamar **el día siguiente**.
«Pedro llamó **ayer**.»	Dijo que Pedro había llamado **el día anterior**.

Außer den Wortveränderungen, die Sie in der vorherigen Lektion kennengelernt haben,
wird bei der indirekten Rede in der Vergangenheit die zeitliche Perspektive des Gesagten
verändert, so dass deshalb auch, wie im Deutschen, die Zeitausdrücke angepasst werden.

2. Die Zeitenfolge beim Subjuntivo

○ Me **sorprendió** que no **estuviera**. (Mich überraschte, dass er nicht da war.)
○ **Quería** que **viniera** pronto. (Ich wollte, dass sie bald kam.)
○ Me **pareció mal** que no **llamara**.
  (Ich fand es nicht gut, dass er er/sie nicht anrief.)

Hauptsatz	Nebensatz
Indefinido Imperfekt	+ Imperfekt des Subjuntivo

Stehen im Hauptsatz Verben bzw. Ausdrücke, die den Subjuntivo erfordern, im Indefinido oder Imperfekt, so erscheint im Nebensatz das Verb im Imperfekt des Subjuntivo.

G14

214

Der Gebrauch des Subjuntivo

Das Verb im Nebensatz steht im Subjuntivo, wenn im Hauptsatz eines der
folgenden Verben oder Ausdrücke mit der angegebenen Bedeutung gebraucht wird:

▷ **Meinung/Beurteilung**
Está bien/mal
Me parece bien/mal/raro
Es normal
Es una pena   que las tradiciones **cambien**.
A mí me da igual
No me importa
Lo más importante es
Lo principal es

▷ **Gefühl**
Me gusta
Me encanta   que me **regalen** flores.
Me hace ilusión

Me molesta
Me pone nervioso
Me pone de mal humor   que me **despierten** los domingos antes de las diez.
No soporto
Detesto

▷ **Notwendigkeit**
Es importante
Es necesario   que el piso **tenga** un balcón.
Es fundamental

▷ **Wunsch, Forderung oder Hoffnung**
Quiero
Exijo
Deseo   que el barrio **sea** seguro.
Espero

▷ **Erstaunen**
Qué raro
No puede ser
No es posible   que te **hayas quedado** dormido.
Me extraña

G

▷ **Unsicherheit, Zweifel, verneinte Verben des Glaubens**
Dudo
No creo
No está comprobado   que **sea** bueno comer mucho por las noches.
No es verdad
No es cierto

Der Subjuntivo steht außerdem:

▷ bei (guten) Wünschen
¡Que te **diviertas**!
¡Ojalá no **llueva** mañana!

▷ in Relativsätzen,
wenn man eine Person oder Sache sucht/sich wünscht, und man nicht weiß, ob es sie gibt
Busco a una persona que me **pague** la gasolina.

wenn das Verb im Hauptsatz verneint ist
No conozco a nadie que **utilice** lentillas desechables.

▷ wenn man anderen die Entscheidung überlässt
Puedes ir cuando **quieras**.
Haz lo que **quieras**.

▷ nach Ausdrücken der Vermutung
Quizá(s) **esté** en un atasco.
Tal vez se **haya quedado** dormido.

▷ nach **cuando** und **hasta que**, um zukünftige Handlungen auszudrücken
Cuando **me jubile**, podré dedicar más tiempo a mis aficiones.
No hagas nada hasta que yo **confirme** las plazas.

▷ nach **para que** und **antes de que**
Los parques se crean para que el ciudadano **disfrute** de la naturaleza.
Oye, antes de que se me **olvide**, ¿tienes planes para el fin de semana?

▷ in potentiellen Bedingungssätzen
Si me **tocara** la lotería, dejaría de trabajar.

▷ für die Wiedergabe von Bitten und Befehlen
Que **tengas** cuidado.
Te recomienda que lo **pruebes**.
Dice que **vengas**.
Me pedían que no **abriera** la puerta.
Me prohibían que **llegara** a casa después de las diez.

▷ nach **aunque** in der Bedeutung von selbst/auch wenn
Aunque **se enfade** conmigo, voy a decírselo.

Die Formen wichtiger unregelmäßiger Verben

Infinitivo	Presente	Indefinido	Gerundio	Presente Subj.	Imperfecto Subj.
conducir	conduzco	conduje	conduciendo	conduzca	condujera
(fahren)	conduces	condujiste	*Participio*	conduzcas	condujeras
	conduce	condujo	conducido	conduzca	condujera
	conducimos	condujimos		conduzcamos	condujéramos
	conducís	condujisteis		conduzcáis	condujerais
	conducen	condujeron		conduzcan	condujeran
conocer	conozco	conocí	*Gerundio*	conozca	conociera
(kennen/	conoces	conociste	conociendo	conozcas	conocieras
-lernen)	conoce	conoció	*Participio*	conozca	conociera
	conocemos	conocimos	conocido	conozcamos	conociéramos
	conocéis	conocisteis		conozcáis	conocierais
	conocen	conocieron		conozcan	conocieran
construir	construyo	construí	*Gerundio*	construya	construyera
(bauen)	construyes	construiste	construyendo	construyas	construyeras
	construye	construyó	*Participio*	construya	construyera
	construimos	construimos	construido	construyamos	construyéramos
	construís	construisteis		construyáis	construyerais
	construyen	construyeron		construyan	construyeran
dar	doy	di	*Gerundio*	dé	diera
(geben)	das	diste	dando	des	dieras
	da	dio	*Participio*	dé	diera
	damos	dimos	dado	demos	diéramos
	dais	disteis		deis	dierais
	dan	dieron		den	dieran
decir	digo	dije	*Gerundio*	diga	dijera
(sagen)	dices	dijiste	diciendo	digas	dijeras
	dice	dijo	*Participio*	diga	dijera
	decimos	dijimos	dicho	digamos	dijéramos
	decís	dijisteis	*Cond./Fut.*	digáis	dijerais
	dicen	dijeron	dir-ía/-é	digan	dijeran
dormir	duermo	dormí	*Gerundio*	duerma	durmiera
(schlafen)	duermes	dormiste	durmiendo	duermas	durmieras
	duerme	durmió	*Participio*	duerma	durmiera
	dormimos	dormimos	dormido	durmamos	durmiéramos
	dormís	dormisteis		durmáis	durmierais
	duermen	durmieron		duerman	durmieran

G

Infinitivo	Presente	Indefinido	Gerundio	Presente Subj.	Imperfecto Subj.
estar	estoy	estuve	estando	esté	estuviera
(sein/sich	estás	estuviste	*Participio*	estés	estuvieras
befinden)	está	estuvo	estado	esté	estuviera
	estamos	estuvimos		estemos	estuviéramos
	estáis	estuvisteis		estéis	estuvierais
	están	estuvieron		estén	estuvieran
hacer	hago	hice	*Gerundio*	haga	hiciera
(machen)	haces	hiciste	haciendo	hagas	hicieras
	hace	hizo	*Participio*	haga	hiciera
	hacemos	hicimos	hecho	hagamos	hiciéramos
	hacéis	hicisteis	*Cond./Fut.*	hagáis	hicierais
	hacen	hicieron	har -ía/-é	hagan	hicieran
ir	voy	fui	*Gerundio*	vaya	fuera
(gehen/	vas	fuiste	yendo	vayas	fueras
fahren)	va	fue	*Participio*	vaya	fuera
	vamos	fuimos	ido	vayamos	fuéramos
	vais	fuisteis	*Imperfecto*	vayáis	fuerais
	van	fueron	iba,ibas ...	vayan	fueran
leer	leo	leí	*Gerundio*	lea	leyera
(lesen)	lees	leíste	leyendo	leas	leyeras
	lee	leyó	*Participio*	lea	leyera
	leemos	leímos	leído	leamos	leyéramos
	leéis	leísteis		leáis	leyerais
	leen	leyeron		lean	leyeran
ofrecer	ofrezco	ofrecí	*Gerundio*	ofrezca	ofreciera
(anbieten)	ofreces	ofreciste	ofreciendo	ofrezcas	ofrecieras
	ofrece	ofreció	*Participio*	ofrezca	ofreciera
	ofrecemos	ofrecimos	ofrecido	ofrezcamos	ofreciéramos
	ofrecéis	ofrecisteis		ofrezcáis	ofrecierais
	ofrecen	ofrecieron		ofrezcan	ofrecieran
oír	oigo	oí	*Gerundio*	oiga	oyera
(hören)	oyes	oíste	oyendo	oigas	oyeras
	oye	oyó	*Participio*	oiga	oyera
	oímos	oímos	oído	oigamos	oyéramos
	oís	oísteis		oigáis	oyerais
	oyen	oyeron		oigan	oyeran

Infinitivo	Presente	Indefinido	Gerundio	Presente Subj.	Imperfecto Subj.
pedir	pido	pedí	pidiendo	pida	pidiera
(bitten)	pides	pediste	*Participio*	pidas	pidieras
	pide	pidió	pedido	pida	pidiera
	pedimos	pedimos		pidamos	pidiéramos
	pedís	pedisteis		pidáis	pidierais
	piden	pidieron		pidan	pidieran
poder	puedo	pude	*Gerundio*	pueda	pudiera
(können)	puedes	pudiste	pudiendo	puedas	pudieras
	puede	pudo	*Participio*	pueda	pudiera
	podemos	pudimos	podido	podamos	pudiéramos
	podéis	pudisteis	*Cond./Fut.*	podáis	pudierais
	pueden	pudieron	podr-ía/-é	puedan	pudieran
poner	pongo	puse	*Gerundio*	ponga	pusiera
(setzen/	pones	pusiste	poniendo	pongas	pusieras
stellen/	pone	puso	*Participio*	ponga	pusiera
legen)	ponemos	pusimos	puesto	pongamos	pusiéramos
	ponéis	pusisteis	*Cond./Fut.*	pongáis	pusierais
	ponen	pusieron	pondr-ía/-é	pongan	pusieran
querer	quiero	quise	*Gerundio*	quiera	quisiera
(wollen)	quieres	quisiste	queriendo	quieras	quisieras
	quiere	quiso	*Participio*	quiera	quisiera
	queremos	quisimos	querido	queramos	quisiéramos
	queréis	quisisteis	*Cond./Fut.*	queráis	quisierais
	quieren	quisieron	querr-ía/é	quieran	quisieran
saber	sé	supe	*Gerundio*	sepa	supiera
(wissen)	sabes	supiste	sabiendo	sepas	supieras
	sabe	supo	*Participio*	sepa	supiera
	sabemos	supimos	sabido	sepamos	supiéramos
	sabéis	supisteis	*Cond./Fut.*	sepáis	supierais
	saben	supieron	sabr-ía/-é	sepan	supieran
salir	salgo	salí	*Gerundio*	salga	saliera
(weggehen)	sales	saliste	saliendo	salgas	salieras
	sale	salió	*Participio*	salga	saliera
	salimos	salimos	salido	salgamos	saliéramos
	salís	salisteis	*Cond./Fut.*	salgáis	salierais
	salen	salieron	saldr-ía/-é	salgan	salieran

Infinitivo	Presente	Indefinido	Gerundio	Presente Subj.	Imperfecto Subj.
ser	soy	fui	siendo	sea	fuera
(sein)	eres	fuiste	*Participio*	seas	fueras
	es	fue	sido	sea	fuera
	somos	fuimos	*Imperfecto*	seamos	fuéramos
	sois	fuisteis	era,...,éramos	seáis	fuerais
	son	fueron		sean	fueran
tener	tengo	tuve	*Gerundio*	tenga	tuviera
(haben)	tienes	tuviste	teniendo	tengas	tuvieras
	tiene	tuvo	*Participio*	tenga	tuviera
	tenemos	tuvimos	tenido	tengamos	tuviéramos
	tenéis	tuvisteis	*Cond./Fut.*	tengáis	tuvierais
	tienen	tuvieron	tendr-ía/-é	tengan	tuvieran
traer	traigo	traje	*Gerundio*	traiga	trajera
(bringen)	traes	trajiste	trayendo	traigas	trajeras
	trae	trajo	*Participio*	traiga	trajera
	traemos	trajimos	traído	traigamos	trajéramos
	traéis	trajisteis		traigáis	trajerais
	traen	trajeron		traigan	trajeran
venir	vengo	vine	*Gerundio*	venga	viniera
(kommen)	vienes	viniste	viniendo	vengas	vinieras
	viene	vino	*Participio*	venga	viniera
	venimos	vinimos	venido	vengamos	viniéramos
	venís	vinisteis	*Cond./Fut.*	vengáis	vinierais
	vienen	vinieron	vendr-ía/-é	vengan	vinieran
ver	veo	vi	*Gerundio*	vea	viera
(sehen)	ves	viste	viendo	veas	vieras
	ve	vio	*Participio*	vea	viera
	vemos	vimos	visto	veamos	viéramos
	veis	visteis	*Imperfecto*	veáis	vierais
	ven	vieron	veía, veías, ...	vean	vieran

G

Lektionswortschatz

Lección 1

¿Cómo te va?	Wie geht es dir?

1

la propuesta	Vorschlag
el lugar de residencia	Wohnort

2

¿querés...?	möchtest du ...?
¿Y ustedes?	hier: Und ihr?
¿De dónde son?	hier: Woher seid ihr?
¡Acertaste!	Richtig/Genau!
acertar	treffen
al sudoeste de	südwestlich von
¿Dónde queda?	Wo liegt es?
quedar	hier: liegen, sich befinden
¿Hace mucho que...?	... schon lange?
hace...que	seit (Zeitspanne)
¿Qué pasa?	Was ist los?

3

la información personal	hier: persönliche Angaben
personal	persönlich, Personal-

4

identificar	identifizieren, wiedererkennen
dejar de	aufhören zu
volver a	wieder (tun)
pelearse	sich streiten
empezar a	anfangen zu
seguir + gerundio	immer noch (tun)

5

regresar	zurückkehren

6

marcar	markieren, einzeichnen
la tabla	hier: Tabelle
ofrecer (-zco)	anbieten
la ayuda	Hilfe
pedir (e>i)	bitten
el permiso	Erlaubnis

7

la expresión	Ausdruck
insistir (en)	bestehen, beharren, drängen (auf)
rechazar	ablehnen, von sich weisen
aceptar	akzeptieren, annehmen
agradecer	danken

Pasa, pasa.	Komm doch herein.
¿Por qué te has molestado?	hier etwa: Das wäre doch nicht nötig gewesen.
molestarse	sich die Mühe machen
servir (e>i)	bedienen, anbieten
ayudar	helfen
si no te importa	wenn es dir nichts ausmacht
importar	von Bedeutung sein, wichtig sein
llevar	tragen, bringen
la empanada	(gefüllte) Teigpastete
es que ya estoy llena	ich bin nämlich schon satt
estar lleno/-a	umgangsspr.: satt sein
lleno/-a	voll
coger	nehmen
el trozo	Stück
el trocito	Stückchen
el cigarrillo	Zigarette
¿Te molesta si ...?	Stört es dich, wenn ...?
molestar	stören

9

el/la anfitrión/-ona	Gastgeber/in
dar las gracias	Dank sagen
le quitas importancia	etwa: du schwächst den Dank ab
quitar	entfernen, ab-/wegnehmen
la importancia	Bedeutung, Wichtigkeit
responder	antworten, erwidern
el cigarro	Zigarre

Y además

1

presentar	vorstellen
corresponder	übereinstimmen, passen
la secretaria de dirección	Chefsekretärin
el departamento de personal	Personalabteilung
el representante	Vertreter, Beauftragter
el asunto	Angelegenheit, Sache
el/la jefe/-a de compras	Einkaufschef/in
el/la jefe/-a de ventas	Verkaufschef/in

2

el cargo	Posten, Amt

W1

Lección 2

1

la vista	Sicht, Blick
bucear	tauchen
el mar Mediterráneo	Mittelmeer
la cata de vinos	Weinprobe
la cura de belleza	Schönheitskur
el senderismo	Wandern
los Pirineos	Pyrenäen
el valle	Tal
tras	nach
la propuesta	Vorschlag
marítimo/-a	maritim, See-
la inmersión	Eintauchen
incluir	einschließen, umfassen
el vuelo	Flug
el parapente	Paragliding (*Fliegen vom Berg mit fallschirmähnlichen Gleitsegeln*)
biplaza	zweisitzig
el alojamiento	Unterkunft
convenir	angebracht sein
nacional	national
la ruta	Route, Strecke
espectacular	spektakulär
recorrer	durchqueren, bereisen
la Alcarria conquense	*Gebiet in der Provinz von Cuenca und Guadalajara*
rural	ländlich, Land-
sensibilizar	sensibilisieren
el paladar	Gaumen
apreciar	einschätzen, beurteilen
los buenos caldos	gute Weine
el balneario	Kurbad
la pensión completa	Vollpension
la limpieza de cutis	Gesichtsreinigung
el drenaje facial	Gesichtsdränage
corporal	körperlich, Körper-
la bañera individual	Einzelbadewanne
el hidromasaje	Wassermassage
el ozono	Ozon, Sauerstoff
el alga (*f.*)	Alge
el aceite esencial	ätherisches Öl
contar con	rechnen mit
la piscina climatizada	beheiztes Schwimmbad
climatizado/-a	klimatisiert
el gimnasio	Gymnastikraum, Turnhalle
la puesta a punto	Generalrevision, «Runderneuerung»
rústico/-a	rustikal
el descenso	Abstieg
la canoa	Kanu
el vehículo	Fahrzeug

2

volar	fliegen

3

¿Lo habéis pasado bien?	Habt ihr euch gut amüsiert?
pasárselo bien	sich amüsieren, es sich gut gehen lassen
el mapa	Landkarte
coincidir	übereinstimmen
alegrar el ambiente	die Stimmung beleben, aufheitern
genial	genial, toll
un montón de	eine Menge von
el sitio	Ort, Platz
el castillo	Schloss
parar	(an)halten
impresionante	beeindruckend
la degustación	Verkostung
la maravilla	Wunder
el monasterio	Kloster
la tranquilidad	Ruhe

4

probar	(aus)probieren

5

según	gemäß, entsprechend
la expresión temporal	Zeitausdruck

6

el pastor	Hirte
descubrir	entdecken
el sepulcro	Grabstätte
el apóstol	Apostel
a partir de	ab
el peregrino	Pilger
la Edad Media	Mittelalter
el burro	Esel
en la actualidad	heutzutage
calcular	rechnen
el viajero	Reisender
realizar	realisieren, durchführen
al año	pro/im Jahr
por motivos religiosos	aus religiösen Gründen
disfrutar	genießen
la variedad	Vielfältigkeit, Variation
el paisaje	Landschaft
el monumento	Monument
histórico/-a	historisch
el punto de partida	Ausgangspunkt
el puerto	*hier:* Bergpass
el paso	(Gebirgs-)Pass
el recorrido	(Weg-)Strecke
sobre todo	vor allem, insbesondere
la culminación	Höhepunkt
reunir	vereinen, versammeln
el casco antiguo	Altstadt
conservar	erhalten, konservieren
sino	sondern
el punto de encuentro	Treffpunkt

W2

7

la anotación	Aufzeichnung
por último	schließlich, zu guter Letzt
gótico/-a	gotisch
convertir	umwandeln
el parador de turismo	der/das Parador (staatl. span. Touristenhotel)
la construcción	Bauwerk, Konstruktion
la muralla	(Stadt)Mauer
el templario	Tempelherr, Templer

8

| a través de | durch |
| el itinerario | Strecke, Route, Weg |

9

tener malas experiencias	schlechte Erfahrungen haben
la experiencia	Erfahrung
la queja	Beschwerde
por parte de	von Seiten
por suerte	zum Glück
como	da, weil (immer am Satzanfang)
la temporada baja	Nebensaison
obtener	bekommen, erhalten
mostrar	zeigen
el catálogo	Katalog
la cala	Bucht
la piedra	Stein
en lugar de	anstelle von
por lo que se refiere a	mit Bezug auf
referirse (e>ie) a	sich beziehen auf
variado/-a	abwechslungsreich
corresponder	übereinstimmen, passen
la descripción	Beschreibung
debido a	infolge von
el motivo	Grund, Motiv
justificado/-a	gerechtfertigt
buscar	suchen

10

en parejas	zu zweit
la pareja	Paar; Partner/in
alojarse	absteigen, sich einquartieren
el aire acondicionado	Klimaanlage
el balcón	Balkon
guiado/-a	geführt, geleitet

11

a continuación	im Folgenden
la lengua hablada	gesprochene Sprache
utilizar	benutzen, gebrauchen
expresar	ausdrücken
la sorpresa	Überraschung
compartir	teilen, Anteil nehmen
la decepción	Enttäuschung
¡Qué desastre!	Was für eine Katastrophe!
el desastre	Katastrophe
¡Qué pena!	Wie schade!
la pena	Trauer, Kummer, Mühe
¡Qué mala suerte!	Was für ein Pech!
la mala suerte	Pech
¡Qué lástima!	Wie schade!
la lástima	Mitleid

12

imaginar	sich (aus)denken, sich vorstellen
reaccionar	reagieren
aparecer (-zco)	auftauchen, erscheinen

13

| parecido/-a | ähnlich |

Y además

1

mandar	schicken
la hoja	Blatt
con referencia a	mit Bezug auf
enviar	schicken, senden
confirmar	bestätigen
lamentablemente	bedauerlicherweise
disponible	verfügbar
la planta baja	Erdgeschoss
solicitar	beantragen, bestellen
encontrarse	sich befinden
la tarifa especial	Spezialtarif
el ejecutivo	Manager, (leitender) Angestellter
Feria del Automóvil	Automesse
la feria	Messe
IVA (impuesto sobre el valor añadido)	MwSt. (Mehrwertsteuer)
garantizar	garantieren

Lección 3

| la costumbre | Brauch, Gewohnheit |

1

tratarse de	sich handeln um
la imagen	Bild
el carnaval	Karneval, Fasching
desfilar	umher-/vorbeiziehen
llamativo/-a	grell
la careta	Maske
el cartón-piedra	Pappmaschee
elaborar	herstellen, anfertigen
por los artesanos ponceños	von den Handwerkern aus Ponce
el/la artesano/-a	Handwerker/in

disfrazarse de — verkleiden als
viceversa — umgekehrt
el Día de Muertos — Allerheiligen (1.11.)
el esqueleto — Skelett
la calaverita — Totenkopf
dulce — süß; Süßigkeit
brillante — glänzend, strahlend
pintar — malen
la frente — Stirn
la Semana Santa — Karwoche
la procesión — Prozession
misterioso/-a — geheimnisvoll
el Cristo Negro — der «schwarze Christus»
la alfombra — Teppich
adornar — schmücken
los Moros y Cristianos — die Mauren und Christen
escenificar — inszenieren
la batalla — Kampf, Schlacht
la tropa — Truppe
la Reconquista — *Rückeroberung Spaniens aus der Maurenherrschaft*

2

el país de habla hispana — spanischsprachiges Land

3

recordar (o>ue) — (sich) erinnern
el Día de Reyes — Dreikönigstag (6.1.)
con ilusión — mit Vorfreude
anterior — vorherig
dejar — liegen/stehen lassen
el maíz — Mais
la alfalfa — Luzerne (*Futterpflanze*)
seguramente — sicherlich
la rosca de Reyes — Dreikönigskuchen
la rosca — Ballen, Kringel
el mono — *hier:* Puppe
esconder — verstecken
el pedazo — Stück
ponerse contento/-a — zufrieden werden
tener suerte — Glück haben
la suerte — Glück
tocar — an der Reihe sein
el Día de la Candelaria — Mariä Lichtmess (2.2.)
todo lo que tengan — alles, was sie haben
repartir — verteilen
tachar — streichen

4

la Pascua — Ostern

5

las posadas — *in Mexiko die 9 Tage vor Weihnachten*
acordarse (o > ue) — sich erinnern
el canto — Gesang
la representación — Aufführung, Vorstellung
la piñata — *Tongefäß mit Süßigkeiten*
el ponche — Punsch

todo el mundo — alle
cualquiera — irgendein(e/er/s)
la borrachera — Trinkgelage, «Besäufnis»
me parece mal que + subj. — ich finde es schlecht, dass
parecer (-zco) — (zu sein) scheinen, finden
conservar — erhalten
tal y como — genauso
adoptar — annehmen
continuar — fortsetzen
¡Que te diviertas! — Viel Vergnügen!
divertirse (e>ie) — sich vergnügen
¡Que te vaya bien! — Lass es dir gut gehen!

6

comentar — kommentieren
los ancianos — die älteren Leute
con frecuencia — oft
el beso — Kuss
la mejilla — Wange
tutearse — sich duzen
igual que — genauso wie
el apellido — Familienname
soltero/-a — ledig
raro — komisch, eigenartig
sentirse (e>ie) — sich fühlen
ridículo/-a — lächerlich
complicado/-a — kompliziert

8

desear — wünschen
la entrevista de trabajo — Vorstellungsgespräch
mejorarse — sich bessern (Gesundheit)
¡Que aproveche! — Guten Appetit!
aprovechar — gut bekommen, nutzen, von Nutzen sein

10

la llamada — Anruf
la librería — Buchladen

11

el fragmento — Fragment, Stück
el cuento — Erzählung, Geschichte
solitario/-a — allein, einsam
polaco/-a — polnisch
la invitación — Einladung
la merienda — Vesper, Nachmittagskaffee
citar — (zu einem Termin) einladen
acudir — sich einfinden
la bata — Morgenmantel
el rizador — Lockenwickler
el pastel — Kuchen
disculparse — sich entschuldigen
confundir — durcheinander bringen, verwechseln
en tono comprensivo — mit verständnisvollem Ton
maternal — mütterlich

W3

la naturalidad	Natürlichkeit
obediente	gehorsam
furioso/-a	wütend
echar a perder	verderben
la función	Vorstellung
orgulloso/-a	stolz
demostrar	demonstrieren, zeigen
arriesgar	(zu sagen) wagen
depender de	abhängen von

Y además

el negocio	Geschäft
las maneras (*pl.*)	Manieren, Umgangs-formen

1

siguiente	folgende/r/s
la seriedad	Seriosität
el aspecto	Aussehen
la planificación	Planung
riguroso/-a	präzise, genau
el sentido del humor	Sinn für Humor
las reglas de protocolo	Verhaltensregeln
el acto	Akt, Angelegenheit
formal	formell
empresarial	unternehmerisch, Unternehmer-
institucional	institutionell
el tereré	kalter Mate(tee)
el mate	Mate(tee)
impuntual	unpünktlich
el funcionario	Funktionär, Beamter
el empresario	Unternehmer
el tópico	Vorurteil
humano/-a	menschlich
valorar	schätzen
las muestras de afectividad	Beweise der Gemüts-bewegung
si es preciso	falls erforderlich
los alrededores (*pl.*)	Umgebung
exponer	auslegen, erklären
el asistente	Teilnehmer
la negociación	Verhandlung
delimitar	ab-/begrenzen
la vida profesional	Berufsleben
el punto	(Tagesordnungs-) Punkt
planificar	planen
conforme a	in Übereinstimmung mit
la agenda	Terminkalender
la cita	Termin, Verabredung
máximo/-a	maximal, Höchst-
en la sobremesa	nach Tisch, nach dem Essen
la agenda de orden	Tagesordnung
previsto/-a	vorhersehbar
bromear	scherzen
claro/-a	offen, freimütig

excederse	übertreiben
la confianza	Vertrautheit, Vertrau-lichkeit
besar	küssen
duro/-a	hart, hartnäckig
aparente	sichtbar
la informalidad	Lockerheit
vestir (e > i)	kleiden
la etiqueta	Etikette, Benehmen
en general	im Allgemeinen
exigente	anspruchsvoll
en cuanto a	bezüglich, was ... betrifft
británico/-a	britisch

Lección 4

1

estar bien comunicado/-a	gute Verkehrsverbin-dungen haben
comunicado/-a	verbunden
céntrico/-a	zentral
acabarse	enden, zu Ende sein
el gasto	Ausgabe, Kosten

3

el espacio	Platz, Raum
alto/-a	hoch
es una pena que + subj.	es ist schade, dass
estar bien ubicado/-a	gut gelegen sein
el ascensor	Aufzug
vivo en un quinto	ich wohne im 5. Stock
quedarse	bleiben
los alrededores (*pl.*)	Umgebung
es por los niños	es ist wegen der Kinder
suponer	vermuten
en total	im Ganzen
el metro cuadrado	Quadratmeter
sonar (o>ue)	klingen
es fundamental que + subj.	es ist äußerst notwendig, dass

4

inventar	erfinden
la razón	Grund
el piso	Stockwerk, Etage
el garaje	Garage

5

la prioridad	Priorität

6

rico/-a	reich
alrededor	ringsherum
la madera	Holz
apoyar	lehnen

W4

la pared	Wand	el transporte público	öffentliches Transport-
confundirse	sich vermischen,		mittel
	verschmelzen	seguro/-a	sicher
el techo	(Zimmer-)Decke	exigir	fordern
el suelo	(Fuß-)Boden	a mí me da igual	es ist mir egal/gleich-
cubierto	bedeckt	que + subj.	gültig, dass/ob
cubrir	bedecken	(no) me importa	für mich ist es (nicht)
rojizo/-a	rötlich	que + subj.	von Bedeutung, dass
grisáceo/-a	gräulich		
enfrentado	gegenüberstehend	**9**	
forrado de piel	mit Leder bedeckt	ponerse de acuerdo sobre	sich einig werden über
ocupar	einnehmen, ausfüllen	lo más importante	das Wichtigste
la mitad	Hälfte	lo principal	die Hauptsache
enorme	enorm, gewaltig	no ... tan	nicht so ...
el tocadiscos	Plattenspieler		
el asiento	Sitz	**10**	
la hamaca	Hängematte	la sección de Cartas	Leserbriefteil
desparramar	verstreuen, -teilen	al director	
alzarse	emporragen	la sección	Teil, Abschnitt
cegar	abblenden	el/la lector/a	Leser/in
la persiana	Rollo, Rollade	criticar	kritisieren
subir (la persiana)	hochziehen	afectar	betreffen, angehen
solitario/-a	einsam	personalmente	persönlich
el césped	Rasen	el paraíso	Paradies
descuidar	vernachlässigen	restaurar	restaurieren
elevarse	sich erheben, reichen	situado/-a	gelegen
hermoso/-a	(wunder)schön	volverse	werden
yacer	liegen, ruhen	agradable	angenehm, gemütlich
el mármol	Marmor	hacer cola	Schlange stehen,
el hierro	Eisen		anstehen
el oso	Bär	asegurar	versichern
metálico/-a	Metall-	insoportable	unerträglich
el polvo	Staub	la voz	Stimme
la tapia	Gartenmauer	cristales	*hier:* Gläserklirren
separar	(ab)trennen	el cristal	Glas
la casona vecina	Nachbarvilla	noche tras noche	Nacht für Nacht
bajar	hinuntergehen, herab-	oficialmente	offiziell
	steigen	el local	Lokal
las escaleras (*pl.*)	Treppe	lo peor	das Schlimmste
el objeto	Objekt, Gegenstand	increíble	unglaublich
mencionar	erwähnen	soportar	ertragen
		respetar	respektieren
7		marcharse	weggehen/-fahren,
la vivienda	Wohnung, Heim		aufbrechen
		preocuparse por	sich Sorgen machen um
8		el bienestar	Wohlergehen
opinar	meinen, denken	hace falta que + subj.	es ist notwendig, dass
realizar	durchführen	el día laborable	Werktag
la calidad	Qualität	el Ayuntamiento	Rathaus, Stadtverwaltung
el barrio	(Stadt-/)Viertel	controlar	kontrollieren
el aspecto	Gesichtspunkt, Aspekt	el tapón	Ohrstöpsel
los entrevistados	die Befragten	la afirmación	Behauptung, Feststellung
el aparcamiento	Parkplatz	fuera de	außerhalb von
el sitio	Ort, Platz	la época	Epoche, -zeit
de todo	alles, von allem	encontrar entradas	Eintrittskarten bekommen
la vida nocturna	Nachtleben	proponer	vorschlagen
nocturno/-a	Nacht-, nächtlich		
circular	hin und her fahren		

W4

Y además

1

el escritorio	Schreibtisch
la impresora	Drucker
el tablón de anuncios	schwarzes Brett
la papelera	Papierkorb
la calculadora	Rechenmaschine
la silla giratoria	Drehstuhl
la fotocopiadora	Fotokopierapparat
el teclado	Tastatur
el ratón	Maus
la pantalla	Bildschirm
el robo	Einbruch, Raub
el despacho	Arbeitszimmer, Büro

Lección 5

riquísimo/-a	sehr/äußerst lecker

1

fijarse en	seine Aufmerksamkeit richten auf
duro/-a	zäh; hart
crudo/-a	roh
soso/-a	fad, schlecht gewürzt
exquisito/-a	ausgezeichnet
rico/-a	lecker, geschmackvoll
quemado/-a	verbrannt
quemar	brennen
picante	pikant, scharf
fuerte	scharf, würzig
echar	hinzufügen, einschenken
el chile	Chili
la salsa	Soße
partir	schneiden, trennen
el filete	Filet, Lendenstück
salir bien	gut gelingen
estar hecho/-a	durch(gebraten) sein

2

el plato	Gericht; Teller
el sabor	Geschmack
ácido/-a	sauer
dulce	süß
amargo/-a	bitter
salado/-a	salzig
sano/-a	gesund
graso/-a	fett, fettig
el churro	*frittiertes Spritzgebäck*
la salchicha	Wurst

3

pasar	(an)reichen
por cierto	apropos, übrigens
lo de la cena	das von dem Abendessen

el mensaje	Mitteilung, Nachricht
el contestador	Anrufbeantworter
la zanahoria	Karotte, Möhre
las espinacas	Spinat
encima	auf
el alimento	Lebensmittel
básico/-a	Grund-
parecer (-zco)	ähneln
sobrar	übrig bleiben
hasta dentro de tres semanas	für die nächsten 3 Wochen

4

el gusto	Geschmack, Vorliebe

5

de acuerdo con	in Übereinstimmung mit
el pepino	Gurke

6

el fin de curso	Kursende
encargar	übertragen, beauftragen mit
picar	(kleine Mengen) essen, knabbern, naschen

8

alimenticio/-a	Nahrungs- zugehörig, eigen(tümlich)
propio/-a	
la nata	Sahne
el aceite de oliva	Olivenöl
untar	bestreichen
el agua (f.) del grifo	Leitungswasser
el grifo	Wasserhahn
saludable	gesund, nützlich

9

el hábito	Gewohnheit
el producto	Produkt
consumir	konsumieren, verbrauchen
la margarina	Margarine
el girasol	Sonnenblume
el pavo	Pute, Truthahn
los cereales (*pl.*)	Zerealien, Getreide (*hier:* Getreideflocken etc. zum Frühstück)
fresco/-a	frisch
congelado/-a	(tief)gefroren
vario/-a	verschiedene
el/la especialista en	Spezialist/in für
la nutrición	Ernährung
la alimentación	Ernährung
la causa	Grund, Ursache
la falta	Mangel, Fehlen
la soledad	Einsamkeit
la obsesión	Besessenheit, fixe Idee
la variedad	Variation, Abwechslung
el cocido	Eintopf
prácticamente	praktisch

luego	also, folglich
la morcilla	Blutwurst
el bacalao	Kabeljau, Stockfisch
en salazón	gepökelt
el marisco	Meeresfrüchte
la chirla	(kleine) Venusmuschel
el mejillón	Miesmuschel
la hortaliza	Gemüse
gracias a	dank
el cultivo	Anbau, Pflanzung
el invernadero	Treib-/Gewächshaus
el aguacate	Avocado
la chirimoya	Chirimoya, Rahmapfel
popular	bekannt, populär, beliebt
destacar	überragen, hervorstechen
la anécdota	Anekdote
el consumo	Konsum, Verbrauch
masivo/-a	Massen-
asociarse	sich assoziieren, sich zuordnen
el estilo	Stil
dinámico/-a	dynamisch
el marco de vida	Lebensbedingung, -rahmen
acelerar	beschleunigen
o ... o	entweder ... oder
recurrir a	zurückgreifen auf, sich wenden an
el alimento-servicio	Lebensmittelservice
listo/-a	fertig
enlatado/-a	in Dosen/Konserven
ultracongelado/-a	tiefgefroren
directamente	direkt
sobre todo	vor allem
animar a	anregen, animieren zu
el mantel	Tischdecke
implantarse	sich etablieren, einbürgern
con acierto	mit Erfolg
la dieta mediterránea	Mittelmeerdiät
el equilibrio	Gleichgewicht
sesentayochista	aus den 70er und 80er Jahren
pasarse	verstreichen, aufhören
la cartilla de racionamiento	Rationierungskarte
el invento	Erfindung
el pomelo	Pampelmuse, Grapefruit
el astronauta	Astronaut, Raumfahrer
las dietas disociativas	Trennkost
acompañar	begleiten
desembocar en	führen zu
la anorexia	Appetitlosigkeit
la bulimia	Bulimie, Magersucht
semanal	wöchentlich
existir	existieren
a domicilio	frei Haus
el alimento precocinado	Fertiggericht
extenderse (e>ie)	sich ausbreiten

el producto estrella	Starprodukt
la estrella	Stern
predominar	vorherrschen
la multitud	Menge
provocar	hervorrufen, verursachen
grave	ernst, schwer

10

al revés	umgekehrt
respecto a	hinsichtlich
ocurrirse	einfallen
la puesta en común	Diskussion

Y además

1

dígame	(*am Telefon*) Hallo, Ja, bitte
quisiera (*inf.* querer)	ich würde gern
quizá(s)	vielleicht
por fin	endlich
futuro/-a	zukünftig
la colaboración	Zusammenarbeit

2

adecuado/-a	adäquat, passend

Lección 6

1

quedarse dormido	(sich) verschlafen
perder	*hier:* verpassen
¡Qué despiste!	«Wo habe ich nur meinen Kopf!»
el despiste	Verwirrung, Kopflosigkeit
equivocarse de tren	den Zug verwechseln
equivocarse de	sich irren/täuschen in
perderse	sich verirren/-laufen/ -fahren
¡Pero serán ...!	Aber sie sind doch ...!
la cartera	Brieftasche
tonto/-a	dumm, töricht
¡Qué faena!	Verflixt!, Was für ein Mist!
poner una multa	mit einer Geldbuße belegen, ein Strafmandat ausstellen
la multa	Geldstrafe, «Knöllchen»

2

el despertador	Wecker

3

estar a punto de + inf.	im Begriff sein zu +Inf./ gerade (etwas tun) wollen

siento	es tut mir Leid, Entschuldigung
sentir (e>ie)	bedauern
el lío	Durcheinander
justo/-a	genau
mientras	während
anunciar	ansagen
el destino	Ziel
total que	also
subir	einsteigen
correr	rennen
ponerse a + inf.	anfangen zu, sich widmen
darse cuenta de	etwas (be)merken
el biquini	Bikini
el hombre	Mensch
directo a	durchgehend nach
por fin	schließlich, endlich
lo mío me ha costado	«es hat mich ein Vermögen gekostet»
el revisor	Schaffner
el asunto	Angelegenheit, Sache
recorrer	durchqueren, bereisen
cobrar	kassieren, in Rechnung stellen

5

interrumpir	unterbrechen
adelantar	vorantreiben
la comprensión	Verständnis
colaborar	mitarbeiten, -machen

6

mallorquín	mallorquinisch, aus Mallorca
la incidencia	Auswirkung, Folge
el viaje de regreso	Heimreise, Rückfahrt
la odisea	Odyssee
estar de vuelta	zurück(gekehrt) sein
resulta que	es war so, dass
con una hora de anticipación	eine Stunde vorher
no logré	es gelang mir nicht
lograr	gelingen
por lo menos	wenigstens
la compensación	Kompensation, Wiedergutmachung
para colmo	obendrein, als Höhepunkt, zu allem Unglück
el colmo	Gipfel, Höhe
atrás	hinten
patear	treten
estar deshecho	völlig fertig sein
y encima	und obendrein
recoger	abholen
ahora os dejo	*etwa:* jetzt verlasse ich euch
en fin	kurz und gut

7

intercambiar	austauschen

8

demostrar interés	Interesse zeigen
el/la interlocutor/a	Gesprächspartner/in
percibir	wahrnehmen
la falta de interés	Desinteresse
espantoso/-a	entsetzlich, schrecklich
a todas partes	überall (hin)
la fila	Reihe
la cola	(Menschen)Schlange
estropearse	kaputtgehen
el/la guardia (de tráfico)	(Verkehrs-)Polizist/in
sacar dinero	Geld abheben

9

ocurrir	geschehen, sich ereignen
la casualidad	Zufall
la superstición	Aberglauben
junto	zusammen
clasificar	klassifizieren, zuordnen
tocar madera	auf Holz klopfen
luna llena	Vollmond
la luna	Mond
romper	zerstören, -brechen, -reißen
tirar sal	Salz verschütten
las tijeras (*pl.*)	Schere
la precaución	Vorsicht
de todas maneras	auf jeden Fall
no tientes a la suerte	stell das Glück nicht auf die Probe/fordere das Glück nicht heraus
tentar (e>ie)	auf die Probe stellen, verführen
vestir (e>i)	sich anziehen, kleiden
nombrar	(be)nennen
lo innombrable	das Unbenennbare, das Unaussprechliche
deshacer	auspacken
embarcar	an Bord gehen
la maldición	Fluch, Verwünschung

10

supersticioso/-a	abergläubisch
coincidir	übereinstimmen
arriba	oben

11

pertenecer (-zco)	gehören
el olor	Duft
la guayaba	Guajave (*Frucht*)
mantener una conversación	eine Unterhaltung führen
la facultad	Fähigkeit
el pensamiento racionalista	rationalistisches Gedankengut

W6

dominar	beherrschen, dominieren
el Occidente	Abendland
resolver (o>ue)	beschließen
repudiar	ablehnen
corriente	*hier:* gewöhnlich, üblich
todo lo contrario	ganz im Gegenteil
maléfico/-a	schädlich, negativ
el beneficiario	Nutznießer
un número de buen agüero	Glückszahl
suceder	geschehen
el hecho	Tatsache
el significado	Bedeutung
mientras + subj.	solange
de preferencia	vorzugsweise
la rosa	Rose
estar rodeado/-a	umgeben sein
el florero	Vase
descubrir	entdecken
pegar un grito	einen Schrei ausstoßen
inspirarse	sich inspirieren

12

el reloj	Armbanduhr

Y además

1

la copia	Kopie
en medio	mitten
la transparencia	Klarsicht-/Overheadfolie
sonar (o>ue)	klingeln, läuten
disculpar	entschuldigen
urgente	dringend
desconectar	ausschalten
pedir disculpas	um Entschuldigung bitten
lo ocurrido	das Geschehene
preocuparse	sich Sorgen machen

Lección 7

1

vanguardista	avantgardistisch
lujoso/-a	luxuriös
amplio/-a	geräumig
deportivo/-a	sportlich

2

que si te apetece...	ob du gerne ...
de segunda mano	aus zweiter Hand
una marca en particular	eine spezielle/besondere Marke
en principio	im Prinzip
dar igual	egal, gleichgültig sein

gastar	verbrauchen
loco/-a	verrückt
conducir (-zco)	fahren, lenken
por ahí	herum-
ahí	da, dort
la potencia	Kraft, Leistung(sfähigkeit)

3

me da lo mismo	es ist mir egal

4

el diccionario	Wörterbuch
el descanso	(Ruhe-)Pause
el bolígrafo	Kugelschreiber
tener cuidado	vorsichtig sein, Obacht geben

5

como	da, weil (*immer am Satzanfang*)
pesar	wiegen
resistente	widerstandsfähig
ser de marca	ein Markenprodukt sein
estable	stabil
el bolsillo	Tasche
lateral	seitlich, Seiten-
ocupar	einnehmen
el cierre de seguridad	Sicherheitsschloss

6

la característica	Eigenschaft
la capacidad	Fassungsvermögen
la taza	Tasse
de aluminio	aus Aluminium
la cafetera	Kaffeemaschine

7

tirar	wegwerfen
el aumento	Anstieg
la capacidad adquisitiva	Kaufkraft
provocar	hervorrufen
un par	ein paar
la década	Dekade (*10 Jahre*)
coser	nähen
planchar	bügeln
incluso	selbst, sogar
propio/-a	eigene/r
arreglar	reparieren, in Ordnung bringen
nosotros mismos	wir selbst
subst./pron.+mismo/-a	selbst
mismo/-a + subst.	gleiche/s
la muestra	Beweis; Muster, Probe
la proliferación	Vermehrung, Zunahme
el producto de usar y tirar	Einwegprodukt
hasta no hace tanto	bis vor nicht langer Zeit
suficiente	ausreichend
el pañal	Windel

la tela	Stoff
emplear	benutzen, verwenden
el pañuelo	Taschentuch
el envase	Verpackung
sofisticado/-a	hoch entwickelt
el termómetro	Thermometer
la lentilla	(Kontakt)Linse
estar diseñado	entworfen, entwickelt sein
desechar	wegwerfen
la utilización	Gebrauch

8

tachar	(durch-)streichen
saber	können
desechable	Wegwerf-
recién la enciendo	ich habe ihn gerade eingeschaltet
el lavarropas (*en LA*)	Waschmaschine
ser tarado	doof sein

10

misterioso/-a	geheimnisvoll, rätselhaft

11

compro, luego existo	ich kaufe, also bin ich
irónico/-a	ironisch
la crítica	Kritik
el consumismo	übertriebenes Konsum-verhalten
el personaje	Figur, Person (in der Literatur)
el aficionado	Liebhaber, Fan
los gadgets	‹Gadgets› (engl.), (*kleine Apparate, technische Spielereien*)
aparentemente	offensichtlich
demostrar (o>ue)	demonstrieren, zeigen
el estatus	Status
siempre que	immer wenn
el aditamento	Zusatz, Ergänzung
la computadora (*en LA*)	Computer
el celular (*en LA*)	Mobiltelefon, Handy
de bolsillo	Taschen-
la grabadora	Kassettenrekorder
la rasuradora (*en LA*)	Rasierapparat
la agenda electrónica	elektronischer Termin-kalender
el interfón	Gegensprechanlage
medir (e>i)	messen
la cava de vinos	Weinkeller
el humificador del aire	Luftbefeuchter
la máquina calculadora	Rechenmaschine
estar dispuesto	bereit sein
invertir	investieren, ausgeben
la suma	Betrag, Summe
con tal de	um so
adquirir	kaufen, anschaffen
el consumidor	Konsument

la porquería	Schund
indispensable	unentbehrlich
descubierto/-a	entdeckt
orgulloso/-a	stolz
avergonzado/-a	be-/verschämt

12

el diseño	Design, Entwurf

Y además

1

la distribuidora	Vertrieb
el pedido	Bestellung
defectuoso/-a	unvollständig, defekt
oportuno/-a	angebracht
el envío	Lieferung
sin embargo	trotzdem, dennoch
el disgusto	Missfallen
comprobar (o>ue)	feststellen
la mercancía	Ware
pésimo/-a (*superl. de* malo)	äußerst/sehr schlecht
deteriorado/-a	beschädigt
verse obligado/-a a	sich verpflichtet sehen zu
devolver	zurückgeben
hacer efectivo	in die Tat umsetzen, aus-führen
el importe	Betrag
correspondiente	entsprechend
rogar	bitten
de forma correcta	in korrekter Ausführung
la factura	Rechnung
el pago	Zahlung
la fecha de entrega	Liefertermin
la noticia	Nachricht

Lección 8

el sueño	Traum

1

la lechera	Milchfrau
Érase una vez…	Es war einmal…
el cántaro	(Henkel-)Krug
el pollito	Küken
convertirse (e>ie) en	sich verwandeln in
hermoso/-a	schön
tropezar con	stolpern über
caerse	hinfallen, stürzen

3

marcharse	weggehen/-fahren, aufbrechen
fijo/-a	fest(-gelegt)
listo/-a	fertig

para finales de año	zum Jahresende
tener pensado + inf.	vorhaben etwas zu (tun)
dentro de algún tiempo	in einiger Zeit
el desafío	Herausforderung
lo antes posible	so früh wie möglich
la intención	Absicht
más adelante	später
de todos modos	auf jeden Fall
acogedor/a	gemütlich, freundlich
el huésped	Gast
el estrés	Stress
insoportable	unerträglich
animarse	sich entschließen, sich aufraffen
prometer	versprechen
ojalá	hoffentlich
la marcha	Abreise
el deseo	Wunsch
la promesa	Versprechen

4

crear	gründen, schaffen

5

llevar retraso	Verspätung haben

6

jubilarse	in Rente gehen

W8

7

el detalle	Einzelheit, Detail
tomar decisiones	entscheiden, Entscheidungen fällen
concreto/a	konkret
la cortina	Gardine, Vorhang
el equipo de música	Musikanlage
el pintor	Maler, Anstreicher

8

el/la interprete	Übersetzer/in, Dolmetscher/in
ONU (Organización de las Naciones Unidas)	UNO (die Vereinten Nationen)
el delegado	Delegierte, Abgeordnete
ser un asco	abscheulich, ekelhaft sein
el asco	Abscheu, Ekel
ser un encanto	reizend, charmant sein
el encanto	Reiz, Charme
estar a salvo	gerettet sein
durar	(sich) halten, (an)dauern

9

la carrera	(berufliche) Laufbahn, Karriere
hacerse rico/a	reich werden
disfrutar de	genießen
dedicar	widmen
la afición	Hobby
odiar	hassen

11

el/la madrileño/-a	Madrider/in
el/la extremeño/-a	in Estremadura gebürtig
a corto plazo	kurzfristig
a largo plazo	langfristig

Y además

1

a tiempo completo	Vollzeit-
la remuneración	Gehalt
la jornada partida	Arbeitstag mit (langer) Mittagspause
la jornada	Arbeitstag, -zeit
la formación	Aus-/Weiterbildung
a tiempo parcial	Teilzeit-
la jornada flexible	Arbeitstag mit flexiblem Beginn/Ende, Gleitzeit
la jornada intensiva	Arbeitstag ohne Mittagspause
ampliar	erweitern
los conocimientos	Kenntnisse
semanal	wöchentlich

2

los estudios de económicas	Studium der Wirtschaftswissenschaft
mediano/-a	mittelständisch
dedicarse	sich widmen
la exportación	Export
el nivel	Niveau
el sueldo	Lohn, Gehalt
en relación con	im Verhältnis zu
el puesto	Posten, Stelle
precisar	hier: suchen
el/la licenciado/-a en economía	Diplomvolkswirt/in
el/la licenciado/-a	Akademiker
requerir (e>ie)	erfordern
el expediente académico	Zeugnis
la disponibilidad	Bereitschaft, Verfügbarkeit
continuo/-a	ständig
manuscrito/-a	handschriftlich
el reto	Herausforderung
asustar	abschrecken, einschüchtern
el equipo líder	Leitungs-/Führungsteam
el líder	Leiter, Anführer
competitivo/-a	konkurrenzfähig
las ciencias económicas	Volkswirtschaft
las ciencias empresariales	Betriebswirtschaft
triunfar	triumphieren, siegen
desarrollar	entwickeln, ausbauen
el mundo de las finanzas	Finanzwelt
la comisión	Provision
concertar (e>ie)	vereinbaren

Lección 9

¿Qué habrá pasado?	Was wird wohl passiert sein?

2

faltar	fehlen
puntual	pünktlich
me extraña que + subj.	es erstaunt mich, dass
despistado/-a	zerstreut, verwirrt
el atasco	(Verkehrs-)Stau
a lo mejor	vielleicht
facturar	einchecken, (Gepäck) abfertigen
asustar	erschrecken
temerse	(be-)fürchten
la cámara de vídeo	Videokamera
cierto/-a	wahr, sicher, gewiss
el equipo de vídeo	Videoausrüstung
el drama	Drama
lo más probable	das Wahrscheinlichste
hacerse tarde	sich verspäten
¡Qué raro que + subj. !	Wie seltsam/eigenartig, dass ...!
de camino a	auf dem Weg zu
la hipótesis	Hypothese, Annahme
la preocupación	Sorge, Besorgnis
la extrañeza	Erstaunen

3

la tarjeta	(Visiten-)Karte
pasar a visitar	bei jemandem vorbeifahren/-gehen (besuchen)

4

el motivo	Grund, Motiv
el aula (f.)	Klassenzimmer
la promoción	Verkaufsförderung, Werbung
la broma	Scherz, Witz, Spaß
seguro que + ind.	(es ist) sicher, dass
tal vez + ind./subj.	vielleicht

7

el fenómeno	Phänomen, Erscheinung
las líneas de Nazca	die Linien von Nazca
el misterio	Geheimnis
la cultura	Kultur
prehispánico/-a	vorspanisch
la pampa árida	karge/dürre Pampa (Grasebene)
formar	(ab)bilden
la figura	Figur
geométrico/-a	geometrisch
ser observado/-a	beobachtet werden
el aire	Luft
la arena	Sand
el desierto	Wüste

rojizo/-a	rötlich
amarillento/-a	gelblich
sostener	behaupten, vertreten
el calendario astronómico/-a	astronomischer Kalender
gigante	riesig, Riesen-
preínca	(aus der Zeit vor den Inkas)
proponer	vorschlagen
conducir	führen
la oración	Gebet
la obra	Werk
los extraterrestres	Außerirdische

8

los pueblos indígenas	Indiovölker
la civilización	Zivilisation
desarrollado/-a	entwickelt
la arquitectura	Architektur
la capacidad intelectual	intellektuelle/geistige Fähigkeit
el científico	Wissenschaftler
cuyo/-a	dessen/deren
el descendiente	Nachkommen
el periodo clásico	klassische Periode
a partir de	ausgehend von, ab
la metrópolis	Metropole
extenderse	sich ausbreiten, sich erstrecken
la península	Halbinsel
la desaparición	Verschwinden
el enigma	Rätsel
la contradicción	Widerspruch
el vacío	Lücke
poseer	besitzen
altamente	hoch
evolucionado	(fort)entwickelt
presuponer	voraussetzen
profundo/-a	profund, tief greifend
la rueda	Rad
elaborado	ausgearbeitet
el jeroglífico	Hieroglyphe
el arado	Pflug
abandonar	verlassen
la tierra	Land, Boden
apuntar	verweisen, aufzeigen
la interpretación de las estrellas	Sternendeutung
obligar	zwingen, verpflichten
las tierras áridas	karge Böden
acostumbrado/-a	gewohnt
la conjetura	Vermutung
semejante	hier: solche/r
la orden	Befehl
una masa tan grande de población	eine solch große Bevölkerung
la amenaza	Bedrohung
real	real, wirklich
el signo	Zeichen

W9

233

la lucha	Kampf
la huella	Spur
la ocupación	Besetzung, Besitz-ergreifung
el incendio	Feuer
el cataclismo	Katastrophe
ceremonial	zeremoniell
definitivo/-a	endgültig, definitiv
la emigración	Emigration, Aus-wanderung
aparentemente	offensichtlich
ordenado/-a	geordnet
la era	Zeitalter, Ära
pujante	aufstrebend
culto/-a	gebildet, kultiviert
erudito/-a	gelehrt, weise
de pronto	auf einmal, plötzlich
ponerse en camino	sich auf den Weg machen
el templo	Tempel
soberbio/-a	prächtig
la pirámide	Pyramide
sacro/-a	heilig
la voracidad	Gefräßigkeit
la selva	Urwald
tropical	tropisch, Tropen-
absurdo/-a	absurd, widersinnig
evidentemente	offensichtlich, augen-scheinlich
la huida	Flucht
prácticamente	praktisch
precolombino/-a	präkolumbianisch
el campesino	Bauer
la obligación	Verpflichtung
suministrar	liefern
el/la noble	Adlige/r
la investigación	Untersuchung
reciente	jüngst
señalar	anzeigen, hinweisen
la crisis económica	Wirtschaftskrise
motivar	verursachen, motivieren
frecuente	häufig
la superpoblación	Überbevölkerung
la falta de agua	Wassermangel
realista	realistisch
apelar	sich berufen
fantástico/-a	fantastisch, unwirklich
por lo tanto	deswegen
repentino/-a	plötzlich, unerwartet
una página en blanco	eine leere/weiße Seite

9

claro/-a	klar, eindeutig
existir	existieren, bestehen

Y además

2

¿De parte de quién?	*am Telefon*: Wie ist Ihr Name?
ahora le pongo	ich verbinde Sie sofort
el servicio de atención al cliente	Kundendienst
es por un problema	es handelt sich um ein Problem
ahora le paso	ich stelle Sie sofort durch
responder al teléfono	sich am Telefon melden

3

la compañía de seguros	Versicherungsgesellschaft
S.A. (Sociedad Anónima)	AG (Aktiengesellschaft)
S.L. (Sociedad Limitada)	GmbH (Gesellschaft mit beschränkter Haftung)

Lección 10

Dime con quién andas...	Sag mir mit wem du gehst...
andar	(zu Fuß) gehen

1

el vínculo	Beziehung, (Ver-)Bindung
diario/-a	(all-)täglich
propiciar	ermöglichen
el acercamiento	Annäherung
los demás	die Anderen
obligarse	sich verpflichten
la presentación	Vorstellung
el acto	Feierlichkeit, Gelegenheit
impensable	undenkbar
estar a gusto	sich wohl fühlen
el paso	Schritt
relacionarse con soltura	ungezwungen Beziehun-gen aufnehmen
la soltura	Gewandtheit, Geschick-lichkeit
apuntarse	sich anmelden
el taller	Workshop, Seminar
el cursillo	Kurzlehrgang, Kurs
acudir a grupos	zu Gruppen gehen, an Gruppen teilnehmen
ya sean ...	seien es ...
la autoestima	Selbstachtung, Selbstwert-gefühl
el crecimiento personal	Persönlichkeitserwei-terung
la gimnasia	Gymnastik
el reciclaje profesional	Umschulung
acercar	heranbringen, annähern
preciso/-a	notwendig
dar la vuelta al mundo	die Welt umrunden

modesto/-a	einfach
colectivo/-a	gemeinschaftlich
contribuir	beitragen, mithelfen
variar	(ver-)ändern
el entorno social habitual	das gewohnte soziale Umfeld
dar pie a	einen Grund liefern zu
entablar	(an-)knüpfen
potencial	möglich, potenziell
no cortarse	*hier:* sich nicht isolieren
el tacto	Takt, Feingefühl
el efecto sorpresa	Überraschungseffekt
el efecto	Effekt, Ergebnis
la sinceridad	Aufrichtigkeit
jugar a favor	günstig sein
aprovechar	(aus-)nutzen
la ocasión	Gelegenheit
la acción	Handlung
cotidiano/-a	alltäglich, gewöhnlich
pasear al perro	mit dem Hund «Gassi» gehen
la guardería	Kinderhort, ~garten
el vivero	*hier etwa:* Quelle, Treffpunkt
la espera	Erwartung, Warten
habitual	gewohnt, gewöhnlich
conveniente	angebracht, angemessen
conseguir	erreichen, bekommen

2

añadir	hinzufügen

3

la puerta	Tür
justo detrás	direkt (da-)hinter
anterior	vorher, Vor-
por motivos de trabajo	um zu arbeiten
de vez en cuando	manchmal, ab und zu
enseñar	zeigen
o sea que	das heißt
el intercambio	Austausch
enamorarse	sich verlieben
el contrato	Vertrag
al cabo de	nach
reflexionar	reflektieren, nach-/über-denken
aunque (+ ind.)	obwohl
nunca hasta entonces me había planteado la posibilidad	niemals zuvor hatte ich an diese Möglichkeit gedacht
plantearse	sich (etwas) vorstellen

4

la boda	Hochzeit
causar una buena impresión	einen guten Eindruck erwecken
sin embargo	trotzdem, dennoch
fregar los platos	das Geschirr spülen
pasar la aspiradora	Staub saugen
planchar	bügeln

5

al día siguiente	am folgenden Tag

6

extraño/-a	merkwürdig, außergewöhnlich
divertido/-a	lustig

7

solteros porque sí	ledig, weil wir das wollen
constituir	bilden
el poder	Macht
emergente	hervorragend
la influencia	Einfluss
la publicidad	Werbung
rebasar	überschreiten
la frontera	Grenze
más vale solo que mal acompañado	besser allein als in schlechter Gesellschaft
la tendencia	Tendenz
el sociólogo	Soziologe
proliferar	sich vermehren, sich ausbreiten
la figura	Gestalt, Typ
el soltero	Junggeselle
ha venido propiciada por	die begünstigt wurde durch
la aparición	Auftauchen, Erscheinen
permitir	erlauben
el solterón	alter Junggeselle
emparejarse	ein Paar bilden
los calcetines	Socken
el matrimonio	Ehe
convertirse	sich wandeln
la opción	Wahl(-möglichkeit)
la maniobra	Manöver
la supervivencia	Überleben
corroborar	bestätigen
Instituto Nacional de Estadística	Nationales Institut für Statistik
observar	beobachten
la tendencia alcista	Aufwärtstrend
la población	Bevölkerung
el hogar	Heim, Zuhause
habitar	(be-)wohnen

8

la relación	Beziehung, Verbindung
auténtico/-a	authentisch, echt
las tareas domésticas	häusliche Pflichten
dar la gana	Lust haben auf
tocar	berühren
volverse egoísta	egoistisch werden
selectivo/-a	wählerisch
la decisión	Entscheidung
solucionar	lösen

W 10

la soltería	Singledasein, Ehelosigkeit
el error	Irrtum, Fehler

9

estar a favor	dafür sein
tener razón	Recht haben
estar de acuerdo	einverstanden sein
completamente	völlig
en parte sí	teilweise ja
en absoluto	völlig, absolut

10

convivir	zusammenleben
la vida cotidiana	Alltagsleben
detestar	verabscheuen
ducharse	(sich) duschen
la bañera	Badewanne
el pelillo	Härchen
el bote	Dose, Behälter
el champú	Shampoo(n)
el gel	Gel
el defecto	Defekt, «Macke»
el encanto	Charme
la vela	Kerze
la mitad	Mitte
picar	stechen
el depósito de la gasolina	Tank
de paso	nebenbei, bei der Gelegenheit

W 10

el tetra-brick de leche	Milchpackung
de adorno	als Verzierung/Schmuck
la tableta de chocolate	Schokoladentafel
desesperadamente	verzweifelt
sucio/-a	schmutzig
furtivamente	heimlich
cargar con	tragen
colocar	einräumen

11

molestar	stören
me hace ilusión que + subj.	es macht mir Freude, dass
ponerse + adj.	werden
me pone de mal humor que + subj.	ich bekomme schlechte Laune, wenn
el humor	Laune, Stimmung
soportar	ertragen, aushalten

Y además

1

la carta de presentación	Bewerbungsbrief
presentarse	sich bewerben
el perfil	Anforderungsprofil
dirigirse a	sich wenden an
la solicitud a	Bewerbung auf
por la presente	hiermit
presentar	einreichen, vorlegen

el puesto	Posten, Stelle
el ingeniero naval	Schiffsingenieur
convocado por	ausgeschrieben von
publicar	veröffentlichen
con este fin	aus diesem Grund
hacer referencia	sich beziehen auf, erwähnen
en todo ello	darin
poseer	besitzen
la Ingeniería Naval	Schiffstechnik
considerar	denken, halten für
la candidatura	Kandidatur, Bewerbung
cumplir	erfüllen
el equipo	Team, Belegschaft
entrar a formar parte	eintreten um dabei zu sein
asimismo	gleichfalls, auch
hacerse cargo de las responsibilidades	die Verantwortung übernehmen
conllevar	mit sich bringen
a la espera de sus noticias	in Erwartung Ihrer Nachricht
quedando a su disposición	zu ihrer Verfügung stehend

2

el carné de conducir	Führerschein
graduado escolar	Schulabschluss
bachiller superior	Abitur
licenciado/-a en	Studium der ...
la especialización	Spezialisierung
el máster	Master (*Universitätsabschluss*)
la construcción naval	Schiffsbau
la experiencia profesional	Berufserfahrung

Lección 11

1

las gotas	Tropfen
el jarabe	Sirup, Saft
la tirita	Pflaster
la jeringuilla	Spritze
la bolsa de agua caliente	Wärmflasche
el botiquín de viaje	Reiseapotheke

2

cuidar la salud	die Gesundheit schützen
soler (o>ue)+inf.	(zu tun) pflegen, gewöhnlich (etw. tun)

3

el riesgo	Risiko
iniciar	beginnen, anfangen
el vuelo	Flug
la azafata	Stewardess
avisar	anweisen

hay que + inf.	man muss
en caso de emergencia	im Notfall
la serie de factores	Reihe von Faktoren
perjudicar	schädigen
respirar	atmen
reciclado/-a	wiederaufbereitet
coger frío	sich erkälten
contagiar la gripe	mit Grippe anstecken
despegar	starten, abheben
aterrizar	landen
la clase turista	Touristenklasse
reducido/-a	eingeschränkt, reduziert
producir	erzeugen
la molestia	Beschwerde, Unannehm-
	lichkeit
de ahí que + ind./ subj.	daher, deshalb
conveniente	zweckmäßig, nützlich
hacer ejercicio	sich bewegen (gymnasti-
	sche Übungen machen)
el vuelo de larga duración	Langstreckenflug
la altura	Höhe
el oxígeno	Sauerstoff
pisar	(be-)treten
firme	fest
la afección cardíaca	Herzleiden
el problema pulmonar	Lungenprobleme
aunque + subj.	selbst wenn
habitual	gewohnt, gewöhnlich
el ataque cardíaco	Herzanfall
posterior	nachfolgend, später
afectar	betreffen, angehen
la deshidratación	Dehydration, Wasser-
	entzug
excitarse	sich erregen
el cambio de horario	Zeitumstellung
adaptarse	sich gewöhnen
lo más pronto posible	so schnell wie möglich
abarrotado/-a	überfüllt
inacabable	endlos, unendlich
la hipertensión	Bluthochdruck
precavido/-a	vorsichtig
coger un avión	ein Flugzeug nehmen,
	fliegen

4

el paisaje	Landschaft

5

tomar precauciones	Vorkehrungen treffen

6

bajar	herunterdrehen
la ventanilla	(Auto)Fenster
evitar	vermeiden
precisamente	genau
la homeopatía	Homöopathie
convencer	überzeugen
la solución	Lösung
sorprendido/-a	überrascht

la sinusitis	Nasennebenhöhlenent-
	zündung, Sinusitis
dudar	(be-)zweifeln
la bolita	Kügelchen
la dosis	Dosis
curar	heilen, kurieren
de siempre	gewohnt
cambiar de opinión	die Meinung ändern
el/la homeópata	Homöopath/in
el consejo	Rat(-schlag)
la duda	Zweifel
el desacuerdo	Unstimmigkeit

 7

relajarse	sich entspannen
frecuentemente	häufig
ayudar demasiado	viel helfen
el dolor de espalda	Rückenschmerzen
el apetito	Appetit
la concentración	Konzentration
diariamente	täglich
tomarse unas vacaciones	Urlaub nehmen

 9

cada vez más personas	immer mehr Personen/
	Leute
la confianza	Vertrauen
la medicina tradicional	Schulmedizin
la terapia	Therapie
la acupuntura	Akupunktur
la quiropraxia	Chiropraktik
la fitoterapia	Phytotherapie (mit pflanz-
	lichen Medikamenten)
formar parte de	einen Teil bilden von
llamado/-a	(so-)genannt
la medicina alternativa	Alternativmedizin
la eficacia	Wirkung, Wirksamkeit
a favor	für
en contra de	gegen
la efectividad	Wirksamkeit
basado/-a	basierend
la planta	Pflanze
estar comprobado	be-/nachgewiesen sein
grave	schwer, ernst
la sustancia	Substanz
diluido/-a	verdünnt
el ser humano	Mensch, menschliches
	Wesen
el alma (f.)	Seele
el milagro	Wunder
la curación milagrosa	Wunderheilung
el diagnóstico	Diagnose
falso/-a	falsch

10

acerca de	über

11

la poesía	Lyrik, Poesie

W11

el ensayo	Essay
la crítica a la sociedad	Gesellschaftskritik
mezclarse	sich (ver-)mischen
la ternura	Sensibilität, Zärtlichkeit
la denuncia	Anklage
el humor	Humor
titulado/-a	mit dem Titel
el estornudo	Niesen
la franqueza	Aufrichtigkeit, Offenheit
tratar de	handeln von
el hipocondríaco	Hypochonder, eingebildeter Kranker
combatir	bekämpfen
diagnosticar	diagnostizieren
fuerte	stark
el pecho	Brust
de inmediato	sofort, augenblicklich
el infarto	(Herz-)Infarkt
la aerofagia	Luftschlucken
aplacar	lindern, mildern
el regüeldo	Rülpser
advertir (e>ie)	bewusst werden
eficaz	wirksam
exorcizar	exorzisieren, austreiben
la dolencia	Leiden
lisa y llanamente	einfach
nombrar	benennen, aussprechen
agitar	schwenken, hin und her bewegen
la cruz	Kreuz
el demonio	Teufel
conseguir	erreichen
huir	fliehen, flüchten
despavorido/-a	angsterfüllt, entsetzt
intenso/-a	intensiv
la punzada	stechender Schmerz
el riñón	Niere
ni corto ni perezoso	ohne lange darüber nachzudenken
autodiagnosticar	sich selbst eine Diagnose stellen
el cáncer	Krebs
apenas	kaum, nicht einmal
el cálculo	(Nieren-)Stein
sonoramente	lautstark
expulsar	austreiben
tras	durch, mit
quebra pedra	kahles Bruchkraut (*Heilpflanze, span.* quebrantapiedras)
pasados ocho meses	acht Monate später
el ramalazo	Stechen
el vientre	Unterleib
previsible	vorhersehbar
no vaciló en augurarse	er zögerte nicht vorauszusagen
la oclusión intestinal	Darmverschluss
la indigestión	Verdauungsstörung
provocado/-a por	verursacht durch

consistente	konsistent
gravoso/-a	schwer verdaulich
y así fue ocurriendo	und so ereigneten sich
sucesivo/-a	aufeinander folgend
con presuntos síntomas de	mit vermutlichen Symptomen von
la hemiplejia	halbseitige Lähmung
la triquinosis	Trichinose (durch Trichinen verursacht)
la peritonitis	Bauchfellentzündung
la difteria	Diphterie
el síndrome de inmunodeficiencia adquirida	erworbene Immunschwäche (Aids)
la meningitis	Hirnhautentzündung
el mero hecho	der einfache Tatbestand
el exorcismo	Exorzismus
no obstante	dessen ungeachtet, trotzdem
invernal	Winter-, winterlich
las bodas de plata	silberne Hochzeit
la enseñanza	Lehre, Unterricht
consignar	(schriftlich) niederlegen
destacado/-a	herausragend
inadvertidamente	unbemerkt
producirse	geschehen, sich ereignen
la corriente de aire	Luftzug, Durchzug
estornudar	niesen
compulsivo/-a	zwingend, unabwendbar
estentóreamente	schallend, laut
su rostro pareció congestionarse	sein Gesicht lief puterrot an
el rostro	Gesicht
echar mano a	ergreifen
de pronto	auf einmal, plötzlich
inclinarse	sich neigen
hacia adelante	nach vorne
el estupor	Verblüffung, Erstaunen
los presentes (*pl.*)	die Anwesenden
muerto de toda mortandad	mausetot
muerto/-a	tot
terminal	End-, (Ab-)Schluss-

Y además

la carta de invitación	Einladungsschreiben
el/la colega	Kollege/-in
el apartado especial	*hier:* Spezialthema
la competencia	Kompetenz, Wissen
en este campo	auf diesem Gebiet
contar con	rechnen mit
la participación	Teilnahme
adjuntar	beilegen
cordial	herzlich
la asistencia	Anwesenheit
celebrarse	stattfinden
la cuestión	Frage, Angelegenheit
en el menor plazo posible	möglichst kurzfristig

W11

Fdo. (firmado)	*wörtlich:* unterzeichnet
Dra. (doctora)	Dr. (Doktor)
el anexo	Anlage
la inscripción	Anmeldung, Einschreibung
los profesionales	Fachleute, Akademiker
figurar	erscheinen, aufgeführt sein
tener lugar	stattfinden
en el plazo que se indica	in der angegebenen Frist
el departamento de investigación	Forschungsabteilung
la investigación	Forschung
la fórmula	Formel, Wendung
el acto	Ereignis
la confirmación de asistencia	Teilnahmebestätigung

Lección 12

¡Una pose, por favor! | Bitte recht freundlich!

1

servir (e>i)	dienen
caracterizar	charakterisieren,
el estado físico	körperlicher Zustand
el águila (*f.*)	Adler
el burro	Esel
el elefante	Elefant
el zorro	Fuchs
la tortuga	Schildkröte
el lobo	Wolf
el lince	Luchs
el roble	Eiche
el camello	Kamel
tener vista de águila	Adleraugen haben
la memoria	Gedächtnis
fuerte	stark
fresco/-a	frisch
astuto/-a	schlau, gewitzt
la sed	Durst

3

el sinónimo	Synonym
la riqueza	Reichtum
paisajístico/-a	landschaftlich
abarcar	sich erstrecken, umfassen
en la actualidad	heutzutage
considerar	betrachten als, halten für
proteger	schützen
bajo	unter
la denominación	Bezeichnung
el paraje natural	Naturgebiet
la reserva natural	Naturreservat
la protección	Schutz
profundo/-a	tief

el valle	Tal
el arroyo	Bach
el glaciar	Gletscher
permanecer (-zco)	bleiben
la fauna	Fauna, Tierwelt
el águila imperial (*f.*)	Kaiseradler
la cabra montesa	Bergziege
el oso	Bär
la especie	Art, Spezies
la marisma	sumpfiges Küstenland, Marschland
la duna	Düne
la abundancia	Fülle, Überfluss
la flora	Flora, Pflanzenwelt
característico/-a	charakteristisch
el pino	Kiefer
el ciervo	Hirsch
el ave (*f.*) migratoria	Zugvogel
el flamenco	Flamingo
la cigüeña	Storch
la sierra	Gebirge
la llanura	Ebene, Flachland
la encina	Steineiche
el alcornoque	Korkeiche
cohabitar	zusammenleben
salvaje	wild
el jabalí	Wildschwein
doméstico/-a	Haus-

4

la asociación	Vereinigung
crearse	sich bilden
el desarrollo	Entwicklung
socioeconómico/-a	sozioökonomisch
para que	damit
la carretera	(Land-)Straße
el ciudadano	Städter, Bürger
estar en peligro	in Gefahr sein
la desaparición	Verschwinden
a causa de	verursacht durch
la implantación	Einführung
el turismo de masas	Massentourismus
debido a	infolge
concienciar	bewusst machen, Bewusstsein schaffen
el beneficio	Nutzen, Vorteil
la creación	Schaffung, Einrichtung
recuperarse	sich erholen
la población	Population, Bevölkerung
la extinción	Aussterben
estar contaminado/-a	verschmutzt sein
frenar	bremsen

5

la norma	Norm, Regel, Vorschrift

6

la brújula	Kompass
la cantimplora	Feldflasche

W12

239

las botas de senderismo	Wanderstiefel/~schuhe
los prismáticos (pl.)	Fernglas, Feldstecher

8

suceder	geschehen, sich ereignen
el incendio	Feuer, Brand
¿Y eso?	Und wieso?
por el calor	wegen der Hitze
gigantesco/-a	gigantisch
destruir	zerstören
la hectárea	Hektar
la sequía	Trockenheit, Dürre
caer	fallen
mejorar	(ver-)bessern
la mancha	Fleck
el petrolero	Öltanker
bajar	heruntergehen, fallen
el nivel de contaminación	der Grad der Luftver-schmutzung
aumentar	zunehmen, steigen
considerablemente	deutlich, wesentlich
el crecimiento	Wachstum
autóctono/-a	einheimisch
la campaña de repoblación	hier: Wiederaufforstungs-kampagne
dar frutos	Früchte tragen
descontrolado/-a	unkontrolliert
procedente	(stammend) aus
invadir	be-/einfallen, heimsuchen
tras	nach
la medida	Maßnahme, Mittel
la recuperación	Erholung, Wiederher-stellung

9

medioambiental	Umwelt-
la deforestación	Abholzung, Abbau der Wälder
la caza	Jagd
la pesca	Fischfang
la influencia	Einfluss
el ecoturismo	Ökotourismus, «grüner» Tourismus
higiénico/-a	hygienisch
lavarse los dientes	Zähne putzen
exótico/-a	exotisch
desde que	seit
el touroperador	Reiseveranstalter
el pueblo	Volk
la ceremonia	Zeremonie
rico/-a	reich
el poblado	Dorf, Ansiedlung
elegir	auswählen
la Edad de Piedra	Steinzeit
cazar	jagen
pescar	fischen, angeln
la cabaña	Hütte
autogestionado/-a	selbstverwaltet

el pueblo indígena	Ureinwohner, (in LA) Indiovolk
permitir	erlauben
el paraíso	Paradies
las comodidades (pl.)	Komfort, Annehmlich-keiten
la selva	Urwald
el marfil	Elfenbein
la piel de cocodrilo	Kroko(dil)leder
el artesano	Handwerker
local	heimisch, ortsansässig
asociado/-a	vereint

10

el beneficio	Nutzen, Gewinn, Ertrag
la temporada	Saison
la economía	Wirtschaft
más de cerca	näher, besser
la gastronomía	Gastronomie
la impresión	Eindruck

11

enfardarse	sich ärgern, aufregen
hacer fotos	fotografieren

12

bajarse	aus-/absteigen
ávido/-a	gierig
disparar	auslösen
la presa	Beute
el pescador	Fischer
descargar	ausladen
sin apenas mediar palabra	ohne viel zu sprechen
rodear	umgeben, umstellen
el/la indígena	Ureinwohner/in, Indio
tomar fotografías	fotografieren, Fotos machen
el encuadre	Bildausschnitt
permitirse	sich erlauben, sich leisten
colocar	(an-)ordnen
determinado/-a	bestimmte/r
la postura	(Körper-)Haltung, Stellung
apropiado/-a	passend, geeignet
perseguir	anstreben, verfolgen
a la carrera	im Eiltempo, hastig
en busca de nuevas curio-sidades que retratar	auf der Suche nach neuen Sehenswürdigkeiten, die sie porträtieren können
la orilla	Ufer
si le importaba	ob es ihn störe, ob es ihm etwas ausmache
posar	posieren
los lugares más recónditos	die entlegensten/verbor-gensten Orte
deseoso/-a	begierig
promocionar	fördern
cabría preguntarse	man dürfte sich doch fragen

ni siquiera hay lugar a dudas	es bestehen keine Zweifel
ni siquiera	nicht einmal
el impacto	Wirkung
surgir	auftauchen
la expedición	Expedition(-sgruppe)
sentir vergüenza ajena	sich für jdn. anderen schämen
la vergüenza	Scham
Ginebra	Genf
Florencia	Florenz
similar	ähnlich

13

el observador	Beobachter
la escena	Szene, Schauplatz

Y además

ponerse en contacto con	sich in Verbindung setzen mit

1

poner en orden	ordnen
Friburgo	Freiburg
un número muy elevado	eine große Zahl
agradeciéndoles de antemano su ayuda	im Voraus für Ihre Hilfe dankend
de antemano	im Voraus
en cuanto a	bezüglich, was ... betrifft
en el caso de que	für den Fall, dass
estar permitido/-a	erlaubt sein
el descuento	Ermäßigung
la relación de alojamientos	Unterkunftsnachweis

Lección 13

1

el curso de cocina	Kochkurs
trimestral	vierteljährlich
la repostería	Konditorei
equilibrado/-a	ausgewogen
económico/-a	preiswert
el buffet vegetariano	vegetarisches Buffet
para particulares	für Privatpersonen
la matrícula	Anmeldung
los grupos reducidos	Kleingruppen
nativo/-a	muttersprachlich
asequible	erschwinglich
los bailes de salón	Standardtänze
el ritmo	Rhythmus
latino/-a	lateinamerikanisch
árabe	arabisch
el flamenco	Flamenco (span.Tanz)
las sevillanas (pl.)	Sevillanas (span. Tanz)

la percusión	Percussion, Schlagzeug
el instrumental	Instrument
la clase particular	Einzel-/Privatunterricht
el taller	Workshop
la cerámica	Keramik
la realización de piezas	Herstellung von Gegenständen
la técnica de decoración	Schmucktechnik
la tercera edad	Rentenalter; hier: Senioren
la diversidad	Vielfalt
la academia del actor	Schauspielakademie
la interpretación	Interpretation, Darstellung
las practicas escénicas	szenische Übungen
el entrenamiento	Training
la acrobacia	Akrobatik
el taller de escritura creativa	Kreativschreibwerkstatt
dialogar	miteinander sprechen
adecuadamente	angemessen, passend
el sentido	Sinn
el curso a distancia	Fernkurs
la inscripción	Einschreibung

3

estoy congelada	hier: ich bin fast erfroren
llevo ... andando	ich laufe schon seit ....
venir andando	zu Fuß kommen
arreglar	aufräumen
tener medio decidido	halb entschlossen sein
¡Qué rollo!	Wie langweilig!
el rollo	langweilige Sache
el esquí de fondo	Langlauf(-ski)
pero, si tú ya sabes esquiar	aber du kannst ja auch Ski fahren
llevo ... sin practicar	ich habe es schon seit .... nicht gemacht
apuntarse	sich einschreiben, anmelden
¿Qué sería de mi vida sin tus geniales ideas?	Was wäre mein Leben ohne deine genialen Einfälle?
¿Me dejas que lo piense?	Lässt du mich darüber nachdenken?
confirmar las plazas	die Plätze bestätigen
enredar	herumkriegen, durcheinander bringen

4

recoger	einsammeln

6

el pasado	Vergangenheit
la mentira	Lüge
coleccionar	sammeln
el sello	Briefmarke
patinar	Schlittschuh/Rollschuh laufen

el coro	Chor
montar a caballo	reiten
hacer paracaidismo	Fallschirm springen
el ajedrez	Schach

7

la duración	Dauer

9

subrayar	unterstreichen
es por lo de	es ist wegen
roto/-a	kaputt

10

oral	mündlich
de todas formas	wie auch immer, jeden-falls

11

la nota	Nachricht, Notiz
para que se lo diga	damit er/sie es sagt

12

el flamenco	Flamenco
el sinónimo	Synonym
explicar	erklären
el mito	Mythos
estar de moda	modern sein
el bailaor	Tänzer
el guitarrista	Gitarrist
incluso	selbst, sogar
el origen	Ursprung, Entstehung
el rap	Rap-Musik
el tecno	Techno-Musik
situar	platzieren
el nacimiento	Geburt, Entstehung
saber a ciencia cierta	mit Sicherheit wissen
la fusión	Fusion, Verschmelzung
el gitano	Zigeuner
el árabe	Araber
el judío	Jude
el cristiano	Christ
convivir	zusammenleben
narrar	erzählen
la alegría	Freude
la tragedia	Tragödie
cotidiano/-a	alltäglich
los celos (*pl.*)	Eifersucht
el baile	Tanz
en sí mismo	selbst
eterno/-a	ewig
desarrollar	entwickeln
el cantaor	Sänger
la fama	Ruhm
la frontera	Grenze
mantenerse	sich halten
la propuesta	Vorschlag
evolucionar	fort-/weiterentwickeln
surgir	auftauchen

la figura	Figur, Gestalt
la versión cinematográfica	Kino-/Filmversion
marcado/-a	gekennzeichnet
la mezcla	Mischung
la salsa	Salsa (*mittelamer. Musik + Tanz*)
la bossa nova	Bossanova (*brasil. Musik + Tanz*)
los sones étnicos	ethnische Klänge (Weltmusik)
de diversas genealogías y geografías	von verschiedenen Völkern und Ländern
en este terreno	auf diesem Gebiet
pionero/-a	Pionier-, vorreiterisch
transcendental	von großer Bedeutung
el poder de seducción	Verführungskraft
el/la protagonista	Hauptperson
seducir por	verführen durch
la grandeza	Großartigkeit
las palmas	*hier:* Händeklatschen (*beim Flamenco*)
el entusiasmo	Begeisterung, Enthusiasmus
pasajero/-a	vorübergehend

Y además

1

¿Gusta dejar algún recado?	Möchten Sie eine Nachricht hinterlassen?
el recado	Nachricht
cómo no	natürlich, aber klar doch
¿Me puede comunicar con ...?	Kann ich mit ... sprechen?
comunicar	verbinden
No se encuentra en el momento.	Er/sie ist im Moment nicht da.

Lección 14

Buenos modales	gute Manieren

1

las reglas de oro	goldene Regeln
el comportamiento	Benehmen, Verhalten
educado/-a	(wohl)erzogen
gritar	schreien
hablar alto	laut sprechen/reden
en público	in der Öffentlichkeit
ensuciar	beschmutzen, dreckig machen
ceder	überlassen
el volante	Lenkrad
tocar el claxon	hupen
poner a un volumen alto	laut stellen

empujar	stoßen, schubsen
colarse (o>ue)	sich vordrängen
aguantar	ausstehen, ertragen

2

la Edad de Piedra	Steinzeit
hablar más bajo	leiser sprechen/reden
el maleducado	Flegel
maleducado/-a	keine Manieren haben, ungezogen
dejar en paz	in Frieden/Ruhe lassen,
así que	deshalb

3

a propósito	apropos, übrigens
de repente	plötzlich
acercarse	sich nähern
amablemente	liebenswürdig
una cara de pocos amigos	ein unfreundliches Gesicht
comportarse	sich benehmen
advertir	hinweisen auf
con mucha caradura	mit viel Unverschämtheit
¡qué cara!	was für eine Frechheit!
meterse	einmischen
tía loca	blöde Ziege
silbar	pfeifen
tirar	(hin-)werfen
la consumición	Verzehr
dirigirse	sich begeben
el pitido	Pfiff
la risa	Lachen, Gelächter

4

con mucho gusto	sehr gern
cuidar	aufpassen

6

prohibir	verbieten

8

la educación	Erziehung
estar mal visto/a	schlecht angesehen sein
ocupado/-a	besetzt
mojar	anfeuchten, eintauchen
llamar la atención	Aufmerksamkeit lenken auf, aufmerksam machen
respetar	respektieren, beachten
la señal de tráfico	Verkehrsschild/ -zeichen
sorprender	überraschen
estropeado/-a	kaputt, beschädigt

10

la anécdota	Anekdote

11

la protagonista	Hauptperson
en un principio	am Anfang

el significado	Bedeutung
el malentendido	Missverständnis
sufrir	erleiden, einstecken müssen
coincidir	zufällig zusammentreffen
el matrimonio	Ehepaar
los mecenas	Mäzenen
el intermedio	Pause
platicar	plaudern, sich unterhalten
charlar a gusto	sich in Ruhe unterhalten
fijar	festsetzen
la sonrisa	Lächeln
los demás	die Anderen
la descortesía	Unhöflichkeit
atroz	riesig, schrecklich
jurar	schwören
en cuanto	sobald
la cuenta de ahorros	Sparkonto
tocar	anrühren
asear	sauber machen
el departamento	Wohnung, Apartment
marinar	marinieren, einlegen
los pendientes del día	Alltagspflichten
agitado/-a	aufgeregt, hektisch
poner la mesa	den Tisch decken
con una vajilla desigual	mit zusammengewürfeltem Geschirr
la vajilla	Geschirr
desigual	ungleich
secarse	austrocknen
por demás	vergebens
limitarse a	sich beschränken auf
abrazar	umarmen
llorar	weinen
rescatar	retten
inútilmente	vergeblich
tapar	bedecken

12

experimentar	erfahren, erleiden

Y además

la diplomacia	Diplomatie

1

entrometido/-a	zu-/aufdringlich
revisar	überprüfen, bearbeiten
el informe	Bericht

Alphabetisches Wörterverzeichnis

Die erste Zahl (fett) gibt die Nummer der Lektion an, die zweite Zahl den Lernschritt. Die mit (y) gekennzeichneten Wörter befinden sich in ‹Y además›.

w

W

W

w

W

Quellenverzeichnis

2. und 3. Umschlagseite: Mathias Bleher, Ismaning
Seite 13: © Claus Breitfeld, Madrid
Seite 14: Text: aus Quo, Nr. 29, Februar 1998; Foto: © Claus Breitfeld, Madrid
Seite 16/17: © Spanisches Fremdenverkehrsamt, München
Seite 22: rechts oben: © Fremdenverkehrsamt Puerto Rico; links oben: © Gabriela Farah, München; links unten: © Andreas M. Gross, München; rechts unten: © Spanisches Fremdenverkehrsamt, Düsseldorf
Seite 23: © Gabriela Farah, München
Seite 24, 58, 66: © Quino/Quipos, Milano
Seite 27/28: Umschlag und Text: «Abecedario para niñas solitarias» von Rosaura Barahona, © Ediciones Castillo, Monterrey
Seite 29: Text: aus Emprendedores, Nr. 4, Januar 1998: adaptiert von Negocios con buenas maneras, Seite 102
Seite 30: Nr. 1/2/5 © Peter Leeuwenberg, München; Nr. 3/4/6 © Claus Breitfeld, Madrid
Seite 33: Text: aus Emma Cohen: «Toda la casa era una ventana» © 1983, Agencia Literaria Carmen Balcells, Barcelona
Seite 42: Text by Rafael Ruiz (El País Semanal, 20.04.97), © Diario El País, Madrid
Seite 43: © Mechtild Lohmann, Essen
Seite 51: Text des Liedes: Tocar Madera © by EMI Music Publishing Spain SA, Rechte für Deutschland, Österreich, Schweiz und osteuropäische Länder: EMI Music Publishing Germany GmbH, Hamburg
Seite 52: Text: aus: Plinio Apuleyo Mendoza/Gabriel García Márquez: págs. 145-146, «El olor de la Guayaba», © 1982, Agencia Literaria Carmen Balcells, Barcelona
Seite 54: Nr. 4: © Claus Breitfeld, Madrid; Nr. 2: © Peter Leeuwenberg, München; Nr. 3: © Smart; Nr. 6: © Renault; Nr. 1/5: © Ulrich von Born, Essen
Seite 57: Text: aus Muy Interesante N° 205, pág. 120 («por cortesía de Muy Interesante»), G y J España, Madrid
Seite 59: Text: aus «Compro, luego existo» von Guadalupe Loaeza, © Grupo Patria Cultural, México, D.F.
Seite 67: © Claus Breitfeld, Madrid; © Carlos Aparicio, München; © Emilia Sánchez, München
Seite 74: oben: © Generalkonsulat von Perú, Frankfurt/Main; unten: © Erna Friedrich, Ismaning
Seite 76: © Dieter Reichler, München
Seite 78: Text: aus CNR, Nr.11, Januar 1998, Barcelona
Seite 81: Text by Manuel Cuéllar (El País Semanal, 08.11.98) © Diario El País, Madrid; Fotos: © Gabriela Farah, München/© Luis Sala, München
Seite 82: © Claus Breitfeld, Madrid; Mitte: © Dieter Reichler, München
Seite 83: Text: aus Cosmopolitan, Juni 1998, págs. 165-166, Madrid
Seite 91: Text: aus «Estornudo» © Mario Benedetti, c/o Mercedes Casanovas, Agencia Literaria, Barcelona
Seite 95: © Spanisches Fremdenverkehrsamt, München
Seite 98/103: © Erna Friedrich, Ismaning
Seite 100: Text: aus El País Newspaper (Dezember, 1995), Madrid
Seite 110: © Mechtild Lohmann, Essen; © Claus Breitfeld, Madrid
Seite 115: Text: aus «Abecedario para niñas solitarias» von Rosaura Barahona, © Ediciones Castillo, Monterrey
Seite 126, 128: © Mechtild Lohmann, Essen
Seite 160: © Gabriela Farah, München

Schlüssel

Lösungen der Übungen im Arbeitsbuchteil

Lección 1

1. Tarragona está en el noreste de España y al sur de Barcelona.
2. La Coruña está en el noroeste de España y al norte de Santiago de Compostela.
3. Bilbao está en el norte de España y al este de Santander.
4. Almería está en el sur de España y al sudeste de Granada.
5. Valencia está en el este de España y al norte de Alicante.
6. Sevilla está en el sur de España y al norte de Cádiz.

1. Desde – Desde hace; 2. desde; 3. Hace – desde;
4. desde hace; 5. desde hace – desde; 6. Desde;
7. Hace; 8. desde hace

Sra. Moreno, ¿desde cuándo vive usted en este barrio? – Desde 1989.
Juan y María, ¿desde cuándo hacéis yoga? – Desde hace 4 años.
Sra. Rojo, ¿desde cuándo está usted casada? – Desde hace 12 años y medio.
Miguel, ¿desde cuándo vas de vacaciones a Andalucía? – Desde 1994.
Lucía y Ana, ¿desde cuándo estudiáis alemán? – Desde hace 3 años.
Sr. Medina, ¿desde cuándo juega usted al golf? – Desde 1990.
Carmen, ¿desde cuándo conoces a tu pareja? – Desde hace 6 años.
Juan Carlos, ¿desde cuándo trabajas en el banco? – Desde 1992.

4

1. Susana ha dejado de fumar.
2. Pablo y Paco han empezado a trabajar en una empresa americana.
3. Carmen acaba de comprar un piso.
4. Manuela ha vuelto a hacer deporte.
5. Jorge sigue fumando demasiado.

5

ha dejado de; han empezado a; Siguen; Acaba de ; sigues; He vuelto a

6

1. traído; 2. llevo – traes; 3. llevar – voy; 4. traer;
5. llevar; 6. ir – venir

7

1. Qué; 2. Qué; 3. Qué; 4. Cuál; 5. Qué; 6. Cuáles
7. Cuáles; 8. cuál

8

1. casita; 2. poquito; 3. momentito; 4. regalito;
5. pequeñita; 6. gordito

9

1. b; 2. e; 3. a; 4. c; 5. f; 6. d

Lección 2

1

1. pensión completa; 2. parapente; 3. balneario;
4. bucear; 5. senderismo; 6. gimnasio; 7. equipo;
8. cata de vino

2

a. se fue – Estuvo – Se alojó – pasó – Se llevó – escribió
b. se ha ido – Ha estado – Se ha alojado – ha pasado – Se ha llevado – ha escrito

3

pasó – estuve – me he quedado – ha pasado – estuvimos – ha viajado – he estado – ha estado – hemos estado – participó - ha practicado – hice – tuvo – fue

1. de – a – hasta – a; 2. de – a; 3. por – en; 4. por;
5. en – a – por; 6. hacia – A

Llegué – fuimos – esperaba – visitamos – Nos quedamos – Había – estaba – había – hicimos – nadé – fui – tomaba –visitamos –dimos – hice

llamé – estabas – fui – celebraron – Se han comprado – pasaste – fue – Había – había – iban – venían – ofrecían – Había – tocaba – eran – estaban – me encontré – hizo – llevé – terminó – volví

7

1. ¿De verdad? 2. ¡No me digas! ¡Qué mala suerte!
3. ¡Vaya! ¡Qué lastima! 4. ¡Anda! ¿De verdad?
5. ¡Vaya! ¡No me digas!

Lección 3

1

era – estaba – pasaban – pensaba – Invitaba – quería – preguntaba – llegaba – me despertaba

2

vivan – vean – hablen – lleven – fumen – coman – estudien – beban – pasen – viajen – se preocupen

3

1. invites; 2. tuteemos; 3. escribáis; 4. viva; 5. fume; 6. comas

4

tomar: tome, tomes, tome, tomemos, toméis, tomen
vivir: viva, vivas, viva, vivamos, viváis, vivan
hablar: hable, hables, hable, hablemos, habléis, hablen
comer: coma, comas, coma, comamos, comáis, coman
escribir; escriba, escribas, escriba, escribamos, escribáis, escriban

La primera persona del singular y la tercera persona del singular son iguales en el presente de subjuntivo.

5

1. leer; 2. lean; 3. pasar; 4. pases; 5. hablar; 6. habléis; 7. ver; 8. vea; 9. comer; 10. comáis; 11. llegar; 12. lleguen

6

1. duermas; 2. vayáis; 3. salga; 4. pongáis; 5. digas; 6. vengan; 7. tengamos; 8. hagáis

7

tener, tengo, tenga; salir, salgo, salga; dormir, duermo, duerma; decir, digo, diga; oír, oigo, oiga; hacer, hago, haga

9

¡Que te vaya bien!
¡Que duerma/n usted/ustedes bien!
¡Que lo pases bien!
¡Que tengáis buen viaje!
¡Que vuelvas pronto a casa!
¡Que aproveche!
¡Que no trabajes demasiado!

Lección 4

1

a. Corte Inglés, Sector; b. Martínez Maldonado; c. Playa Virginia; d. Centro

2

esté, sea, haya, sea, haya, sean, esté

3

1. ... tenga una terraza.
2. ... la cocina sea muy grande y moderna.
3. ... no haya muchas zonas verdes en los alrededores.
4. ... haya un baño para cada dormitorio.
5. ... tenga un garaje.
6. ... esté en una zona muy céntrica.

4

las paredes – El techo – El suelo – una alfombra – césped – cama – una hamaca – sillas – asiento – el tocadiscos

5

1. haya; 2. tenga; 3. haya; 4. sean; 5. haya; 6. esté; 7. esté; 8. cierren

6

poder, puedo, pueda; cerrar, cierro, cierre; pedir, pido, pida; conocer, conozco, conozca; ofrecer, ofrezco, ofrezca; conducir, conduzco, conduzca

7

1. podáis; 2. ofrezca; 3. conduzca – piense; 4. pidan – cierren; 5. conozcas; 6. traduzca

8

lo peor – lo principal – lo más necesario – lo menos importante – lo malo

Lección 5

1

1. Está; 2. son; 3. son; 4. es; 5. está

2

1. ¡La sopa está riquísima!
2. ¡La tortilla está saladísima!
3. ¡El filete está durísimo!
4. ¡La verdura es sanísima!
5. ¡Este restaurante es carísimo!

3

1. se la; 2. Me los; 3. Me lo; 4. te lo; 5. se lo

4

1. Dámelos; 2. Pásasela; 3. Pónmela; 4. pásanos;
5. dásela

5

1. Se la; 2. se lo; 3. se los; 4. se lo; 5. se lo; 6. se las

6

1. sea sano; 2. sea bueno; 3. sea mejor; 4. sea bueno;
5. sea bueno

7

es – es – tengan – tiene – es – son – sean – es – sea

8

1. cebiche; 2. turrón; 3. pozole; 4. fabada; 5. mojo
picón; 6. atol o atole; 7. bocadillo; 8. mate

Lección 6

1

1. Hoy por la mañana me he quedado dormido.
2. Se ha olvidado la llave.
3. Han perdido el tren.
4. Me he perdido.
5. Nos hemos equivocado de tren.
6. Me he dejado en casa el paraguas.

2

1. Al entrar al cine nos encontramos con un amiga.
2. Al llegar al final de la calle me di cuenta de que
   estaba perdido.
3. Al llegar al hotel me dieron su carta.
4. Al verte no te he reconocido; pero tú eres María,
   ¿verdad?
5. Al subir al taxi me di cuenta de que no tenía
   dinero.
6. Al salir de casa tuvo el accidente.

3

1. ha sido – He salido – tenía – he encontrado – He
tratado – estaba – he aparcado – buscaba – ha puesto –
he llegado – esperaba
2. fui – quería – vi – decidí – me encontré – llevaba –
tuve que

4

1. Al salir de; 2. Mientras; 3. estaba a punto de;
4. Acababa de; 5. Cuando

5

ha sido – acababa de – ha pasado – ha sido – he
parado – estaba – ha cambiado – estaba a punto
de – ha llegado – ha chocado – ha frenado – venía –
ha sido – hacíamos – ha llegado – ha puesto

6

tuve – tomé – Paré – estaba – cambió – me preparaba –
llegó – chocó

7

g, d, a, c, e, h, i, b

8

1. romper un espejo; 2. cruzar los dedos; 3. pasar
debajo de una escalera; 4. encontrar un trébol de
cuatro hojas; 5. derramar sal en la mesa; 6. abrir un
paraguas en casa; 7. ser martes 13

Lección 7

1

rápido, ancho, bonito, moderno/vanguardista,
caro, seguro

2

1. más; 2. tantas; 3. menos; 4. tantos; 5. tanto; 6. más

3

1. Que hoy voy a ir de compras.
2. Que si puede abrir la ventana, por favor.
3. Que cuándo vuelves a casa.
4. Que bajes la radio, por favor.
5. Que si quiere usted un café.
6. Que si necesitas algo del supermercado.

4

1. Necesito un armario que sea blanco y que tenga
   un espejo.
2. Busco un sofá que sea de piel y que tenga ruedas.
3. Buscamos bicicletas que sean de montaña y que
   tengan marchas.
4. Necesito un coche que sea pequeño y que tenga
   cinco puertas.
5. Quiero una cafetera que sea eléctrica y que tenga
   capacidad para 10 tazas.
6. Quiero una cámara que haga muy buenas fotos.

5

1. se llama; 2. hable; 3. tenga; 4. tiene; 5. ponen;
6. ponga

6

1. sepa; 2. pueda; 3. sabe; 4. quiera; 5. quiere; 6. use;
7. sirva; 8. ponen

7

1. Sabes; 2. Podéis; 3. sabe; 4. puede; 5. sabe;
6. Podemos; 7. puedo; 8. sé

8

1. lo mismo; 2. ahora mismo; 3. mismo; 4. mismo;
5. los mismos; 6. yo misma

9

1. de los que; 2. con las que; 3. en la que; 4. del que;
5. al que; 6. con la que; 7. a la que

10

1. En esta casa rodaron la película de la que te hablé
la semana pasada.
2. Han llamado al hotel en el que quieren pasar las
vacaciones.
3. Encima de aquella mesa están las revistas en las
que hay un montón de artículos sobre vinos.
4. Me he apuntado a un gimnasio al que voy todos
los días.
5. Estos de la foto son dos amigos de la universidad
con los que hice un viaje por Guatemala.
6. Habéis comido en el bar al que va a comer Ricardo
siempre.

Lección 8

1

viajarán – terminarás – harás – volveremos – tendrá –
venderéis – compraréis – dirán – podré

2

1. nos veamos; 2. poder; 3. encuentren; 4. sean;
5. tener

3

¡Ojalá Pedro venga pronto! ¡Ojalá sean muy felices!
¡Ojalá haga buen tiempo! ¡Ojalá el restaurante no
esté lejos! ¡Ojalá Paco me llame! ¡Ojalá hoy no llueva!
¡Ojalá me toque la lotería!

4

Esperamos – Tenemos pensado – Tenemos la intención de – Queremos – Deseamos – ¡Ojalá! –
Prometemos

5

1. Donde quieras. 2. Con quien quieras. 3. Como
quieras. 4. Cuando quieras. 5. Lo que quieras.

6

1. viajarás – tenga – tendrás – haga – hará – viaje
2. os marcharéis – recibamos – recibiréis – consigamos
– encontraréis – nos marchemos
3. comprará – tenga – tendrá – consiga – dará – tenga

7

sea – seré – sea – trabajaré – sea – podré – trabaje –
comeré – podré – llegue – iré – vaya – iré – vayan –
regalaré – jugaremos

Lección 9

1

1. estarán; 2. llevará; 3. comerá; 4. Estará; 5. tendrán;
6. Vendrán

2

1. Se habrá olvidado; 2. habrá tocado; 3. Habrán
estado; 4. Te habrás acostado; 5. habré puesto;
6. habrá dejado; 7. Habrán salido

3

1. Habrá dejado de fumar. Tendrá una cita con su jefe.
Habrá dormido muy mal.
2. La tendrá su marido. Estará en el bolso negro. La
habrá perdido.
3. Estará enfermo. Habrá comido muchos bombones
antes. No le gustará la verdura.

4

1. se haya olvidado; 2. hayan invitado; 3. hayamos
enviado; 4. hayan devuelto; 5. hayas visto; 6. hayan
tenido

5

1. se haya olvidado; 2. hayan llegado; 3. haya llamado; 4. haya visto; 5. se haya traído; 6. hayas ido;
7. hayamos bailado

6

1. Quizás me haya/he dejado las llaves en el trabajo.
2. Tal vez esté/está averiado.
3. A lo mejor ha llegado mi hermano.
4. Tal vez haya/hay una huelga.
5. Quizás estén/están de vacaciones.
6. A lo mejor se ha mudado.

7

1. Seguramente estará en un atasco.
2. Se habrá encontrado con un amigo.
3. Quizás les haya (ha) tocado la lotería. / A lo mejor
les ha tocado la lotería. / Tal vez les haya (ha)
tocado la lotería. / Les habrá tocado la lotería.
4. ¡Qué raro que Lidia no esté en casa!
5. ¡No te preocupes!

8

Se fueron de juerga. – Se ha puesto enfermo. – Se
olvida de mi cumpleaños. – un admirador secreto; –
Alguien quiere hacerme daño. – Estoy en la ruina. –
un fallo técnico

Lección 10

1

1. actividad; 2. miedo; 3. contacto; 4. sinceridad;
5. grupo; 6. soledad; 7. conversación; 8. amistad
Lösung: vínculos

2

1. se había acostado; 2. habíamos quedado;
3. habían visto; 4. había pensado; 5. os habíais
marchado; 6. habían rellenado; 7. había deseado;
8. habías empezado; 9. se había levantado

3

1. Pedro me envió un ramo de flores porque por la
   mañana había tenido un examen.
2. Me sentí mal porque el día anterior había comido
   demasiado.
3. Cuando llegamos a casa, ya se habían ido todos.
4. Juana estaba cansada porque había trabajado demasiado toda la semana.
5. Quedé con el chico que había conocido la semana
   anterior.
6. Les invité a cenar porque el día anterior me habían
   ayudado con la mudanza.
7. Aunque nunca se habían visto, se reconocieron por
   las fotos.

4

conocí – conocimos – había quedado – había empezado – abrió – entró – disculpó – sentó – empezamos –
resultó – habíamos visto – quedamos – empezó

5

b, a, g, i, c, f, d, h, e

6

1. ¡De acuerdo! 2. Tienes razón. 3. No estoy de acuerdo
en absoluto. 4. Es verdad. 5. En parte sí, pero ...

7

1. No soporto que Julio siempre llegue tarde.
2. Me pone triste que mi hermana viva sola.
3. Me encanta que me regalen algo sin un motivo
   especial.
4. Me molesta que nadie me dé las gracias cuando
   hago la comida.
5. Me hace ilusión que Pepe me llame mañana.
6. Me pone nervioso/-a que haya gente que siempre
   esté haciendo ruido con las manos.
7. Me pone de mal humor que el teléfono suene todo
   el tiempo.
8. Detesto que Marta siempre cambie los planes en el
   último momento.

Lección 11

1

1. Solemos cenar; 2. suelo terminar; 3. suelo pasar;
4. me suelo poner; 5. me suele regalar; 6. suelo llevar

2

1. ha trabajado; 2. se enfade; 3. sea; 4. estoy; 5. es;
6. tiene; 7. se disculpe; 8. sabe

3

perderás – pierdes – te quedarás – te quedas – vivirás –
vives – te sentirás – te sientes – te pondrás – te pones –
podrás – puedes – tendrás

4

1. f; 2. a; 3. e; 4. c; 5. b; 6. d

5

1. tomas; haría; comas; Sal; trabajaría
2. tomaría; das un paseo; leas; abras; miraría
3. me tomaría; haces; tomes; iría; Duerme

6

1. c; 2. b; 3. a

7

1. No es cierto que el azúcar no engorde pero sí es
   cierto que nos hace más felices.
2. Es verdad que beber un vaso de vino al día es
   bueno para el corazón.
3. No creo que el estrés diario sea positivo para
   nuestro sistema nervioso.
4. Está comprobado que es bueno beber dos litros de
   agua al día.
5. No es verdad que todas las grasas sean malas para
   el colesterol.
6. No está comprobado que dormir más de ocho
   horas al día sea malo para la salud.

8

1. La sopa está riquísima. 2. El concierto será el sábado.
3. Esta es María. Es de Tenerife. 4. ¿Cómo estás? 5. ¿De
quién es este libro? 6. Esta película es aburrida. 7. Él
está aburrido porque no conoce a nadie.

Lección 12

1

paisaje: lago, marisma, playa, valle, sierra, arroyo,
montaña, glaciar, duna, bosque, desierto, río, llanura
animal: tortuga, lobo, águila, oso, cabra, burro, lince,
jabalí, ciervo, zorro, cigüeña, oveja

S12

2

1. para disfrutar; 2. para que tengas; 3. para pasar; para que sus hijos puedan; 4. para proteger; 5. para que el Ayuntamiento pare

3

1. No nos quedamos más tiempo en la montaña por el frío.
2. No pudimos visitar el museo porque había mucha gente.
3. Gracias a las lluvias de las últimas semanas se ha terminado la sequía.
4. Debido a la nieve han cerrado las carreteras.
5. A causa del frío se han roto muchas calefacciones.

4

1. por; 2. por; 3. por; 4. para; 5. por; 6. para; 7. Para; 8. por; 9. para; 10. por

5

1. prohibiera; 2. controlaran; 3. viajaras; 4. buscara; 5. alojarais; 6. viviéramos

6

comprar: comprara, compraras, comprara, compráramos, comprarais, compraran
comer: comiera, comieras, comiera, comiéramos, comierais, comieran
decidir: decidiera, decidieras, decidiera, decidiéramos, decidierais, decidieran

7

estuvieron – estuviéramos; hicieron – hicierais; quisieron – quisieras; tuvieron – tuvieran; vinieron – viniera

8

1. pusiera/n; 2. estuviera; 3. quisieran; 4. tuviera; 5. fuera; 6. vinieran; 7. hiciera; 8. supiera; 9. construyeran; 10. fuéramos

9

1. Si tuviera dinero, compraría este regalo.
2. Si entendiera su idioma, hablaría con él.
3. Si viviera en ese país, estudiaría el idioma de allí.
4. Si no tuviera que ir en coche a casa, bebería vino.
5. Si no hiciera frío, daría un paseo.
6. Si supiera su número de teléfono, lo podría invitar.
7. Si funcionara mi equipo de música, podríamos escuchar el disco.
8. Si no me fuera de vacaciones, celebraría mi cumpleaños.
9. Si pusieran buena música, bailaría.
10. Si no estuviera enferma, vendría.
11. Si viniera esta noche, podría darle el regalo.
12. Si quisiera, aprendería español.

Lección 13

1

1. b; 2. d; 3. a; 4. f; 5. e; 6. c

2

1. He dejado de fumar. / Voy a dejar de fumar.
2. Quiero volver a ir de vacaciones a Canarias.
3. Quiero empezar a estudiar francés.
4. Daniel acaba de llamar.
5. Llevo tres meses sin ver a Nuria.
6. Betina lleva un mes comiendo sólo verdura.
7. ¿Sigues pintando?

3

1. llame; 2. llegue; 3. cerraron; 4. termine; 5. aprobó; 6. pueda

4

habría gustado – habría dejado – habría hecho – habría viajado – habría comprado – habría regalado – habría cambiado – habría metido – me habría dedicado

5

hubiera – estuviera – se llevara – se pasaran – fuera – se pusieran

6

1. Quiero; 2. os esperamos; 3. puedo; 4. vamos – hemos visto; 5. estuve; 6. has escuchado

7

1. ¿Sabes que la semana pasada me robaron el coche?
2. ¿Y por qué no vas al médico?
3. ¿Me puedes dejar tu coche? Es que el mío todavía está en el taller.
4. Oye, Manuel todavía no ha llegado.
5. Vamos al cine y, luego, si quieres, vamos a cenar.
6. Pues mira, primero estuvimos en Alicante y después fuimos a Murcia.

8

... lleva muchos años haciendo parapente, que empezó cuando tenía dieciséis años y que cada vez le gusta más ese deporte. Me ha dicho que normalmente lo hace con una amiga suya y que han estado en muchos sitios. (También) me ha dicho que por ejemplo, el año pasado fueron a Italia, y el próximo año quieren ir a Florida. Me ha preguntado si me apunto y si no tengo ganas de probarlo. Me ha dicho que está segura de que me gustaría.

9

1. el martes vienen a nuestra casa y nos traen las fotos.
2. la semana que viene vendrá a visitarnos.
3. si vamos el sábado a tomar café a su casa.
4. por favor llevemos algunos discos para la fiesta.
5. este sábado no podrá venir a nadar con nosotros, que tiene visita y que si queremos podemos vernos el domingo.
6. cuándo nos vamos de vacaciones.

Lección 14

1

1. No aguanto – se cuele; 2. Me pone nervioso/-a – toquen; 3. No te molesta – griten; 4. No soporto – fume; 5. Me molesta – haya

2

1. Estamos muy contentos con nuestra casa nueva.
2. Rosa ya ha llamado a Ana.
3. Voy a ver a mis amigos pronto.
4. Me gusta mucho bailar.
5. Compraremos todo para la cena.
6. David ya ha salido.
7. ¡Déjame en paz!
8. Iremos de vacaciones al Caribe.
9. Llámame el domingo.
10. Vamos a cenar con un amigo.

3

1. ... si sabía algo del nuevo piso de Paloma.
2. ... por qué no había ido a la reunión del día anterior.
3. ... dónde había puesto los paquetes.
4. ... si había visto la última película de Antonio Banderas.
5. ... a qué hora salía el tren a Guadalajara.
6. ... cómo había estado la fiesta de Sonia.
7. ... si quería un bombón.

4

1. si quería ir con ella al centro – que no le gustaba ir al centro los sábados – siempre hay mucha gente
2. ...que fuera inmediatamente a su cuarto y recogiera todos sus juguetes.
3. ...que no podría devolverle los discos ese fin de semana porque estaría muy ocupada y le prometió que se los devolvería la semana siguiente.
4. si podría llevar algo para la cena del viernes siguiente en su casa – que claro, que llevaría el postre.
5. por qué estaba enfadado con ella – que no estaba enfadado con ella, que estaba de mal humor porque había tenido un mal día.

5

1. ENSUCIAR; 2. EMPUJAR; 3. ENFADARSE;
4. MOLESTAR; 5. COLARSE; 6. RESPETAR;
7. SILBAR; 8. GRITAR

6

1. Me parece raro que no abran la puerta.
2. No le gustó que no hubiera nadie en casa.
3. Me parece normal que me regale flores.
4. A Rosa le molestó que llegaran tarde otra vez.
5. Me molesta que el trabajo no esté listo.
6. Me llamó la atención que Catalina viniera sola.
7. Le gusta que los García lo inviten.
8. Nos sorprendió que no quisiera ver a sus amigos.

7

1. Me molestó que no fuera puntual.
2. Nos gustó que quedaran con nosotros.
3. Me pareció raro que no quisiera hablar.
4. Me sorprendió que ella no estuviera de vacaciones.
5. Le pareció normal que ella lo invitara.
6. Me molestó que se comiera mi chocolate.

S14